Rodas Negras

Coleção Estudos
Dirigida por J. Guinsburg
(*in memoriam*)

Coordenação de texto Luiz Henrique Soares e Elen Durando
Preparação Ana Carolina Salinas
Revisão Rita Durando
Capa Sergio Kon
Produção Ricardo W. Neves e Sergio Kon.

Roberto Pereira

RODAS NEGRAS

CAPOEIRA, SAMBA, TEATRO E IDENTIDADE NACIONAL

PERSPECTIVA

CIP-Brasil. Catalogação-na-Fonte
Sindicato Nacional dos Editores de Livros, RJ

P495r
    Pereira, Roberto
    Rodas negras : capoeira, samba, teatro e identidade nacional (1930-1960) / Roberto Pereira ; [prefácio Flávio Gomes]. - 1. ed. - São Paulo : Perspectiva, 2023.
    304 p. : il. ; 23 cm. (Estudos ; 382)

    Inclui bibliografia
    ISBN 978-65-5505-151-3

    1. Cultura afro-brasileira - História - Brasil. 2. Negros - Aspectos culturais. I. Gomes, Flávio. II. Título. III. Série.

23-84336   CDD: 796.81
                       CDU: 796.8(81)

Gabriela Faray Ferreira Lopes - Bibliotecária - CRB-7/6643
30/05/2023   02/06/2023

1ª edição
Direitos reservados em língua portuguesa à
EDITORA PERSPECTIVA LTDA.

Al. Santos, 1909, cj. 22
01419-100 São Paulo SP Brasil
Tel.: (11) 3885-8388
www.editoraperspectiva.com.br
2023

Sumário

Prefácio:
CULTURAS ATLÂNTICAS ENTRE MARES
AGITADOS – *Flávio Gomes* XV

INTRODUÇÃO XXI

    Alguns Conceitos e Referências XXXIII

    O Método e as Fontes........................ XXXIX

    Visão Geral.................................. XL

1. A "ERA VARGAS" E O GOLPE DE
    MISERICÓRDIA NA CAPOEIRA DE RUA 3

    Do "Recolhimento Histórico dos Valentões/Capoeiras":
    Rio de Janeiro, Salvador, São Luís................ 4

    A Capoeira em uma Encruzilhada:
    Remanescentes da Capoeira Antiga.............. 11

2. A CONSTRUÇÃO DE SÍMBOLOS NACIONAIS:
Uma Comparação Entre a Capoeira Baiana
e o Samba Carioca. 29

Desconstruindo o Mito da Redenção da Capoeira
Pelas Mãos do Varguismo 29

Samba: A Exceção à Regra. 45

3. A CULTURA NEGRA E POPULAR
EM MEIO A "VELHAS" E NOVAS TEORIAS:
O Caso da Capoeira 57

Zuma, Bimba, Sinhozinho: Intelectuais Mediadores. 60

Sinhozinho e o "Diário de Notícias":
Capoeiragem Para as "Distintas Famílias". 64

Inserindo a Herança Racial ou Cultural
Afro-Brasileira no Centro das Imagens da Nação . . . 81

4. PERFORMANCE:
Os Capoeiras Voltam aos Ringues
em Defesa da "Luta Genuinamente Brasileira". 91

Apropriação Cultural? 107

"Capoeira Gospel" e "Bolinho de Jesus": Disputas
Intestinas e Assimilação de Novos Mercados 119

5. O MFB, O ESTADO E AS MANIFESTAÇÕES
DA CULTURA NEGRA E POPULAR. 125

Reconfigurando a Atuação do Estado 130

O MFB e a Gênese da Institucionalização
das Políticas Culturais no Brasil 144

6. "A DESCOBERTA DO NEGRO":
Agenciamento Cultural, Performance e Entretenimento ou
Celebrando a Cultura Negra Como Cultura Nacional. . 153

Brasiliana: "Um Grupo de Entusiastas
das Coisas Brasileiras" 157

O "Rei da Noite": Da Influência Francesa
à Celebração do "Autêntico" Folclore Nacional 164

O Balé Folclórico Mercedes Baptista
e a Companhia Oxumaré....................... 174

O "Fato Folclórico Baiano Tornou-se
Material de Exportação"........................ 181

Nos Palcos, em Meio a uma Guerra Cultural 188

"Redescoberta da África"? 198

Nos Palcos do Movimento Folclórico
Brasileiro e nas Telas do Cinema 207

A Bahia Entra em Cena –
O Grupo Folclórico Viva Bahia.................. 215

Sem Mercado de Entretenimento
e Sem Apoio do Estado 222

UMA PALAVRA FINAL 231

Referências 241

Agradecimentos 259

LISTA DE ABREVIAÇÕES E SIGLAS

CNFL   Comissão Nacional de Folclore
SCMF   Subcomissão Maranhense de Folclore
CDFB   Campanha em Defesa do Folclore Brasileiro
CBFL   Comissão Baiana de Folclore
CMFL   Comissão Maranhense de Folclore
MFB   Movimento Folclórico Brasileiro
IPHAN   Instituto do Patrimônio Histórico e Artístico Nacional
SPHAN   Superintendência Patrimônio Histórico e Artístico Nacional
TEN   Teatro Experimental do Negro
TFB   Teatro Folclórico Brasileiro
DMT   Diretoria Municipal de Turismo (Salvador)
DTDP   Departamento de Turismo e Diversões Públicas

LISTA ILUSTRAÇÕES

FIG. 1   Capoeiras baianos no Rio de Janeiro (1931)
FIG. 2   Presos por capoeiragem em São Luís (1928)
FIG. 3   Apresentação de mestre Bimba a Vargas
FIG. 4   Vargas cumprimenta o mestre Bimba
FIG. 5   Sambistas na Festa da Penha
FIG. 6   Sinhozinho fala ao "Diário de Notícias"
FIG. 7   Além dos ringues
FIG. 8   "A luta brasileira"
FIG. 9   Em defesa da capoeiragem
FIG. 10   Divulgando a capoeiragem nos jornais
FIG. 11   Capoeira na TV (anos 1950)
FIG. 12   Teatro Folclórico Brasileiro, "pela primeira vez no mundo"
FIG. 13   No Teatro Municipal do Rio de Janeiro
FIG. 14   "Acontece Que Sou Baiano"

FIG. 15 Elenco de "Brasil" chegando aos Estados Unidos

FIG. 16 Mercedes Baptista e seu Balé Folclórico

FIG. 17 A cultura negra conquista os palcos

FIG. 18 Oxumaré

FIG. 19 Brasiliana na Dinamarca

FIG. 20 Skindô, no Coliseo, de Buenos Aires

FIG. 21 Skindô, em Paris

FIG. 22 Grande Otelo: capoeira

FIG. 23 Brasiliana: "a Europa curvou-se ante o Brasil"

Para Gercina Ramos, minha mãe,
"com todo amor que houver nesta vida".

O cuidado de minha poesia aprendi foi de mãe,
mulher de pôr reparo nas coisas,e de assuntar a vida.

A brandura de minha fala na violência
de meus ditos ganhei de mãe,mulher prenhe
de dizeres, fecundados na boca do mundo.

Foi de mãe todo o meu tesouro veio
dela todo o meu ganho mulher sapiência, yabá,
do fogo tirava água do pranto criava consolo.

CONCEIÇÃO EVARISTO,
De Mãe.

Prefácio
Culturas Atlânticas
Entre Mares Agitados

Em *Rodas Negras* embarcamos numa viagem atlântica. Existe uma tradição acadêmica com debates intelectuais sobre as chamadas "culturas nacionais", mas o historiador Roberto Pereira não só a recuperou para o século XXI – desdobramentos e percurso – como indicou caminhos próprios para localizar narrativas, signos e discursos.

Da originalidade, destacam-se as escolhas de novos contornos espaciais e temporais. Ele partiu de cidades negras para mostrar não somente o surgimento da capoeira, enquanto prática escrava, diaspórica, africana e crioulizada em seus múltiplos sentidos. Adentrou universos cosmopolitas, situando intelectuais, grupos teatrais e movimentos culturais. As décadas de 1930 e 1940 desenharam modelos de modernidade e uma visão de cultura nacional, que procuravam alocar práticas, organizar símbolos e classificar experiências.

Samba, capoeira, frevo e outras tantas "manifestações" com diferentes formatações eram entendidas a partir das chaves explicativas do folclore que configuravam identidades nacionais. Representações locais – etno-históricas – ofereceriam contribuições para símbolos que estavam sendo classificados, tanto por um pensamento social (sendo possível identificar falas e lugares deste) como por experiências cotidianas. Aquilo intitulado de "manifestações" tinha que ser enquadrado na reinvenção tanto de signos locais como de símbolos étnicos supostamente nacionais.

Para Roberto, as *capoeiragem* – agentes, intelectuais e práticas envolventes – são pensadas como percursos analíticos para entender circularidades culturais no Brasil do século xx. Argumentos sobre autenticidade, essencialismo, misturas e purezas sempre foram acionados, em diversos contextos. Origens, berços regionais, amadurecimentos nacionais ou êxodos internacionais viraram bandeiras analíticas, em geral, desfraldadas por personagens e processos.

Separar tais movimentos exclusivos entre Estado, intelectuais e movimentos sociais sempre foi tentador em muitas reflexões. Roberto preferiu se esquivar entre categorias e conceitos que possibilitassem sentir os ventos atlânticos de práticas traduzidas (nunca num movimento externo a elas) em nomenclaturas e modelos de culturas. Partiu justamente de São Luís, um espaço esquecido do Atlântico negro, que soube misturar africanos de várias origens (com destaque para aqueles ocidentais da Alta Guiné), mobilização negra antirracista, tambor de mina e religiosidade atlântica. Essa mesma experiência negra urbana foi forjada na circulação de intelectuais e personagens. Desde um movimento que exportava literatos como Aluísio Azevedo, cientistas como Nina Rodrigues, como realinhava autores modernistas pretéritos como Nascimento Moraes e importava – sempre reinventando – blocos afro, reggae e ativistas já nos anos 1970.

Ambiências negras urbanas produziram problemas e soluções para enfocar circularidades culturais. Os percursos das *capoeira* baiana, carioca e ludovicense foram escolhas analíticas providenciais. Focando o periodo de 1930 a 1945, entendeu as políticas varguistas como um movimento de interesses e escolhas de diferentes tradições, intelectuais (sem classificações adjetivas e dimensões honoríficas entre eles) e memórias. Porém, Roberto centrou – investigação primorosa – nos textos e subtextos que organizaram silêncios, selecionaram símbolos e reprocessaram invenções. Com potente arsenal teórico não escolheu atalhos ou apostou em simplificações. Investiu nas narrativas do Movimento Folclórico Brasileiro (MFB) e os diferentes impactos no Brasil a partir do acervo da Comissão Nacional do Folclore, especialmente na Campanha em Defesa do Folclore Brasileiro.

Para além de localizar narrativas que se apropriavam – em supostas doses homeopáticas – de práticas e experiências urbanas negras, Roberto foi atrás dos deslizamentos discursivos e das fronteiras intelectuais borradas. Exclusão, raça, cultura nacional, cidadania, integração, nacionalidade e modernidade foram temas centrais debatidos – com diferentes impactos e contextos – com força dos anos de 1920 a 1960.

No texto de Roberto, a localização de tais debates não foi acompanhada de uma abordagem antisséptica, desidratando contextos, polêmicas e mesmo realidades que envolveram "viajantes culturais". Nacionalidades seriam construídas considerando personagens e postos de observações geodiaspóricos. O historiador aqui não caiu na armadilha de lugares da cultura *versus* lugares da política.

Signos e os sentidos de performance também seriam acionados num mercado que envolvia balanças, pesos e interesses. Não foi necessário alardear batalhas retumbantes – de vitórias ou fracassos – para encontrar guerras permanentes, com pessoas que disputavam suportes de identidade e cidadania. A cultura estava aí e não em lugar do lazer. Com isso, a perspectiva não foi apenas transformar folcloristas em algozes. Pelo contrário, foi fundamental perceber discursos cruzados, com leituras conectadas e tradições inventadas. Assim, processos de formatações culturais e de supostas identidades nacionais realocavam mitos, símbolos, estigmas e narrativas de harmonia e exclusão. Roberto argumenta sobre as agências – discursivas e experimentais – de mobilização nesse processo de reinvenção daquilo que identifica como "cultura negra", sempre na perspectiva da modernidade e intercruzada com etnicidade e dimensões de classe.

Tomando São Luís, Salvador e Rio de Janeiro como plataformas atlânticas – configuradas não como portos fixos, mas locais de partida, universos de chegada e atmosferas de passagem ou encontros – Roberto apontou para "manifestações" traduzidas como símbolos, mas também experimentadas, refletidas, narradas e classificadas. Como as *capoeira* – urbana e escrava – se espalham no Brasil da última década do século XVIII, se tornado hegemônicas, alcançando espaços de Porto Alegre a Belém? Totalmente urbanas, mas não exclusivamente escrava e africana, as *capoeiragem* se alastram por toda parte, atraindo desde imigrantes, população nacional e depois literatos. Tais *capoeiragem* oitocentistas já surgem multifacetadas e translocais. É um enigma – mesmo com o tráfico interprovincial com força na década de 1860 – como as *capoeiragem* não emergiram em áreas suburbanas e rurais, fortemente escravistas e africanas. Na incorporação de signos e da cultura material teremos o Berimbau inserido nas *capoeiragem* depois, como sugere (pela ausência dele) a rara iconografia das primeiras décadas do século XIX.

As mudanças das últimas décadas do século XIX foram grandes, como atesta a abundante historiografia. Roberto vai recuperar essas *capoeiragem* – aqui ou acolá – até a década de 1930. Desaparecer ali, ressurgir acolá ou ser silenciada mais adiante foi um processo que ainda aguarda mais pesquisas. Talvez tudo permanecesse lá, mas modificado por nomenclaturas e descrições. Havia uma ou várias *capoeiragem*? De qualquer modo, a criminalização e a perseguição policial foram agendadas pela intolerância e truculência republicana. O desmanchar cenários e as ações higienistas sempre analisadas na literatura especializada devem considerar os diferentes processos de "montagem" de culturas negras urbanas.

As *capoeiragem* vão ser enquadradas. Legislação, repressão e encarceramento – das primeiras décadas republicanas – deram muita rasteira. O praticante da *capoeiragem* escorregava, mas não caía, e se caía levantava rápido. E teve que se esconder da rua onde o Estado queria alcançá-los.

A face repressiva cedeu vez a integração, ou pelo menos tentativas dela. Tudo acompanhado de narrativas que tentavam traduzir as *capoeiragem* em florestas de símbolos. Roberto argumenta que a repressão e o estigma sobre as *capoeiragem* – ao contrário do samba – permaneceram. Mas na década de 1930, novos ideários de nação e cultura no Brasil avaliaram a possibilidade de incorporar as *capoeiragem* ou faces dela. Nesse movimento, intelectuais – no sentido mais amplo – se mobilizaram, passando por letrados e folcloristas. O auge dessa incorporação é a sua tradução em "luta nacional". Dimensões africanas ou associadas à marginalidade eram substituídas por aquelas da mistura, miscigenação e nacionalidade brasileira. O que era problema – a ideia de raça que as *capoeiragem*, África e escravidão traziam – virava solução com a miscigenação como excepcionalidade e marca nacional.

Foi o momento em que as *capoeiragem* desapareceram para a entrada de uma *capoeira*, luta nacional, que vai ocupar os meios de comunicação, especialmente jornais (notícias sobre ringues) e depois o cinema.

Com os folcloristas em cena multiplicam-se a produção de símbolos, que vão traduzir uma *capoeira* inventada a partir das *capoeiragem*, não extinta, mas invisibilizada. Através do MFB, uma *capoeira* vai ser metamorfoseada e institucionalizada, ganhando novas agendas da Educação Física e aquela culturais e turísticas. Entre outros movimentos – as *capoeiragem* que viraram *capoeira* são transformadas em produtos, consumidos pelo mercado, mas sempre considerando narrativas e invólucros. Grupos teatrais, artistas negros e companhias de dança também ajudaram a traduzir e sofisticar tais transformações.

Mas as *capoeiragem* não só nunca foram extintas como as *capoeira* não tiveram apenas uma embalagem que faziam elas chegarem ao mercado e serem consumidas. Falar de traduções – como metáfora de mediadores – significar pensar movimentos modernos de reinvenção cultural. Aqui ou acolá a espetacularização das *capoeira* foi buscar signos e *performances* daquelas *capoeiragem* que talvez nunca tenham desaparecido. O argumento qualificado de Roberto foi entender o "agenciamento cultural" e seus protagonistas. Traduções apareceriam desde as apresentações do Teatro Experimental do Negro, passando pelo Teatro de Solano Trindade, espetáculos do Teatro de Revista até grupos, a Brasiliana e as companhias de dança que excursionaram já a partir da década de 1950.

Artistas e intelectuais negrxs foram igualmente agentes dessas incorporações, mudanças e traduções. A terra não é plana, não custa lembrar! Faces da modernidade são também negras, entre mares agitados de Atlânticos de dor, das culturas e das apropriações. No plural e com diversas agências.

Chega de ladainha! Agora os leitores podem entrar nestas *Rodas Negras*. Com muita sonoridade intelectual, fôlego e equilíbrio.

Flávio Gomes
Professor associado de História do
Brasil da Universidade Federal do Rio de Janeiro.
Coautor de *Enciclopédia Negra* (com Lauriano e Schwarcz,
Companhia das Letras, 2021, prêmio Jabuti 2022).

Introdução

Em 20 de julho de 1951, o jornal *Última Hora*, em sua capa, publicou uma imagem de um casal negro em trajes afro, com turbantes e guias em volta do pescoço. O homem, concentrado, tocava um atabaque, instrumento à época raramente utilizado fora dos rituais das religiões de matriz africana, enquanto a mulher, um pouco atrás e ao lado, dançava. A manchete, logo abaixo da imagem, informava aos leitores: "Querem evitar a ida a Londres dos negros do Teatro Folclórico".

A referência genérica aos "negros do Teatro Folclórico" revela que se tratava de um grupo já conhecido do público nacional: o recém-criado Teatro Folclórico Brasileiro (TFB), pouco depois mundialmente conhecido como Brasiliana. Segundo o periódico, o conjunto era "formado por trinta pessoas, entre pretos e mulatos, todos brasileiros, procedentes de diversos estados e oriundos das mais diversas profissões [...] costureiras, estofadores, vendedoras de cuscuz, lapidadores de diamantes, funcionários públicos".

No corpo do texto, na página seis, lia-se o motivo da tentativa de impedir o grupo teatral de se exibir em um festival internacional que ocorreria na Inglaterra, para o qual havia sido especialmente convidado: "Diz-se que não fica bem ao Itamaraty a ida desse conjunto negro às ilhas de sua majestade Jorge VI, por

XXII

que vão pensar que no Brasil só existe negros."[1] Em outras palavras, a imagem do país, no exterior, estava em jogo.

Com exceção de um quadro português, a performance do TFB era exclusivamente afro-brasileira. Daí um crítico sugerir que, antes de sua partida para a Europa, seria prudente a correção do "equívoco" e a mudança do nome do grupo, de forma mais "apropriada", para "Teatro Folclórico Afro-Brasileiro"[2].

Além de se tratar de um elenco negro, o TFB levava aos palcos diversas manifestações da cultura negra e popular, tais como "macumba", capoeira, frevo, maracatu, samba etc., ambientadas em espaços relacionados às camadas populares, como o morro carioca, praias nordestinas, ou em cenários que remontavam ao Brasil Colonial, nos quais a vida dos escravizados era encenada. Tratava-se, indubitavelmente, como se percebe, de um grupo e de um espetáculo eminentemente negros.

Apesar do sucesso, evidenciado pelo convite para uma turnê no exterior, pela passagem pelo Teatro Municipal, do Rio de Janeiro e São Paulo, ou de apresentações para presidentes da República, tudo isso em menos de um ano de existência, o TFB não era uma unanimidade. Além do incômodo pelo fato de o grupo ser negro, para seus detratores era inconveniente que, em sua performance, a cultura negra fosse celebrada como cultura nacional.

A partir das críticas endereçadas ao grupo teatral, nota-se que, por mais que os produtores e mediadores dessas manifestações negras e populares, assim como setores da imprensa e intelectualidade as apresentassem como "brasileiras", não havia um consenso em torno dessa caracterização. Tal consenso, à época, não havia nem mesmo quanto ao samba, diga-se, reconhecido pelo Estado como símbolo nacional, ainda nos anos 1930. Essas práticas ainda eram vistas por amplos setores da população como locais, étnicas e particularmente associadas às camadas negras e pobres da sociedade brasileira.

O percurso da maior parte dessas manifestações, de símbolos étnicos e locais a símbolos estaduais e nacionais, objeto deste livro, foi longo e complexo. A comparação entre suas trajetórias ao longo do século XX, com destaque para a capoeira baiana e

1 Querem evitar a ida a Londres dos negros do Teatro Folclórico, *Última Hora*, 20 jul. 1951.
2 Ver R. Massarani, Teatro Folclórico Brasileiro, *Jornal do Brasil*, 20 jul. 1951.

INTRODUÇÃO   XXIII

o samba carioca – dois dos maiores símbolos da brasilidade[3] –, nos ajuda a compreender esse processo e os variados fatores que contribuíram, não apenas para a própria metamorfose dessas práticas, mas para a transformação da imagem e da identidade do Brasil, dentro e fora do país.

A capoeira, em particular, ocupa parte significativa desta pesquisa. Na verdade, o projeto inicial deste livro – uma proposta de dissertação de mestrado que se tornou uma tese de doutorado – se iniciou com um problema específico: compreender como ou por que, diante da existência de várias capoeiras no Brasil até as primeiras décadas do século xx, somente a capoeira baiana conseguiu se preservar e posteriormente se difundir, passando a ser vista como se fora a "única" ou "autêntica" capoeira, borrando a memória da existência das demais e se tornando a base da capoeira praticada hoje no mundo.

Essa questão é grandemente resultado do meu contato desde criança com a capoeira. De quase quatro décadas de prática, de cerca de duas de leituras sobre o assunto e do convívio com mestres e com o universo malandro e marginal da capoeiragem. Universo em que estão irmanadas diversas das manifestações que perpassam as páginas desse livro e que me acompanham também desde menino: o maculelê, o samba de roda, o tambor de mina, o reggae etc.

Além de ter nascido e crescido em uma ilha culturalmente negra, São Luís – Maranhão, onde, à noite, desde os tempos da escravidão até os dias de hoje, ao se atravessar a cidade de ponta a ponta, escutam-se tambores e sons afro-caribenhos; metade de mim – a parte materna – é de ascendência afro-indígena. Metade com a qual fui criado e educado.

Dentre os livros que habitavam a velha estante de madeira de minha mãe, uma pedagoga castrista e paulofreiriana, autores como Machado de Assis, Josué Montelo, Humberto de Campos disputavam espaço com biografias traduzidas de personagens históricos que se tornaram referências, como *Biko*, de Donald

---

3 Relaciono brasilidade à "representação cultural da nação e qualquer (re)criação performativa da ideia amplamente construída de Brasil". K. Bishop-Sanchez, On the (Im)possibility of Performing Brazil, em S.J. Albuquerque; K. Bishop-Sanchez, *Performing Brazil*, p. 17. (Todas as traduções presentes no livro são minhas, salvo indicação em contrário.)

Woods, *Raízes*, de Alex Haley, além de um velho *Rebelião nas Senzalas*, de Clóvis Moura.

A poucas quadras da minha casa, na periferia da cidade, no antigo prédio histórico onde funciona o Centro de Cultura Negra (CCN), desde cedo, além de jogar capoeira e frequentar os ensaios do bloco afro Akomabu, convivi, aprendi e me tornei amigo de ativistas e lideranças da comunidade negra ludovicense. Esse caldo cultural foi engrossado com o retorno, em 1989, do Rio de Janeiro, de um tio "ativista" do movimento negro, visivelmente influenciado pelo movimento Black Rio, e sua coleção de vinis de Bob Marley, "Dimmy Criff" e outros heróis da música jamaicana.

Esse ambiente marcantemente negro, que atravessou a minha vida, certamente foi o fator de grande influência para me levar a este caminho, a este tema e a este livro. Desse modo, após um tempo pesquisando extra-academicamente a capoeira maranhense, o enigma do sucesso da capoeira baiana, em detrimento das demais, foi algo que começou a me intrigar. Para tentar desvendá-lo, estabeleci como recorte temporal inicial desta pesquisa a década de 1930, período em que ocorreu a "invenção" da capoeira baiana "contemporânea", com a definição dos estilos angola e regional[4].

Voltar aos anos 1930 – talvez o período mais discutido quando se trata dessa capoeira – foi importante, diante da necessidade de uma revisão crítica da bibliografia corrente sobre a capoeira do período. Os trabalhos, em geral, apontam como fator fundamental para a preservação e nacionalização da capoeira baiana em detrimento das outras, o suposto apoio do governo Vargas (1930-1945) àquela capoeira. Essa hipótese tornou-se senso comum e é reproduzida por um arco que abrange desde praticantes, imprensa, Estado e até mesmo importantes trabalhos acadêmicos.

A partir da comparação entre as capoeiras baiana, carioca e ludovicense no período de 1930 a 1945, assim como da comparação

---

4 Para o historiador Antonio Liberac Pires, o processo de formação das capoeiras angola e regional é uma "tradição inventada" que remonta às primeiras décadas do século XX e está relacionado a uma cisão ocorrida no interior da capoeira baiana. Tal cisão ocorreu quando da criação, pelo eminente mestre de capoeira Manoel dos Reis Machado, o mestre Bimba, do estilo nomeado por ele de "luta regional baiana", também conhecido como "capoeira regional". A partir daí surgiu, digamos, um contra movimento que afirmava a existência de uma capoeira "original", "pura", "autêntica", que seria a capoeira "angola". Esse movimento, dos anos 1940 em diante, foi liderado pelo mestre Vicente Ferreira Pastinha. Ver A.L.C.S. Pires, *Movimentos da Cultura Afro-Brasileira, 1890-1950*, p. 239-300.

INTRODUÇÃO   XXV

entre o tratamento dispensado pelo Estado varguista ao samba
e à capoeira no mesmo período, sustento que não houve qualquer apoio do governo Vargas à capoeira baiana, muito menos
qualquer política estatal no sentido de preservar, promover ou
nacionalizar sua prática.

Essa constatação, contudo, não soluciona o problema. Se não
fora o Estado, quais fatores, então, estariam por trás do sucesso
da capoeira baiana? Em busca de uma resposta, ampliei o arco
temporal para além do primeiro governo Vargas, estendendo o
recorte até a década de 1960, período em que essa capoeira está
em plena expansão pelo território nacional.

Desse modo, o trabalho foi cada vez tomando maiores dimensões. Ao aprofundar a comparação entre a trajetória do samba
carioca e da capoeira baiana, inevitavelmente, surgiu a questão
que se tornou central e objeto maior deste livro: analisar o processo pelo qual diversas manifestações, originariamente étnicas
e locais, foram transformadas não apenas em práticas nacionais,
mas também em símbolos da identidade nacional brasileira.

Discutir essa temática, necessariamente, significa analisar
complexas disputas entre os mais diversos grupos, símbolos, tradições, memórias e personagens, o que envolve ainda o Estado.
Como afirma o eminente intelectual jamaicano Stuart Hall,

questões de identidade são sempre questões sobre representação. São
sempre questões sobre a invenção, não apenas sobre a descoberta da tradição. São sempre exercícios de memória seletiva e quase sempre envolvem o silenciamento de algo para permitir que algo fale[5].

Partindo dessa perspectiva, dentre os fatores que levantei para
compreender esse intrincado processo de "invenção", "silen-
ciamentos" e "seleção" de símbolos, como destaca Hall, um,
secundarizado ou nem ao menos citado pelos estudiosos do tema,
merece destaque: o papel crucial do Movimento Folclórico Brasileiro (MFB) entre o fim dos anos 1940 e o início da década de
1960, pioneiramente apontado por Luis Rodolfo Vilhena (1997)
em seu *Projeto e Missão*.

Seguindo a análise de Vilhena (1997), sustento a tese de que
a mediação realizada pelo MFB – estruturado nacionalmente e

---

5 S. Hall, Negotiating Caribbean Identities, *New Left Review*, 1º jan. 1995, p. 3-14.

com ramificações por todo o país – entre os praticantes de diversas manifestações de origem negra e popular e o Estado foi fator *sine qua non* para a preservação e expansão de diversas dessas práticas, em diversos estados do Brasil.

Com base em extensas fontes documentais, sustento ainda que a atuação do MFB foi fundamental para despertar no estado baiano, pioneiramente, e no Estado brasileiro a percepção do potencial turístico dessas diversas manifestações, estando relacionado, desse modo, à gênese do processo de institucionalização das políticas culturais no Brasil. Contribuiu, ainda, por conseguinte, de forma essencial, para a constituição de algumas dessas manifestações enquanto símbolos estaduais, e da capoeira enquanto um dos símbolos da brasilidade.

Todavia, a atuação do MFB foi temporária (1947-1964) e não teve o mesmo peso em todas as regiões e estados do país, apesar de sua pretensão de abranger todo o território nacional. Logo, outros elementos, certamente, estariam camuflados em meio às fontes.

Analisando a bibliografia sobre o tema, notei que diversos autores nacionais e estrangeiros, estudiosos de assuntos relacionados à nação, à identidade e à raça, evidenciaram, corretamente, como fator importante para a transformação de manifestações étnicas em nacionais, o papel da intelectualidade e as alianças costuradas pelas camadas negras e populares com setores da elite, além do apoio de setores da imprensa.

Uma outra interpretação, ainda bastante forte no meio acadêmico e mesmo no senso comum, explica a transformação de manifestações negras em símbolos nacionais, de forma simplista, como resultado de uma suposta "apropriação cultural". A partir dessa perspectiva, as elites ou o Estado, em um determinado momento, decidem maquiavelicamente se apossar das produções culturais dos setores oprimidos e explorados, "esvaziando", contudo, sua essência. Isso teria acontecido com o samba e a capoeira, por exemplo.

Esse tipo de análise, contraditoriamente, acaba por silenciar o agenciamento dos produtores dessas diversas manifestações, apresentados como vítimas passivas, ludibriados, como que, "bestializados" – para retomar a famosa expressão de Aristides Lobo – diante do sequestro dos seus bens culturais.

Na contracorrente dessa interpretação, nos últimos anos tem-se dado mais atenção a um elemento há tempos negligenciado:

o agenciamento cultural dos detentores e mediadores dessas práticas nesse lento processo de transformação de símbolos étnicos em símbolos de identidade nacional. Segui essa linha ao longo deste livro.

Nesse sentido, ao discutir a "ideia de harmonia racial" ao longo do século xx, no Brasil, a historiadora Paulina Alberto, em seu livro *Terms of Inclusion* (Termos de Inclusão), destaca o agenciamento de setores da intelectualidade negra do Rio de Janeiro, São Paulo e Salvador. Para além da mais comumente conhecida denúncia do Movimento Negro daquelas ideologias, notória a partir dos anos 1970, a autora ressalta que, ao longo desse século, diversas gerações de intelectuais negros e negras endossaram e remodelaram ideologias de harmonia racial no intuito de buscar por inclusão e pertencimento da população negra à nação, como cidadã e brasileira.

Em consonância com essa nova perspectiva apontada pela estudiosa argentina, as evidências analisadas ao longo deste livro me fazem acreditar que o século xx foi o século em que as camadas negras e pobres da sociedade brasileira, em busca de "inclusão" ou de "pertencimento" à nação, entraram definitivamente na disputa em torno da identidade nacional brasileira e da construção da "comunidade imaginada" do que seria o Brasil[6].

Não se tratou de um engajamento militante, consciente, digamos, como o de inúmeras organizações de "homens de cor" surgidas nesse mesmo período com o intuito de defender os interesses desse segmento social e de reivindicar o seu pertencimento à comunidade nacional brasileira. Tratou-se de um processo costurado a partir do dia a dia, do cultivo cotidiano dessas rodas negras, culturas urbanas atlânticas, extensa herança cultural que remonta aos tempos da escravidão, representada neste livro por diversas manifestações afro-diaspóricas, como a capoeira, candomblé, maculelê, samba etc.

Tal processo pode ser melhor compreendido a partir da perspectiva apresentada pelo cientista social Michael Billig, em sua

---

6   O conceito de comunidade imaginada foi desenvolvido por Benedict Anderson, uma das principais referências ao se discutir construção da nação e nacionalidade. Segundo o autor, as elites crioulas, a literatura e imprensa tiveram o peso central no processo de construção das comunidades imaginadas latino americanas e, por conseguinte, dos nacionalismos e nações. Ver B. Anderson, *Comunidades Imaginadas*.

XXVIII

análise do nacionalismo. Para o estudioso britânico, diferentemente dos demais especialistas no assunto, o nacionalismo não
se trata apenas de algo estranho, algo "do outro" e não nosso, algo
que se expressa geralmente em momentos de tensão, confronto ou
guerras, quando países inimigos estão prestes a se digladiar. Pelo
contrário, trata-se de algo cotidiano, cultivado e reproduzido em
ocasiões tão comuns e corriqueiras que passam despercebidas,
mas que alimentam a ideia de pertencimento a uma pátria, a um
povo, assim como um sentimento de identidade nacional comum[7].

Tais atos, geralmente imperceptíveis no dia a dia, variam imensamente, como ouvir uma canção como "Aquarela do Brasil", de Ary
Barroso, afirmar que Pelé é o melhor jogador do mundo, em claro
detrimento ao argentino Maradona, ou torcer para Anderson Silva
ou Amanda Nunes, nas lutas marciais mistas, simplesmente pelo
fato de pertencerem ao nosso mesmo território nacional. Assim,
cotidiana e imperceptivelmente, o nacionalismo se reproduz.

Do mesmo modo, a atuação dos capoeiras, das pretas do acarajé, dos sambistas, passistas de frevo, do povo de terreiro e tantos
outros deu-se no cotidiano, a partir da luta pela sobrevivência,
a partir de ambientes e atividades em que, comumente, se pensa
ou se pensava, até pouco tempo, que não havia espaço para a política, para as questões de interesse da nação, para as coisas "sérias".
Espaços e atividades como a festa, o divertimento, o lazer, a performance, o entretenimento, em palcos, boates, teatros, nas ruas,
a brincadeira, que, em grande parte das vezes, era também trabalho.

Nesses espaços e atividades, geralmente vistos como supér-
fluos, alienados, apolíticos, ou não políticos, nos quais esses
diversos agentes, a despeito de toda repressão, reafirmavam cotidianamente uma herança negra e popular, lentamente se travava
uma verdadeira guerra cultural em torno de questões referentes
à raça e à nacionalidade[8].

---

7   Ver M. Billig, *Banal Nationalism*.

8   Utilizo aqui a concepção de guerra cultural no sentido proposto por Daryle
Williams para analisar o primeiro governo Vargas (1930-1945). Segundo o autor,
"Nessas guerras culturais, burocratas, artistas, intelectuais, críticos e cidadãos
comuns competiam entre si e com o Estado pelo controle da brasilidade"; D.
Williams, *Culture Wars in Brazil*, p. xvii. Nessas guerras, travadas nos mais
diversos campos (jornalístico, literário, teatral, nos palcos, nos ringues, no cotidiano etc.), esses diversos agentes sociais disputavam diferentes representações
do Brasil e da brasilidade.

INTRODUÇÃO   XXIX

A historiadora Kim Butler talvez tenha sido uma das primeiras a discutir as disputas e a participação política dos afrodescendentes no pós-abolição, no Brasil, a partir da ideia de que se travava uma guerra cultural. Ao comparar o caso de São Paulo e Salvador, Butler afirma que, na capital baiana, "na época da abolição, os brancos não temiam uma rebelião (ou uma guerra racial), mas, ao contrário, temiam a possibilidade de a cultura afro-baiana se tornar dominante"[9].

Diversas evidências discutidas nesta pesquisa indicam que, ao longo de grande parte do século xx, pelo menos, o temor de a cultura negra se tornar dominante não se restringia à Bahia. Era, na verdade, algo de dimensão nacional.

Tentei, neste livro, apresentar evidências de que, desde o campo da cultura, do lazer e do entretenimento, nessa guerra cultural, amplos setores negros e pobres, de norte a sul do país, não apenas exerceram uma ampla atuação política, mas, muito além disso, contribuíram de forma fundamental para a transformação da própria imagem e identidade do Brasil, dentro e fora dele.

Michael Hanchard, em sua tese de doutorado, publicada há quase três décadas sobre o movimento negro brasileiro entre os anos de 1945 a 1988, chamou a atenção para a importância da produção cultural para o ativismo negro nacional. Entretanto, o autor via essa predileção como um problema a ser superado. Havia, em meio a esse movimento, segundo o estudioso, uma tendência fortemente "culturalista". Sinteticamente, o culturalismo era a excessiva valorização e reificação da produção cultural.

Tendo como padrão de organização e ativismo político o movimento negro americano em sua luta por direitos civis, para Hanchard, o problema do caso brasileiro era que,

dentro da política culturalista, as práticas culturais operam como fins em si mesmas, e não como um meio para um conjunto mais abrangente e heterogêneo de atividades ético-políticas. Nas práticas culturalistas, os símbolos e artefatos afro-brasileiros e afro-diaspóricos tornam-se reificados e mercantilizados; a cultura se torna uma coisa, não um processo profundamente político[10].

---

9 K.D. Butler, *Freedoms Given, Freedoms Won*, p. 171.
10 M.G. Hanchard, *Orpheus and Power*, p. 21.

XXX

Em sentido contrário, nos últimos anos, diversos autores têm destacado o papel eminentemente político da cultura no tabuleiro das relações de poder, evidenciando que, mesmo quando a cultura se torna "comodificada" e "reificada", ela nunca é simplesmente um fim em si mesmo.

Como afirma o historiador Marc Hertzman, ao discutir o caso do samba, "enquanto a mercantilização, a comercialização e a profissionalização não reduzem necessariamente o significado político [da cultura], esses processos frequentemente elevam um único indivíduo ou grupo a uma posição de privilégio e poder"[11].

As fontes analisadas nesta pesquisa indicam que, a partir dos anos 1950, particularmente, com o crescimento econômico do país, mais acentuado no eixo Rio-São Paulo, e com o consequente desenvolvimento do mercado de entretenimento, houve uma grande abertura do mercado para artistas negros e negras, assim como para manifestações da cultura negra e popular, o que será detalhado no capítulo 6.

Podemos afirmar que, a partir desse período, as manifestações, "símbolos e artefatos afro-brasileiros e afro-diaspóricos", para usar a expressão de Hanchard, foram cada vez mais "comodificados", tendo como agentes dessa mercadorização os próprios artistas negros e negras.

Além disso, a partir desse período, o Estado – representado inicialmente por prefeituras e posteriormente por governos estaduais e federal – começou lentamente a mudar sua histórica postura de repressor dessas práticas, e, aos poucos, adotou progressivamente ações para sua promoção. Tais medidas estão particularmente atreladas ao também emergente mercado turístico.

Desse modo, ao discutir os diversos fatores que levaram a essa transformação por parte do Estado e da sociedade para com a cultura negra e popular, sustento que, ao contrário de um entrave para a luta política, a assimilação cada vez maior pelo mercado e pelo turismo foi fundamental para a transformação por que passaram essas manifestações no século XX, assim como a transformação do próprio país e de sua identidade.

Para além do Estado, do mercado, do crescimento econômico, nesse percurso, artistas negros e negras tiveram papel de

---

11 M. Hertzman, *Making Samba*, p. 8.

INTRODUÇÃO   XXXI

destaque. Foram eles e elas que tomaram os palcos com performances e espetáculos que apresentavam como "nacionais", "brasileiras", práticas ainda denunciadas nas páginas dos jornais, pouco conhecidas fora de seus lugares de origem e apontadas por amplos setores como "barbarismo" que precisavam ser eliminados para que o Brasil se tornasse um país branco e civilizado.

Essa atuação, geralmente vista à época, assim como grandemente até nos dias atuais, como meramente cultural, simples espetáculos do ramo do entretenimento, trazia consigo um fundo eminentemente político. Sua performance e espetáculos, por exemplo, contrapunham-se frontalmente ao projeto político eugenista, ainda advogado para o Brasil pelas elites herdeiras dos colonizadores.

Muito além disso, apresentavam um outro projeto de nação, em que as manifestações da cultura negra e popular, assim como seus produtores, estariam plenamente integradas ou incluídas. Mais ainda: incluídas em um patamar de destaque, é preciso frisar, pois tais manifestações eram apresentadas não como apenas étnicas, mas como os mais autênticos símbolos da identidade nacional brasileira. Tratava-se, claramente, de um projeto de inclusão racial.

Nesse sentido, o relativamente novo campo dos estudos de performance é ideal para analisar a inserção dessas diversas práticas, assim como de seus agentes, nesse cenário, porque espaços como o ringue, os palcos, os teatros, os festivais, as ruas etc., foram, como ainda são, o local predileto de atuação desses personagens, como será discutido também ao longo do livro[12].

---

12 Como esclarece K. Bishop-Sanchez, o campo de estudos de performance surgiu e se desenvolveu primeiro e principalmente nos Estados Unidos antes de decolarem nas academias francesa e britânica. Ainda segundo a autora: "Performance é frequentemente considerada secundária como um campo de estudo e vista apenas por meio de disciplinas interconectadas. Tradicionalmente, os estudos de performance se inspiraram nos estudos do teatro, na antropologia e nas outras ciências sociais, usando-os como fontes teóricas para se apropriar da terminologia, a fim de compreender e analisar performance entre as culturas, muitas vezes de um ponto de vista comparativo. Dada a riqueza da performance como campo de estudo, qualquer unificação teórica permanece extremamente difícil, e a formulação de uma teoria convincente, formal e facilmente administrável constitui uma tarefa difícil. A complexidade das discussões críticas em torno de performance em geral é aplicável à performance do Brasil. K. Bishop-Sanchez, op. cit., p. 16. Para uma discussão sobre performance, seus usos, sua relação com a história, ver P. Burke, Performing History: The Importance of Occasions, *Rethinking History*, v. 9, n. 1, p. 35-52.

XXXII

Apesar de haver uma pluralidade de definições e sentidos para performance, nesta obra, concordo com Diana Taylor, ao afirmar que

performances funcionam como atos vitais de transferência, transmitindo conhecimento social, memória e um senso de identidade por meio da reiteração, ou do que Richard Schechner chamou de *twice-behaved behavior*. Performance, em um nível, constitui [...] as muitas práticas e eventos--dança, teatro, ritual, comícios políticos, funerais – que envolvem comportamentos/posturas teatrais, ensaiados ou convencionais[13].

A performance, nesse sentido, tem um caráter claramente político. Esses agentes culturais, a partir de sua performance, longe de assumirem uma postura passiva ou indiferente diante da realidade, tomaram papel de protagonistas ao se recusarem a retroceder diante das proibições, taxas e perseguições impostas pelo Estado às suas brincadeiras; ao insistirem em continuar se divertindo, brincando, como faziam desde os tempos da escravidão; ao se recusarem a deixar de frequentar os cantos; ao continuarem insistentemente promovendo ajuntamentos de negros e negras em festas, bumbas, capoeiras, sambas, tambores, batuques, numa clara desobediência civil que tanto incomodava as elites.

Nessa guerra cultural, ao adotarem parte do discurso folclorista/culturalista/freyriano – o que enfatizava a contribuição da população negra na formação nacional brasileira –, transformaram lentamente as suas próprias práticas locais, antes vistas eminentemente como étnicas, em manifestações "nacionais", "brasileiras", "símbolos da identidade nacional"[14].

---

13 D. Taylor, *The Archive and the Repertoire*, p. 2-3.

14 Os modernistas da Semana de 1922 também são comumente apresentados como promotores da cultura negra como cultura nacional. Já há um consenso entre os estudiosos de que houve diversos modernismos, a partir de 1890. O movimento paulista dos anos 1920, do qual se originou a Semana de Arte Moderna, geralmente reconhecido como "o Modernismo", como afirma Rafael Cardoso, era apenas mais um a concorrer por sua liderança. Cardoso refuta o protagonismo dos principais agentes da Semana e seus seguidores comumente apresentados como os responsáveis por recuperar "a negritude do silenciamento cultural imposto pelas elites afrancesadas do século XIX". R. Cardoso, *Modernidade em Preto e Branco*, p. 22. Concordo com o autor, porém, creio que a corrente ligada a Mário de Andrade, alinhada ao governo Vargas a partir dos anos 1930, mesmo que de uma perspectiva estereotipada e folclorista, como apontado por Cardoso, contribuiu para a construção/consolidação do imaginário de que os indígenas e negros eram importantes componentes da formação nacional brasileira e deveriam, portanto, ser incluídos na comunidade imaginada brasileira, em formação.

INTRODUÇÃO

Como têm demonstrado nos últimos anos diversos trabalhos sobre a população negra no pós-emancipação, alijados em sua maioria de participar politicamente pelos meios formais, esse segmento continuou utilizando-se de diversos outros meios de intervenção política, incluindo os formais, na ânsia de participação, de inclusão na nação, de conquista e preservação de direitos.

Mobilizaram-se tanto enquanto negros, em associações de homens de cor, frentes, legiões, movimentos negros etc., como diluídos em meio a operários, sindicatos camponeses, mulheres, partidos, anarquistas, comunistas etc. Como afirma o eminente historiador Flávio Gomes, "lutar por terra, autonomia, contratos, moradias e salários – e enfrentar a costumeira truculência – era reafirmar direitos, interesses e desejos redefinidos também em termos étnicos, coletivos e culturais"[15].

A ampla mobilização no campo cultural, em torno de suas manifestações cultivadas coletivamente desde períodos remotos, de norte a sul do Brasil, foi apenas uma das frentes de atuação desse segmento social. Talvez, uma das mais longevas e uma das menos vistas como políticas.

ALGUNS CONCEITOS E REFERÊNCIAS

Essas práticas, ao longo do século XX, foram homogeneizadas sob a denominação genérica de "folclore". Folclore e identidade nacional foram temas caros ao século passado. Caros e intimamente entrelaçados. Discutir a identidade nacional, necessariamente passa por levantar a questão acerca de quais seriam as peculiaridades do Brasil, os símbolos, mitos, a imagem do país.

Como afirma Stuart Hall,

na verdade as identidades são sobre questões de usar os recursos da história, língua e cultura no processo de se tornar ao invés de ser: não "quem somos" ou "de onde viemos", mas sim o que poderíamos nos tornar, como temos sido representados e como isso influencia em como podemos representar a nós mesmos. As identidades são, portanto, constituídas dentro, não fora da representação. Referem-se à invenção da tradição tanto quanto à própria tradição[16].

15 F. dos S. Gomes, *Negros e Política (1888-1937)*, p. 12.
16 S. Hall, The Question of Cultural Identity, em S. Hall et al. (eds.), *Modernity and Its Futures*, p. 4.

XXXIV

Nesse sentido, o processo dialético de construção ou de invenção de uma representação nacional remetia, consequentemente, ao chamado "folclore nacional". Páginas incontáveis de jornais, revistas e livros foram escritas no intuito de definir o que seria a identidade brasileira, quais seus símbolos mais "autênticos". Um prolífico debate que envolvia diretamente manifestações negras e populares cultivadas por pessoas, em sua maioria pobres, de norte a sul do nosso extenso território. Essa disputa, todavia, não coube apenas à intelectualidade.

Este livro sustenta que desde cedo setores das classes populares estiveram inseridas nesse debate. Ao assumirem o discurso folclorista de que essas manifestações eram legítimas representantes da "alma brasileira", os agentes dessas diversas práticas tiveram mais um argumento para reivindicar a existência e preservação de seus costumes. Assumiram tal discurso no dia a dia, promovendo sua cultura nas ruas, palcos, teatros, palácios governamentais, ringues e também nos jornais, revistas, TVs, cinema, onde estabeleceram, do mesmo modo, trincheira de combate.

O folclore, no Brasil, como veremos ao longo do texto, confunde-se com as manifestações da cultura negra e popular, mas nem sempre foi assim. Esse entrelaçamento se aprofundou a partir do II Congresso Brasileiro de Folclore, ocorrido em Curitiba, Paraná, em 1953.

Naquele evento, cujo tema foi "folguedos populares", os folcloristas decidiram privilegiar como tema principal de suas atenções os "folguedos" – danças, autos, dramatizações –, ao invés do folclore musical. A partir daquele momento, as diversas manifestações da cultura popular e negra, discutidas ao longo deste livro, como o bumba meu boi, capoeira, samba de roda etc., viraram o foco de atenção da intelectualidade e passaram a ser cada vez mais apresentadas enquanto os mais autênticos símbolos nacionais.

Mas o que seria o folclore? São inúmeras as suas definições. De um modo geral, os folcloristas tinham uma visão abrangente do seu objeto. Em 1957, em uma breve exposição publicada no livro *A Sabedoria Popular*, em que discutia a revisão por que passava o conceito, Edison Carneiro, destacado intelectual e folclorista, sintetizou:

o campo do folclórico se estende a todas as manifestações da vida popular. O traje, a comida, a habitação, as artes domésticas, as crendices, os jogos,

INTRODUÇÃO   XXXV

as danças, as representações, a poesia anônima, o linguajar etc., revelam, mesmo a um exame superficial, a existência de todo um sistema de sentir, pensar e agir, que difere essencialmente do sistema erudito, oficial, predominante nas sociedades do tipo ocidental[17].

O folclore, reunindo essas diversas manifestações supostamente apartadas do mundo erudito ou das elites, expressava "todo um sistema de sentir, pensar e agir" do "povo". Por conseguinte, para os folcloristas, setores da imprensa, parte da população e dos produtores ou detentores dessas diversas práticas, o folclore encarnava a "essência nacional"[18].

Os folcloristas, em particular, tinham uma visão paternalista sobre essa cultura e seus agentes. Viam-nas como reminiscências do passado, práticas primitivas, bárbaras, estáticas, porém algo valioso e que precisava ser preservado e difundido, pois, com o avanço da sociedade moderna, do capitalismo, estavam na iminência de desaparecer. Essa acepção sobre a cultura negra e popular, contudo, não se restringiu aos folcloristas, dominou o pensamento social brasileiro em boa parte do século XX.

No processo de construção da identidade nacional brasileira, de seleção dos seus símbolos, rituais, mitos, assim como no processo de formação do povo brasileiro, apontado como portador dessa identidade particular e distintiva, o folclore teve um papel central. Forneceu, por exemplo, alguns dos maiores símbolos de identificação do Brasil, dentro e fora do país: o samba e a capoeira. Elegeu, ainda, como símbolos estaduais, diversas manifestações também negras e populares, como o bumba meu boi, no Maranhão, ou o candomblé, na Bahia.

No processo de formação da identidade nacional brasileira, o folclore esteve ainda intrinsecamente relacionado com um dos principais mitos formadores do país: o mito das três raças ou da formação nacional a partir do "harmonioso" processo de cruzamento racial, da miscigenação, como discutido por diversos autores. O principal mito nacional, ou o mito fundador do Brasil, nas palavras de Marshal Eakin[19].

---

17 E. Carneiro, *A Sabedoria Popular*, p. 10.
18 Para uma análise mais detalhada sobre folclore, ver L.R. Vilhena, *Projeto e Missão*.
19 Ver M.C. Eakin, *Becoming Brazilians*, p. 5. Para uma discussão mais profunda e com novas abordagens acerca da "miscigenação" e do "mito da democracia

XXXVI

Essa fabulosa criação, potencializada com a publicação de *Casa-Grande e Senzala*, de Gilberto Freyre, a despeito de todas as críticas merecidas, abriu uma brecha utilizada por amplos setores das camadas negras do Brasil. Como discute Paulina Alberto, em obra antes referida, a concepção de que no Brasil havia uma harmonia racial, dentre outras coisas, produziu um argumento a mais para parcelas da intelectualidade negra denunciar o racismo e reivindicar o "pertencimento" dos negros à nação.

Sustento neste livro que, de forma semelhante às organizações de "homens de cor" atuantes ao longo do século XX, amplas parcelas da população negra, organizadas em coletivos de capoeira, bumba meu boi, samba etc. – grupos de maioria negra, vistos, geralmente, como grupos de negros, mas não organizados enquanto negros, pois eram abertos a todos –, ao mesmo tempo em que lutavam para terem reconhecido o direito a existência de suas práticas, buscavam, por conseguinte, o seu pertencimento à nação.

Sua atuação se deu fundamentalmente ao promoverem, nas ruas, ringues, teatros, palácios e veículos da imprensa, dentro e fora do Brasil, em sintonia com o discurso folclorista/culturalista/freyriano, a contribuição negra para a formação da identidade nacional brasileira, fortalecendo o discurso freyriano por um lado e, por outro, acentuando o direito dos negros e da cultura negra à "inclusão" no Brasil, como brasileiros e como cidadãos.

Cabe, para situar o leitor, um esclarecimento conceitual acerca do que ora chamo de cultura negra e popular. A despeito da complexidade que envolve a definição de cultura negra, em sintonia com o que propõe Stuart Hall, entendo aqui esse conceito não numa perspectiva essencialista, mas como o resultado da experiência diaspórica que remete a "questões profundas de transmissão e herança cultural, de relações complexas entre as origens africanas e as dispersões irreversíveis da diáspora"[20].

Desse modo, quando me refiro à cultura negra, refiro-me, melhor dizendo, a culturas negras, produto

de sincronizações parciais, de engajamentos que atravessam fronteiras culturais, de confluências de mais de uma tradição cultural, de negociações

racial" no Brasil, ver P.L. Alberto, *Terms of Inclusion*.
20 S. Hall, *Da Diáspora*, p. 343.

INTRODUÇÃO   XXXVII

entre posições dominantes e subalternas, de estratégias subterrâneas de recodificação e transcodificação, de significação crítica e do ato de significar a partir de materiais preexistentes. Essas formas são sempre impuras, até certo ponto hibridizadas a partir de uma base vernácula[21].

Trata-se de práticas, acima de tudo, nada estáticas. Em constante processo de reinvenção e transformação, a partir de diálogos estabelecidos entre classes sociais diferentes e grupos vistos como racialmente diferentes ou, melhor dizendo, etnicamente diversos, geralmente apresentados como negros e brancos.

Nesse sentido, concordo com Lívio Sansone, quando afirma que

convém considerar a cultura negra como uma subcultura da cultura ocidental, muitas vezes quase que submergida na cultural popular ou numa determinada cultura de classe baixa: ela não é fixa nem completamente abrangente e resulta de um conjunto específico de relações sociais, neste caso entre grupos racialmente definidos como "brancos" e "negros"[22].

Na verdade, como se verá ao longo deste livro, muitas vezes a cultura negra se confunde com a cultura popular, particularmente nas três capitais em que estamos estudando, onde há uma forte presença da população negra.

Cultura popular, no mesmo sentido, pode ser analisada pela perspectiva apontada por Hall acerca de cultura negra, ou seja, trata-se também de uma cultura híbrida, produto de trocas ininterruptas, "de negociações entre posições dominantes e subalternas"[23].

Como destaca o historiador britânico Peter Burke, a cultura popular não se trata de algo homogêneo, estático, bidimensional, mas, pelo contrário, existem "muitas culturas populares ou muitas variedades de cultura popular [...] uma cultura é um sistema de limites indistintos, de modo que [...] é impossível dizer onde termina uma e começa outra"[24].

Cabe ainda um breve esclarecimento acerca do que chamo de manifestações étnicas. Em sintonia com o que Stuart Hall afirma

---

21 Ibidem, p. 343.
22 L. Sansone, *Negritude Sem Etnicidade*, p. 23.
23 Para uma discussão historiográfica acerca do conceito de cultura popular e cultura popular negra envolvendo renomados estudiosos e historiadores, ver P. Domingues, *Cultura Popular*.
24 P. Burke, *Cultura Popular na Idade Moderna*, p. 57.

XXXVIII

sobre cultura negra e em consonância com o que propõe o antropólogo Fredrik Barth, ao discutir etnicidade, devemos fugir da tentação de "imaginar cada grupo desenvolvendo sua forma cultural e social em isolamento relativo [...] essa história produziu um mundo de povos separados, cada um com sua cultura própria e organizado numa sociedade que podemos legitimamente isolar para descrevê-la como se fosse uma ilha"[25]. O mundo real, contudo, é deveras mais complexo.

Assim como as identidades étnicas não se impõem "enquanto dados naturais, mas como uma divisão culturalmente elaborada pelo mundo social", como afirmam Philippe Poutignat e Jocelyne Streiff-Fenart, o mesmo pode-se afirmar acerca das manifestações étnicas[26].

Como a própria etnicidade, tais manifestações são mais bem compreendidas não como portadoras de uma essência ou pureza, mas como uma construção ou até mesmo uma "invenção" diaspórica. Como produto da diáspora, tais práticas de matriz africana são resultado de contatos entre segmentos sociais diversos no que concerne à classe, gênero, raça e território, e vêm em permanente e ininterrupto processo de transformação ao longo do tempo.

Ao definir grupo étnico, Barth, rompendo com concepções essencialistas, aponta como uma de suas características fundamentais o fato de a sua construção ser resultado da relação dialética entre a "autoatribuição ou da atribuição por outros a uma categoria étnica"[27], ou seja, o grupo étnico é resultado do autorreconhecimento enquanto grupo distinto e portador de características específicas, por parte de seus próprios integrantes, e da identificação desses marcadores de diferença por parte de terceiros.

De modo semelhante, ao longo deste livro, como veremos, essas diversas manifestações étnicas discutidas são vistas por seus produtores enquanto étnicas, negras, ou de negros, ao mesmo tempo em que são apontadas pela imprensa, intelectuais, literatos, autoridades ou detratores também como étnicas, negras ou de negros.

25 F. Barth, Grupos Étnicos e Suas Fronteiras, em P. Poutignat; J. Streiff-Fenart, *Teorias da Etnicidade*, p. 190.
26 P. Poutignat; J. Streiff-Fenart, op. cit., p. 150.
27 F. Barth, Grupos Étnicos e Suas Fronteiras, op. cit., p. 193.

O MÉTODO E AS FONTES

Salvador, Rio de Janeiro e São Luís, as três capitais por onde se desenrola este estudo, foram escolhidas inicialmente pelo fato de que nelas se desenvolveu uma prática em comum: a capoeira, objeto inicial desta pesquisa. Com a ampliação do tema, a localização espacial ficou mais ainda apropriada, pois estamos tratando de importantes cidades negras, desde os tempos coloniais. Cidades em que existe uma extensa população negra e em que se expressa no cotidiano de seus habitantes uma pungente cultura negra e popular, representadas por diversas das manifestações discutidas ao longo deste livro.

Para os objetivos desta pesquisa, além da forte presença negra, estamos tratando de capitais, do mesmo modo, em diferentes estágios de desenvolvimento econômico, social e político, o que favorece a comparação pretendida no trabalho. Enquanto o Rio de Janeiro, há tempos, era um importante centro político e cultural do país, Salvador somente na década de 1950 começou a atravessar um crescimento econômico que influenciou lentamente a sua vida cultural, com consequências mais visíveis nos anos 1970, como veremos. São Luís, por sua vez, além de uma pequena cidade, não tinha importância política, cultural ou econômica, em nível nacional. Esses diferentes estágios são fundamentais para que percebamos a importância do crescimento econômico e, em particular, do desenvolvimento do mercado de entretenimento para a transformação por que passam manifestações culturais ora discutidas.

Além do fator econômico, o fator político é peça chave ao se discutir identidade nacional, pois o Estado é um elemento fundamental no processo de escolha e promoção de símbolos nacionais e locais, o que se torna mais evidente a partir da comparação entre as três cidades. A lenta modificação de sua atuação política, de repressor a promotor dessas diferentes manifestações, evidencia-se mais claramente ao compararmos o trato de tais manifestações em cada cidade e o peso maior ou menor dessa atuação na consolidação de tais símbolos.

A comparação entre a política do Estado, o desenvolvimento do mercado de entretenimento e o agenciamento cultural dos detentores dessas práticas a partir dessas três capitais sujeitas,

XL

no mesmo período, a semelhantes condições políticas, sociais e econômicas – guardadas as peculiaridades locais, claro –, são fundamentais para compreender o percurso de transformação dessas diversas manifestações de práticas étnicas em símbolos estaduais ou de brasilidade no país e no mundo.

Nesse sentido, seguindo os passos de March Bloch, a utilização da metodologia da história comparada foi um recurso valioso já que permitiu perceber o desenvolvimento dos diferentes processos locais. Com sua utilização foi possível analisar as semelhanças existentes entre os diferentes casos e mesmo diante das semelhanças perceber suas peculiaridades, os fatores que agiram em determinado meio e que não estavam presentes nos outros, e de que modo a presença ou ausência de tais fatores foi relevante ou não para proporcionar um resultado diferente em cada um deles.

Por sua vez, no que concerne à documentação, utilizei extensa quantidade de fontes primárias, particularmente jornais e revistas publicadas entre as décadas de 1930 e meados de 1970. Esse material, em grande parte, encontra-se digitalizado e disponível para consulta no sítio da hemeroteca da Biblioteca Nacional.

Explorei ainda acervos particulares e o acervo da Comissão Nacional do Folclore (CNFL), produzido entre os anos de 1947 e 1964. Trata-se de documentos diversos: correspondências, ofícios, requerimentos, boletins, cartas, relatórios, textos etc. Essa documentação, arquivada em pastas, foi produzida pela Comissão Nacional, Comissões Estaduais e pela Campanha em Defesa do Folclore Brasileiro. O material está digitalizado e disponibilizado no Museu do Folclore Edison Carneiro, no Rio de Janeiro.

VISÃO GERAL

No capítulo 1, discuto a presença de remanescentes da capoeira antiga no Rio de Janeiro, Salvador e São Luís até meados da década de 1930. Ao comparar essas diversas capoeiras, apresento argumentos para compreender os motivos que levaram ao desaparecimento da capoeira nos demais estados do Brasil e a sua preservação na Bahia. Dentre esses fatores, destaco o papel desempenhado pelo Estado varguista na eliminação da capoeira de rua nacionalmente.

INTRODUÇÃO

No capítulo 2, analiso, a partir de uma comparação entre o samba carioca e a capoeira, o papel do Estado como agente de promoção dessas manifestações como símbolos nacionais. Na contracorrente da literatura hegemônica sobre a capoeira, apresento diversas evidências de que, ao contrário do que ocorreu com o samba, o apoio do governo Vargas à capoeira não passou de um mito. Discuto ainda outros fatores que contribuíram para a transformação precoce do samba em símbolo nacional e que estiveram ausentes no caso das demais manifestações da cultura negra e popular, fazendo com que o samba seja, na verdade, exceção à regra.

No capítulo 3, tento compreender os efeitos, sobre a capoeira e demais manifestações da cultura negra e popular, do declínio do pensamento eugenista no cenário nacional, acentuado a partir dos anos 1930, e da ascensão cada vez maior, a partir do mesmo período, do pensamento folclorista/culturalista/freyriano. Essas velhas e novas teorias, de um lado, foram obstáculo para a inclusão de negros e negras e sua cultura na nação – as teorias raciais do fim do xix; de outro, abriram brechas utilizadas tanto por intelectuais quanto pelos agentes dessas diversas práticas para enfatizar a contribuição negra na formação nacional brasileira.

No capítulo 4, discuto o agenciamento cultural dos capoeiras em defesa da capoeiragem como luta nacional, acentuada a partir de sua volta aos ringues na década de 1930. Discuto como, diante da falta de apoio do Estado e da lenta assimilação da capoeira pelo mercado, a performance político-cultural dos capoeiras nos ringues, palcos, jornais, tv, cinema etc., ao longo de todo o século xx, foi o fator fundamental para a transformação dessa prática em símbolo de identidade nacional. Nesse sentido, questiono a utilização do conceito de apropriação cultural, hegemonicamente utilizado para explicar a transformação das manifestações da cultura negra e popular em símbolos nacionais.

O capítulo 5 tem como objeto central analisar a importância do Movimento Folclórico Brasileiro entre o fim da década de 1940 e a década de 1960 para a elevação dessas diversas práticas discutidas em símbolos de identidade nacional e estadual. Apresento evidências de que esse movimento foi fundamental para a inserção dessas diversas manifestações em um emergente mercado de entretenimento, assim como foi pioneiro na proposição de políticas de institucionalização do folclore a partir de sua inserção na agenda turística também nascente no país.

No último capítulo, destaco um fator não discutido pela bibliografia do tema para explicar a transformação de manifestações étnicas em nacionais: a relevância do crescimento econômico atravessado pelo país a partir dos anos 1950, particularmente no eixo Rio-São Paulo, e o consequente desenvolvimento de um mercado de entretenimento que assimilou parte da mão de obra especializada de artistas negros e negras. A intensificação da entrada desses artistas no crescente mercado de entretenimento, a partir da formação de diversos grupos teatrais e espetáculos negros, particularmente do Rio de Janeiro e depois no exterior, foi um fator fundamental para projetar a cultura negra e popular e o discurso que a identificava como autenticamente nacional dentro e fora do país.

Ao longo do livro, de modo geral, destaco o agenciamento cultural de incontáveis personagens, alguns conhecidos, mas em sua maioria anônimos – produtores e mediadores das mais diversas manifestações negras e populares, assim como alguns empresários, intelectuais, movimentos e grupos artísticos envolvidos e também responsáveis diretamente pela transformação de manifestações étnicas e locais em símbolos de identidade de estados e do Brasil.

Inacreditável, mas seu filho me imita
No meio de vocês ele é o mais esperto
Ginga e fala gíria; gíria não, dialeto
Esse não é mais seu, oh, subiu
Entrei pelo seu rádio, tomei, cê nem viu
Nóis é isso ou aquilo, o quê? Cê não dizia?
Seu filho quer ser preto, ah, que ironia.

RACIONAIS, *Negro Drama,*
Nada Como um Dia Após o Outro Dia.

1. A "Era Vargas" e o Golpe de Misericórdia na Capoeira de Rua

Os anos 1930 no Brasil foram, inegavelmente, palco de grandes transformações nos mais diversos campos. Parafraseando o renomado historiador inglês Eric Hobsbawm, poderíamos, sem sombra de dúvidas, afirmar que foram tempos propícios ao surgimento ou à "invenção" de "novas tradições". Foram anos de transformações "suficientemente amplas e rápidas" que provocaram a destruição de padrões sociais aos quais "velhas tradições" estavam adaptadas, trazendo como consequência contradições que levaram, de um lado, ao desaparecimento dessas velhas tradições, ou, de outro, a mudanças significativas no sentido de adaptá-las aos novos tempos que emergiam, produzindo, desse modo, "novas tradições"[1].

Dentre tantos acontecimentos naqueles longínquos anos 1930, que já beiram um século, o samba foi reconhecido pelo Estado como um dos símbolos da identidade nacional brasileira; a capoeira de rua, ainda existente em diversos estados do Brasil, sofreu seu golpe de misericórdia, enquanto a baiana atravessou uma cisão que, ao contrário de fragilizá-la, criou estilos que

---

1 Ver E. Hobsbawm, A Invenção das Tradições, em E. Hobsbawm; T. Ranger, *A Invenção das Tradições*, p. 12-13.

marcaram a prática no Brasil e no mundo dali por diante. Naqueles anos, ainda, Gilberto Freyre publicou a obra *Casa-Grande e Senzala*, que deixaria uma marca profunda na identidade e na cultura nacional por quase um século. Tantos acontecimentos nos impõem traçar um breve panorama do que ocorria no país e nas cidades diretamente relacionadas ao tema deste livro.

DO "RECOLHIMENTO HISTÓRICO DOS VALENTÕES/CAPOEIRAS": RIO DE JANEIRO, SALVADOR, SÃO LUÍS

A revolução política ocorrida em 1930, levada a cabo pelos "novos líderes oligárquicos", juntamente com um influente agrupamento de militares "tenentistas", embora não tenha surgido como um elemento de ruptura da ordem estabelecida, foi responsável pela incorporação de novos valores e pela introdução de novas práticas políticas que alterariam o regime em sua essência, como afirma a historiadora Cláudia Viscardi. Dentre as propostas dos setores emergentes que levaram Getúlio Vargas ao poder, constavam a necessidade da implementação do voto secreto, a proteção da indústria nacional e a adoção de políticas sociais[2].

O brasilianista Thomas Skidmore, apesar de construir uma abordagem mitificadora da figura de Vargas, apresentando-o como uma personagem acima da história, das classes sociais e até mesmo do Estado, aponta que, ao fim da ditadura varguista (1945), o país mudara completamente:

o Estado Novo trouxe mudanças irreversíveis às instituições da vida política e da administração pública. Mais importante ainda, Vargas transformou as relações entre o poder federal e estadual, e com isso aproximou muito mais o Brasil de um governo verdadeiramente nacional[3].

Nos quinze anos do primeiro governo Vargas, encerrados com a ditadura estadonovista, foram implementadas uma série de medidas nos mais diversos âmbitos, que atingiram desde o governo central, que concentrou muito mais poder em suas mãos, passando pelos estados, onde as oligarquias foram reordenadas, alterando

2 Ver C.M.R. Viscardi, *O Teatro das Oligarquias*, p. 302.
3 T.E. Skidmore, *Brasil de Getúlio a Castelo (1930-64)*, p. 55.

A "ERA VARGAS" E O GOLPE DE MISERICÓRDIA NA CAPOEIRA DE RUA   5

as relações de poder entre os diversos grupos locais e atingindo, por fim, com todas essas mudanças, o próprio cidadão[4].

Contudo, das diversas medidas adotadas no período, uma merece ser destacada, pois alterou as relações de poder local de norte a sul do Brasil: ao tomar o poder, Vargas impôs imediatamente em todos os estados da federação "interventorias", em outras palavras, prepostos do governo federal responsáveis por implementar o programa do novo governo em curso. A imposição de tais interventorias visava reordenar as relações de poder nos estados, reorganizar as oligarquias locais e emplacar governos aliados da administração federal recém-imposta[5].

Nos quinze anos seguintes, a política nos estados foi diretamente afetada pela política emanada pelo governo Vargas, desde a inicial intervenção político-administrativa até a fase final desse período com o outro golpe que deu origem ao "Estado Novo".

No Maranhão, o golpe de trinta foi articulado e desferido por um histórico "tenente civil", diretamente indicado pela cúpula do movimento tenentista nacional, o jornalista ludovicense e ex-integrante da Coluna Prestes, Reis Perdigão. Até 1930, o estado era governado pelo oligarca Magalhães de Almeida, chefe do Partido Republicano (PR), herdeiro político de Urbano Santos, e governador entre 1926-1930. O segundo maior agrupamento político do estado era chefiado por outro oligarca, o dirigente do Partido Republicano "opositor", Marcelino Dias. Havia ainda um terceiro grupo chefiado por Tarquino Santos, alinhado politicamente com os tenentistas no estado, porém com menor expressão política[6].

---

4   Apesar da inegável mudança, é preciso destacar, conforme explica Scott Ickes, que "os projetos de Vargas de centralização política, modernização econômica, reorganização social e 'renovação' ideológica (afastando-se do liberalismo) não foram uniformemente bem-sucedidos, e seu impacto variou de estado em todo o Brasil. Os projetos econômicos do regime de Vargas, por exemplo, foram uma força muito menos significativa de mudança no estado da Bahia e sua capital Salvador do que no sudeste do país". S. Ickes, *African-Brazilian Culture and Regional Identity in Bahia, Brazil*, p. 21. O caso do Maranhão reafirma essa perspectiva. Não me aprofundarei nesse ponto, pois não é o objetivo deste trabalho, assim como já existe extensa bibliografia a esse respeito. Ver, por exemplo, J. Ferreira, *Trabalhadores do Brasil*; A. de C. Gomes, *A Invenção do Trabalhismo*; T.E. Skidmore, op. cit.; S. Shwartzman et al., *Tempos de Capanema*.

5   Ver T.E. Skidmore, op. cit.

6   Ver J. de R.C. Caldeira, *As Interventorias Estaduais no Maranhão*.

O golpe foi desferido sem resistências e sem vinculação com qualquer movimento popular que o amparasse. Como afirma o professor José de Ribamar Caldeira,

as populações do estado não participaram do movimento de 8 de outubro (que depôs o presidente do estado), adstrito à capital. Quanto às populações desta, do mesmo modo, não tiveram participação direta no referido episódio; antes, este ocorreu sem que estas tivessem tomado conhecimento das ações dos agentes envolvidos, como também não sabiam identificá-los[7].

Após sua execução, foi empossado um governo provisório composto por Perdigão e dois militares, foram impostas sucessivas interventorias no estado, provocando o descontentamento e a oposição das oligarquias, alijadas de sua administração. Em 1935, com as eleições para a constituinte estadual e eleições indiretas para o governo local, as oligarquias voltaram a administrar diretamente o estado, contudo, com ininterruptas lutas intestinas. A partir de 1938, com o Estado Novo, Paulo Ramos assumiu o poder, indicado pelo governo federal[8].

Tais mudanças alijaram temporariamente do poder político as oligarquias que há muito administravam o estado a seu bel-prazer, contudo, não foram verificadas mudanças estruturais na economia e sociedade maranhense. Os detentores do poder econômico no estado, agroexportadores e grandes comerciantes, continuaram os mesmos. Ainda segundo Caldeira, as medidas tomadas pelos que desferiram o golpe e compuseram o poder a partir de então "não se voltaram para modificar a estrutura produtiva no estado, nem para alterar o relacionamento entre as classes dominantes e as subalternas no Maranhão"[9].

Ainda nos anos 1930, diversas greves de trabalhadores industriais ocorreram para garantir as conquistas trabalhistas implementadas em nível federal, como a jornada de trabalho de 48 horas semanais, por exemplo. Além disso, houve uma massiva adesão, em São Luís, ao projeto da Aliança Nacional Libertadora – frente de esquerda integrada, dentre outros, pelo dirigente do Partido Comunista do Brasil, Luís Carlos Prestes –, contudo,

---

7 Ibidem, p. 92.
8 Ver B. Buzar, *O Vitorinismo*.
9 J. de R.C. Caldeira, op. cit., p. 8.

com o decreto de sua extinção, desferido por Getúlio Vargas, houve uma nova retração desse setor[10].

Diferente da desinformação e apatia inicial da população de São Luís diante do golpe que levou os tenentistas ao poder, na capital baiana houve intensa mobilização: "a população de Salvador, após a deposição de Washington Luís, organiza manifestações e passeatas de apoio aos revolucionários, mas as manifestações, que se iniciam pacíficas, tornam-se mais violentas"[11].

As pesquisas indicam que os populares aproveitaram a oportunidade para demonstrar sua insatisfação diante do aumento das tarifas dos bondes, da iluminação e do elevador Lacerda, que liga a cidade baixa a cidade alta, na capital baiana. No episódio, conhecido como "quebra-bonde", por exemplo,

> no curto espaço de seis horas, 84 bondes (mais de 2/3 do total) foram queimados; terminais, garagens, oficinas e depósitos das companhias, localizados em diferentes e distantes bairros de Salvador, foram destruídos. Os prejuízos foram estimados em mais de um milhão de dólares. Desenfreada pelas ruas da Cidade, a multidão também atacou o edifício recém-construído de *A Tarde*, o mais importante jornal do estado, destruindo parte da maquinaria recém-importada[12].

A população, em fúria, foi ainda em busca do prefeito Francisco de Sousa e do delegado Pedro Gordilho, conhecido inimigo e perseguidor das manifestações negras, em particular do candomblé, porém foi dispersada à bala pela polícia[13].

Contudo, os apoiadores populares do golpe não tiveram qualquer participação nos resultados da vitória. As articulações para a imposição dos interventores foram-lhes totalmente alheias. Os dois primeiros interventores, civis, não se mantiveram muito tempo no poder. Com a implementação de uma série de medidas que desagradaram tanto oligarcas, quanto populares – como a prisão dos coronéis apoiadores de Washington Luís ou a demissão de servidores públicos, os dois interventores que se sucederam no estado foram depostos e substituídos por um interventor militar, Juracy Magalhães[14].

10 Ibidem.
11 A.L.C. de A. Pinho, *De Forasteiro a Unanimidade*, p. 24.
12 C.N. Sampaio, Movimentos Sociais na Bahia de 1930, *Univesitas*, n. 29, p. 99.
13 Ibidem, p. 99-100.
14 Ver A.L.C. de A. Pinho, op. cit.

Apesar desses incidentes, na Bahia, semelhante ao ocorrido no Maranhão, o golpe não subverteu as estruturas econômicas assentadas no latifúndio agroexportador e no grande comércio. As duas facções principais, os mangabeiristas, chefiados por Otávio Mangabeira e os calmonistas, liderados por Góes Calmon foram afastados da administração do estado, contudo, o novo governo que ascendeu com o golpe teceu uma série de alianças com outros setores oligarcas, do interior da Bahia principalmente, e conseguiu se manter no poder inclusive ganhando as eleições para a constituinte estadual, em 1934, que elegeu o interventor Juracy Magalhães. Magalhães, desse modo, manteve-se no poder até o golpe que instituiu o Estado Novo, quando foi deposto por ter rompido com Vargas[15].

As transformações políticas nos estados deixam claro, entre outras coisas, que as diretrizes emanadas pelo governo Vargas tiveram amplitude nacional. Para colocá-las em prática, o ditador, em muitos casos, apoiou-se em outros setores oligárquicos locais/dissidentes, como ocorreu no Maranhão e na Bahia. Esses novos detentores do poder, de norte a sul do Brasil, implementaram políticas de "modernização", "urbanização" e "higienização" social traduzidas em medidas que iam desde a perseguição a opositores, demolição de prédios coloniais, igrejas e moradias populares, alargamento de ruas, adaptando-as para as modernas máquinas automotivas etc., afetando diretamente o ambiente sociocultural e político local.

Esse processo, entretanto, não ocorreu ao bel-prazer do Estado e à revelia dos trabalhadores e da sociedade. Houve durante todo período varguista uma intensa interação, participação, organização, dos mais diversos modos, por parte dos explorados que se expressaram desde um patamar micro, como apontam as milhares de correspondências de vários pontos do país endereçadas à Vargas por trabalhadores, desempregados, dentre outros, até as grandes mobilizações protagonizadas, por exemplo, pela Aliança Nacional Libertadora no mesmo período[16].

Por outro lado, além dessas transformações em nível macro, Ângela de Castro Gomes destaca a importância do período no sentido de construir um ideal de trabalho e de trabalhador, relegando ao passado, desse modo, a até então decantada malandragem. Nas

---

15 Ver A.S. de Lima, *Uma Democracia Contra o Povo*.
16 Ver, por exemplo, J. Ferreira, op. cit.; A. de C. Gomes, op. cit.

A "ERA VARGAS" E O GOLPE DE MISERICÓRDIA NA CAPOEIRA DE RUA

palavras da historiadora: "a ascensão social do trabalhador estava, portanto, relacionada e na dependência da intervenção do poder público". E nesse processo "era preciso combater tanto o *subversivo*, identificado ao inimigo externo, ao estrangeiro de pátria e de ideias, quanto o *malandro*, o inimigo interno que se definia como avesso ao trabalho e às leis e regras da ordem constituída"[17]. Nesse sentido,

apoiada principalmente no DIP (Departamento de Imprensa e Propaganda), a ditadura estado-novista buscou a instauração de um certo tipo de sociedade disciplinar, simultaneamente à fabricação de um determinado perfil identitário do trabalhador brasileiro dócil à dominação capitalista[18].

Essa política imposta pelo Estado de "culto ao trabalho" concretamente combatia, nos mais diversos campos e lugares, aqueles que não tinham profissão regular, moradia fixa, os malandros, vistos como vagabundos, vadios, assim como, podemos afirmar, os valentões, turbulentos e desordeiros que também eram vistos como tal.

Na verdade, Vargas, com mais intensidade a partir do Estado Novo, dava continuidade a uma política de repressão à "vadiagem", que vinha sendo implementada no Brasil desde os fins do século XIX[19]. Note-se que entre esses agentes sociais tidos como vadios, vagabundos, malandros e desocupados concentrava-se todo o nicho da capoeiragem de rua em vários pontos do Brasil, composta tanto por trabalhadores, em sua maioria negros e pobres, que por muitas vezes se envolviam em brigas de rua e, desse modo, também eram vistos como um problema, assim como outros sem ocupação regular.

Importante frisar ainda que, por mais que parte significativa dos capoeiras tivesse ocupação, como já demonstrado por Liberac Pires, a representação de sua imagem, desde o século XIX pelo menos, era a de que não passavam de vadios, malandros e perturbadores da ordem pública[20].

Como aponta Maria Angela Salvadori, referindo-se ao Rio de Janeiro:

17 A. de C. Gomes, op. cit., p. 164.
18 A. de P. Paranhos, Espelhos Partidos: Samba e Trabalho no Tempo do "Estado Novo", *Projeto História*, v. 43, p. 61.
19 A respeito da política de repressão à vadiagem entre fins do século XIX e primeiras décadas do XX, ver S. Chalhoub, *Trabalho, Lar e Botequim*.
20 Ver A.L.C.S. Pires, *A Capoeira no Jogo das Cores*.

A abolição formal da escravidão não foi acompanhada por nenhum tipo de mudança nas representações das classes dominantes sobre a população negra, que continuava a ser vítima de preconceitos e encarada como perigosa. Parte considerável dos pobres da cidade possuía ocupações mal remuneradas ou trabalhava por conta própria em serviços autônomos, aparecendo constantemente nos processos de contravenção, especialmente nos artigos referentes a liberdade de circulação pela cidade.[21]

Essa caracterização construída pelas "classes dominantes" a respeito das populações negra e pobre, guardadas as proporções e especificidades locais, pode ser estendida a todo o Brasil no pós-abolição.

Nesse sentido, podemos afirmar que a política levada a cabo nacionalmente pelo governo Vargas de combate às duas "pragas sociais" do período – o imigrante estrangeiro, particularmente o visto como subversivo, e os malandros e desocupados – foi um duro golpe na capoeiragem de rua. Tal política estava referendada nos artigos da Constituição de 1937 que "adotava o critério de que o trabalho era um dever de todos (artigo 136), e que a desocupação era crime contra o próprio Estado"[22].

De acordo com Ângela de Castro Gomes,

Uma série de iniciativas já haviam sido tomadas ainda antes do estabelecimento do Estado Novo. São exemplos a decretação da chamada lei dos 213, que obrigava o emprego de trabalhadores nacionais nessa proporção (Decreto n. 19.482, de 1931) e *a criação do Departamento Nacional de Povoamento, em 1930, visando encaminhar para o interior do país uma quantidade de elementos sem trabalho que ameaçavam a ordem pública*, já que não tinham condições de sobreviver nas cidades.[23]

Note-se que, enquanto, por um lado, a política varguista era favorável ao trabalhador nacional – atendendo particularmente aos anseios de setores negros da população, em especial de São Paulo, preteridos no mercado de trabalho diante das políticas afirmativas adotadas pelo Estado em prol do trabalhador estrangeiro-imigrante-branco, desde as últimas décadas do século XIX[24] –, por outro,

---

21 M.A. Salvadori, *Capoeiras e Malandros*, p. 30-31.
22 A. de C. Gomes, op. cit., p. 239.
23 Ibidem, p. 241. (Grifo meu.)
24 A esse respeito, ver T.K. Hernández, *Racial Subordination in Latin America*, capítulo 3; P.L. Alberto, *Terms of Inclusion*, capítulo 3.

impunha, com a criação do referido "Departamento Nacional de Povoamento", uma política que, concretamente, reprimiu uma ampla parcela da população abrigada no submundo do mercado de trabalho, sobrevivendo de trabalhos pequenos ou temporários, vista como vadia ou malandra, que, na maioria das vezes, não podia comprovar ofício regular e era composta também em sua maioria de negros e pobres.

O impacto concreto da política varguista nacionalmente atingiu em cheio todo o remanescente da capoeira de rua que resistia nessas três capitais, como discutiremos. Não por acaso, a partir do que se depreende dos registros dos jornais da época, essa capoeira, ligada aos referidos desordeiros, malandros e valentões, "elementos que ameaçavam a ordem pública", declinou sensivelmente nos anos 1930, nas cidades ora estudadas, vindo a se tornar completamente insignificante na década seguinte.

A CAPOEIRA EM UMA ENCRUZILHADA: REMANESCENTES DA CAPOEIRA ANTIGA

Até a década de 1930, pelo menos, a imprensa carioca registrou, sobretudo nas páginas policiais, a presença de uma incômoda capoeira que se recusava a desaparecer, apesar de décadas de denúncias, apelos e pedidos de providências às autoridades feitas pelas autoproclamadas "boas famílias". Tratava-se de uma capoeira violenta, que habitava as ruas da cidade pobre e negra do Rio de Janeiro, assustadora, pois remanescente das maltas, mas também alegre, chegada ao samba e aos batuques, irmanada ao futebol, presente nos morros e favelas, particularmente da zona norte da cidade. Uma capoeira que, como os nagoas ou os guaiamuns do século XIX, não respeitava autoridade, embora claramente caminhasse para o fim.

A essa estirpe certamente pertencia "um preto velho, quase nonagenário, farrista, beberrão, [que] afrontou a polícia e foi preso. Tratava-se de um capoeira", conforme o *Diário de Notícias* de 14 de novembro de 1931, que também registrou o ocorrido. Esse velho capoeira – decerto um remanescente da capoeira antiga carioca, levando-se em conta sua idade avançada – era "o último, talvez, dos nagoas, que de navalha na trunfa floresceram como capangas assalariados ou desordeiros de ofício lá pela metade do período monárquico"[25].

O último nagoa, talvez, mas não o último dos herdeiros da capoeira antiga. O estudioso da capoeira baiana, Frederico José de Abreu, foi magistral em sua observação acerca da decadência da velha capoeira já pelos idos da década de 1930. Para expressar tal fato, Abreu escolheu a dedo, segundo ele próprio, um episódio: o amofinamento de Pedro Porreta – um imortal da capoeira baiana, conhecido símbolo da desordem e valentia –, tomando porrada de Chicão, uma mulher. A surra levada por Pedro Porreta era, de fato, um sinal de que aquela capoeira estava, deveras, decadente[26].

"Nada como um dia após o outro!", dizia o epílogo de um pequeno relato escrito nas páginas de um jornal carioca sobre outro decadente capoeira, também outrora "símbolo da desordem e valentia", como o baiano Pedro Porreta: Rodolpho de Melo, o "ás da malandragem" carioca, "conhecido pelo vulgo de Pau de Lyra", *primus inter pares*, antigo integrante da malta da "Coroa", isto é, do grupo terrível em que pontificavam "Sete Coroas", "Camisa Preta" e outros invencíveis da capoeiragem.

No relato, o narrador se regozijava da sina decadente do antigo capoeira, agora com cinquenta anos, aparentemente "afastado de circulação", e que, apesar de ainda respeitado, fora vítima de um furto perpetrado por um certo "João dos Santos", vulgo "Cabinho". Após queixar-se à polícia, a quem tanto dera trabalho anos antes, Pau de Lyra avista o "larápio" e sai em seu "encalço". Contudo, segundo o cronista, em êxtase, aquele "que foi *primo inter pares* na capoeiragem, sendo ainda hoje considerado o malandro que melhor conhece os segredos do 'salto do velho', do 'rabo de arraia', da 'rasteira' etc., foi beijar o pó do asfalto, caindo ao solo, desacordado, como morto, enquanto o agressor procurava fugir"[27]. "Quem te viu, quem te vê!", parafraseando o título do velho samba. Triste fim para um afamado capoeira, remanescente da malta de Sete Coroas, o "criminoso" mais famoso da Primeira República.

Esses dois episódios, envolvendo duas personagens que remontam a uma capoeira bem diversa da que começava a se gestar na

---

25 O Último "Nagoa", *Diário de Notícias*, 14 nov. 1931.
26 Ver F.J. de Abreu, *Bimba É Bamba*, p. 17.
27 Um Dia Depois do Outro… Furtado o "Ás" da Velha Malandragem, *A Noite*, 1º mar. 1934.

A "ERA VARGAS" E O GOLPE DE MISERICÓRDIA NA CAPOEIRA DE RUA   13

Bahia e no Rio de Janeiro, também podem ser vistos, para citar mais uma vez Frede Abreu, como um "sinal do recolhimento histórico dos valentões". Sinal do recolhimento, frisemos, não da extinção completa daquela capoeira, que ainda resistiria por alguns anos. A sua decadência, por mais que seja contraditório, demonstra por outro lado que a velha capoeiragem ainda estava viva.

De modo semelhante a como eram tratados no século XIX, os remanescentes da capoeira antiga permaneceram nas primeiras décadas do século XX como agentes sociais de uma prática temida e repudiada pela sociedade. Todavia, apesar da brutal repressão desencadeada contra a capoeiragem no final do século XIX, com resultados conhecidos principalmente no Rio de Janeiro, aquela capoeira resistiu ainda por décadas e não se deixou eliminar por completo em diversos recantos do Brasil, incluindo a então capital federal.

Alguns estudos destacam a permanência dessa capoeira das ruas, que remontava ao século XIX, até meados da década de 1930, registrada e resgatada principalmente a partir de processos-crime por capoeiragem. De acordo com o historiador baiano Liberac Pires, por exemplo,

A documentação jurídica mostra que a repressão à capoeira se estendeu por um período longo, pois encontramos processos contra os capoeiras até o ano de 1935, sendo que 57% deles estão concentrados no período entre 1901 e 1910. Os outros 38% estão localizados entre 1911 e 1920. Nos anos entre 1890 (surgimento do artigo 402) e 1900, aparece apenas 2% dos processos, sendo um índice menor do que o do final do período da repressão, entre 1931 e 1937, onde aparecem 8% dos processos, ou seja, essa documentação é representativa da repressão aos capoeiras na cidade do Rio de Janeiro no século XX e aponta a continuidade das maltas durante um longo período do regime republicano.[28]

Como se depreende dos dados apresentados, a trajetória ascendente da repressão sobre a capoeira, registrada em processos criminais, destaque-se, tem seu ápice na primeira década do século XX, começa a declinar a partir da segunda, e alcança quase o fim dos anos 1930, quando ainda surgem alguns processados pelo crime de capoeiragem.

---

28 A.L.C.S. Pires, *Movimentos da Cultura Afro-Brasileira*, p. 46-47.

Os dados coligidos em jornais para este livro, particularmente referentes à década de 1930, período que marca o início do meu recorte temporal, ratificam os dados apresentados por Liberac Pires nos processos criminais analisados por ele.

Inúmeros indícios, discutidos adiante, demonstram que a capoeiragem antiga, ao longo de toda a década de 1930 pelo menos, ainda mostrava sua força pelas ruas, bairros, morros e favelas do Rio de Janeiro, particularmente os da zona norte. Porém, é importante registrar ainda incursões desses capoeiras da zona norte em outras áreas da cidade, como a zona sul, "invadida" vez por outra por diversos capoeiras, particularmente para participar de embates nos ringues, com o intuito provável de garantir uma renda a mais para passar o mês, como veremos.

A julgar pelos registros dos jornais – que por razões óbvias não cobrem tudo o que ocorre em determinado momento em uma determinada sociedade –, até a década de 1930, no Rio de Janeiro ainda vicejava nas ruas uma capoeira, se não expressiva, pelo menos que não deve ser desconsiderada.

O *Diário Carioca*, por exemplo, em uma coluna intitulada O Povo Reclama, noticiava que "famílias residentes no bairro da Olaria pedem-nos solicitar a atenção da polícia do 20º distrito para os abusos que se vêm verificando no ponto de automóveis". E prosseguia denunciando o "ajuntamento" de motoristas com *numerosos desocupados*, sendo que "*alguns deles entregam-se à prática de capoeiragem* e jogos em plena rua, muitas vezes chocando-se com os transeuntes a ponto de os machucarem"[29].

Uma outra nota do mesmo jornal, alguns meses depois, queixava-se da falta de policiamento na Praia de Ramos, antes "considerada um dos melhores pontos de diversões das famílias moradoras dos subúrbios da Leopoldina". Ainda segundo a queixa, o local havia sido transformado em "um *ponto de concentração de elementos* inimigos da ordem e da sociedade" [que] "fazem da praia *campo de capoeiragem*"[30].

O *Jornal do Brasil*, por sua vez, chamava a atenção para o fato de que "os moradores do Cordovil reclamavam contra uma *turba* de desocupados que passa o dia todo na prática de desatinos, na principal praça do lugar. Tornaram daquele logradouro o campo

---

29 O Povo Reclama, *Diário Carioca*, 13 maio 1937. (Grifo meu.)
30 Idem, 5 nov. 1937.

da *pelada*, da capoeiragem e outras *cositas*. Segundo o periódico, já havia sido feita uma reclamação anterior, o que pode significar que a referida praça era um ponto de encontro de capoeiras[31].

Essas queixas são um registro contundente de que, já avançado nos anos 1930 – as reclamações são de 1937 e 1938 –, ainda vicejava no Rio de Janeiro uma capoeira de rua, certamente herdeira das maltas do século anterior e sem qualquer relação com a capoeira da zona sul carioca, liderada por Agenor Moreira Sampaio, o Sinhozinho, que será discutida adiante, ou com a capoeira baiana. E, ao que parece, a chamada Zona da Leopoldina, localizada na zona norte, era um dos focos de resistência do que restou da capoeiragem antiga.

A partir dos termos utilizados para se referir aos atores sociais das denúncias citadas, geralmente uma coletividade, uma "turba", uma "concentração de elementos", "numerosos desocupados", podemos deduzir que de fato ainda havia um número significativo de capoeiras em atividade pelas ruas ao longo dos anos 1930.

Outro detalhe curioso que apareceu nas fontes, particularmente no caso carioca, e que contribui para essa percepção, foi uma associação da capoeiragem com o futebol, ou "pelada", outro esporte coletivo. Assim como a denúncia do *Jornal do Brasil*, outras, de anos anteriores, informavam acerca dessa amistosa afinidade que, ao que indicam as fontes, era de pelo menos de algumas décadas.

O *Jornal do Brasil* de 28 de janeiro de 1930, por exemplo, publicava uma denúncia de que "os moradores da rua Dona Rita, no Engenho Novo, vivem constantemente alarmados com os *muitos indivíduos que se reúnem naquela rua, a fim de jogarem futebol e fazerem exercícios de capoeiragem*, provocando frequentes conflitos"[32].

O mesmo periódico reclamava, cinco anos depois, que "perambula por *inúmeras ruas cariocas uma molecagem* da mais baixa espécie, que as *transformam em campos de futebol, de capoeiragem e depredações*, sem falar no vexame, pelos palavrões e atitudes que causam nas famílias que nelas residem"[33].

---

31 Ver *Jornal do Brasil*, 29 jan. 1938.
32 Idem, 28 jan. 1930. (Grifo meu.)
33 Ruas Sem Policiamento, *Jornal do Brasil*, 4 set. 1935. (Grifo meu.)

Além da permanência da prática no decorrer dos anos, essa última denúncia registra a presença de crianças entre os capoeiras, o que é um forte indício de que essa capoeiragem estava sendo transmitida de uma geração para outra. Note-se a coexistência, nesse período, na sociedade carioca, de velhos capoeiras, como o referido nonagenário "nagoa", ou o cinquentenário Pau de Lyra, da malta de Sete Coroas, com moleques que agiam de modo semelhante aos caxinguelês das maltas de capoeira do século XIX do Rio de Janeiro, ou das maltas de moleques capoeiras de São Luís do mesmo período[34].

Por outro lado, Liberac Pires já apontava bem brevemente em seu trabalho indícios de relações entre a capoeira e o futebol e citava João Lyra Filho como um autor que "defende ainda que alguns movimentos do futebol surgiram por influência da capoeira, como a rasteira e os dribles desequilibrantes"[35]. O indício apresentado pelo autor, um processo datado de 1905 referente a grupos de futebol rivais, leva-nos a perceber a relação amistosa e duradoura da capoeiragem com o futebol no Rio de Janeiro, que, como citado, pode ter sido responsável pelo surgimento de movimentos característicos do futebol brasileiro.

Essa relação amistosa entre a capoeira e o futebol, pelo que indicam as poucas evidências que encontrei nos jornais, não era, contudo, uma peculiaridade da capoeiragem carioca do período. Os incomodados moradores do Largo do Tororó, em Salvador, por exemplo, recorreram à imprensa para se queixar por não poderem mais fazer "uso das janelas" de suas casas. O motivo eram os termos de pior calão e os gestos mais escabrosos que "grupos enormes de desocupados em luta, capoeiragem e jogo de bola" proferiam, perturbando o sossego e o trânsito. Segundo a reclamação, "o bairro do Tororó, dantes tão sossegado e procurado por muitas famílias justamente por essa razão, está hoje transformado"[36].

Não foi encontrado algo semelhante, por sua vez, na pesquisa referida sobre a capoeira do Maranhão no mesmo período. Em

---

34 Sobre os moleques na capoeira do Rio de Janeiro, ver: C.E.L. Soares, *A Negregada Instituição*, p. 102; na Bahia, ver: F.J. de Abreu, *Capoeiras*, p. 155-156; em São Luís, ver: R.A.A. Pereira, *A Capoeira do Maranhão*, p. 18-51.
35 A.L.C.S. Pires, *Movimentos da Cultura Afro-Brasileira*, p. 84.
36 A Molecada Intranquiliza o Tororó, *O Imparcial*, 26 jul. 1935.

A "ERA VARGAS" E O GOLPE DE MISERICÓRDIA NA CAPOEIRA DE RUA   17

São Luís, as denúncias também são fartas, desde o século XIX, em associar a capoeiragem com depredações, uso de palavrões, incômodo aos transeuntes etc., porém, sem qualquer referência a sua associação com o futebol. Na década de 1930, os jornais registram denúncias e reclamações, em São Luís, contra menores jogando futebol, porém, não há indícios de que havia capoeira entre eles.

Por outro lado, os indícios apontam, pelo menos nesses casos, o futebol e a capoeira cariocas como práticas de divertimento associadas e perpetradas pelos mesmos agentes sociais, pois, como visto, os próprios, ou parte dos que participavam das peladas, divertiam-se, talvez nos intervalos, ou à espera da entrada em campo, jogando capoeira. Além disso, é importante notar os espaços ocupados pelos capoeiras denunciados – campos de futebol, praça e praia –, o que evidencia que a prática dessa capoeira destinava-se ao autodeleite.

Essa faceta lúdica que a capoeira carioca também apresentava é reforçada por outros episódios em que, apesar de os capoeiras estarem se divertindo, acabaram desembocando em acidentes ou brigas de verdade, como o caso relatado pelo *Diário Carioca* de 12 de fevereiro de 1930, ocorrido na "Estação de Mesquita", também na zona norte, onde dois irmãos "se divertia[m] jogando capoeira quando, em dado momento, se lembrou Sebastião [um deles] de sacar do revólver para ameaçar, simuladamente, o mano, acabando por feri-lo"[37].

Meses depois, em 22 de outubro, outro acidente vitimou com uma navalhada, dessa vez, o "*creoulo* Ronaldo, de 38 anos, solteiro e morador da estrada de Minas [que], por brincadeira [...] jogava capoeira com um outro indivíduo por nome Irenio"[38].

Esses novos dados ratificam também, como apontava Liberac Pires, a "existência de um lado lúdico dessas capoeiras praticadas na cidade do Rio de Janeiro [...], concomitante à invenção da capoeira desportiva". Ou seja, "a capoeira carioca não pode ser taxada de ter sido uma expressão desprovida de ludicidade"[39].

Essa assertiva, apontada pelo estudioso com a intenção de desconstruir a representação da capoeira carioca como desprovida de musicalidade e ludicidade, representação fundamentada

---

37 O Irmão Quase o Assassinou Involuntariamente, *Diário Carioca*, 12 fev. 1930.
38 Na "Capoeiragem" Foi Ferido à Navalha, *Jornal do Brasil*, 22 out. 1930.
39 A.L.C.S. Pires, *Movimentos da Cultura Afro-Brasileira*, p. 115.

principalmente a partir da observação da capoeira de Sinhozinho, é reforçada por uma curiosa crônica publicada no jornal *Diário Carioca*, em 12 de abril de 1938.

A crônica retrata um dia de domingo no Rio, nos bairros de imigrantes, onde moram turcos e portugueses com seus "ajantarados indigestos". É, segundo o narrador, um "dia aborrecido, como sucede aliás nas outras capitais [...] Paris, Londres, Berlim, Nova York". Mas a imagem muda quando o cronista se refere aos dias de domingo nos morros. Segundo ele, "sem medo de errar, pode-se dizer que só os moradores do morro gozam de *facto* do domingo carioca".

E numa representação que envolve morro, samba, batuque, capoeira e alegria, prossegue:

> Desde a véspera as cuícas e os pandeiros marcam um ritmo envolvente, uma cadência álacre de "choros" e "sambas". Nas rodas onde as cabrochas de ancas abauladas giram em passos e meneios de intenso sensualismo, os batuqueiros desferem "rabos de arraia", "*bahus* acompanhados" e outros golpes de capoeiragem.[40]

Esse registro lembra muito outra matéria publicada dez anos depois e analisada por Liberac Pires, em que o septuagenário e batuqueiro João Mina, um dos últimos remanescentes das "maltas" cariocas, lembrava dos velhos tempos da capoeira no morro da Favela, em que se misturavam, do mesmo modo, samba, batuque e capoeira. Há, inclusive, referências idênticas às rodas dos batuqueiros, ao clima festivo e ao uso dos mesmos movimentos de capoeiragem, como o "rabo de arraia" e o *bahu*[41].

A presença dessas diversas manifestações integradas nos morros cariocas, no fim dos anos 1930, de forma tão viva, como aponta o cronista e velho batuqueiro João Mina, reforça a hipótese de que houve um contato dessa capoeira carioca que resistia nos morros, integrada ao samba e ao batuque, com a capoeiragem que poucos anos depois, em meados dos anos 1940, começaria lentamente a chegar da Bahia, a partir do processo de imigração que se intensificaria nos anos 1950.

Uma constatação que reafirma essa possibilidade é a de que alguns dos capoeiras protagonistas das lutas de ringue, que

---

40 Descansar... Carregando Pedras!, *Diário Carioca*, 12 abr. 1938.
41 Ver A.L.C.S. Pires, *Movimentos da Cultura Afro-Brasileira*, p. 116-118.

retornariam com intensidade na década de 1930, eram baianos e, certamente, diante de sua condição de trabalhadores pobres, viviam em áreas como os morros, onde ainda resistia a capoeira antiga do Rio. Tal fato indica ter havido, não só a partir dos anos 1940, mas durante todos estes anos anteriores, um intenso intercâmbio entre essas diversas capoeiras.

FIG. 1: *Capoeiras baianos no Rio de Janeiro (1931). Detalhe da matéria publicada em A Noite Ilustrada, com raro registro da capoeira baiana no Rio de Janeiro. Na foto, Jayme Ferreira e seus alunos. Note-se o detalhe da charanga, característica da capoeira baiana, e o que é frisado pela revista, que no subtítulo chama a atenção para o "pandeiro e berimbau, instrumentos adotados pelos capoeiras baianos". Fonte: Revista A Noite Ilustrada, 24 jun. 1931.*

Não pretendo, contudo, idealizar a capoeiragem que resistia no Rio de Janeiro ou a vida nos morros e favelas. Além desses agrupamentos de capoeiras que perambulavam pelas ruas da cidade jogando futebol e capoeira, ainda circulavam pela então capital federal dos anos 1930, apesar da repressão perpetrada pelo governo varguista, muitos desordeiros, valentões e malandros, muitos dos quais, certamente, eram capoeiras.

Dois desses personagens vieram à tona a partir de uma notícia jocosa publicada por um periódico carioca, intitulada "'Malandro' Não É 'Palhaço'". Segundo o jornal, o fato ocorrera entre um estivador, Claudionor Gonçalves, morador da rua do Caju, Retiro 2A, e um "indivíduo conhecido por 'Pão de Areia'". Vejamos o relato:

Como todos dois se julgassem "cracks" na matéria [da malandragem, sobre a qual conversavam], começou um a querer ensinar passos de capoeiragem ao outro. Pulos para cá, pulos para lá, e a certa altura Claudionor "sapecou" um rabo de arraia no parceiro. Pão de Areia, não resistindo ao golpe, caiu pesadamente ao solo e levantou-se louco de raiva, pois a sua queda provocou uma gostosa gargalhada dos circunstantes à cena. Ao ver que o tomavam por "palhaço" o amigo do estivador, num gesto impensado, sacou de uma arma e o alvejou.[42]

Outro caso, ocorrido pouco mais de um ano depois, na praça Onze, antigo reduto do Carnaval e da malandragem carioca, envolveu não um malandro, mas um valentão. Segundo registro do mesmo jornal, do dia 16 de abril de 1936,

o valente Paulo Gregório de Oliveira, figura conhecidíssima da polícia, sem nada que justificasse seu gesto violento ao ver passar o guarda civil número 399, Felismino José Ruas, chamou-o. Quando o policial dele se acercou, o "capoeira" apanhou um cacete que se achava encostado em uma porta e com ele passou a agredir o guarda[43].

Não soa estranho, em um ambiente regado a samba e Carnaval, ter-se notícia da presença de capoeiras. De acordo com a historiadora Maria Clementina Pereira da Cunha, nos anos 1920, "a velha e lendária praça Onze, lugar de reunião de foliões de toda a cidade, estava definitivamente consagrada como espaço por excelência do Carnaval popular"[44]

Certamente não por acaso um agrupamento denunciado como "os insubordinados da Cidade Nova", bairro edificado em torno da praça, escolheu esse trecho da cidade para tomar cachaça e provocar distúrbios, na ocasião dos festejos. O que mais chama a atenção, nesse caso, é que "os insubordinados ficam quase todos nus da cintura para cima e põem-se a jogar capoeira e a proferir palavrões de arrepiar os cabelos"[45].

42 "Malandro" Não É "Palhaço", *Diário Carioca*, 25 jan. 1935.
43 Agrediu o Guarda à Cacete, *Diário Carioca*, 16 abr. 1936.
44 M.C.P. Cunha, *Não Tá Sopa*, p. 29.
45 Presos Por Capoeiragem, *Pacotilha*, 29 maio 1928.

A "ERA VARGAS" E O GOLPE DE MISERICÓRDIA NA CAPOEIRA DE RUA 21

Esse trecho da cidade é apontado como um dos locais onde a nova geração de capoeiras baianos, chegados ao Rio de Janeiro a partir de meados dos anos 1940, fazia constantemente rodas de capoeira no período do Carnaval[46].

As evidências levam a crer que, para além da praça Onze, esse território da área urbana do Rio de Janeiro que se convencionou chamar de Pequena África, reduto do samba e da boemia, onde figuravam ainda as casas das tias baianas, era, do mesmo modo, um reduto dos capoeiras[47].

Uma última denúncia, publicada pelo *Diário de Notícias*, endossa essa perspectiva. O relato trata de uma "batalha de vida ou morte" ocorrida no morro da Favela entre "dois perigosos desordeiros, cada qual querendo manter intangível o seu prestígio na esfera da capoeiragem". Esgotadas as forças após cerca de trinta minutos de luta corporal, os contendores sacaram de revólveres e se alvejaram, tendo como desfecho um deles, "Virgílio Pereira, vulgo 'Terremoto', de 23 anos de idade, brasileiro, operário", sido hospitalizado após receber três tiros. Após o confronto, o algoz de Virgílio, que "atende naquele morro e nas rodas dos bambas pelo vulgo de 'Bichinho'", deslocou-se tranquilamente para o seu "cubículo", ali mesmo no morro da Favela e em seguida "desapareceu na penumbra da noite, seguindo rumo à Saúde"[48].

Consoante ao que observa Liberac Pires, em sua pesquisa que constata a existência de processos pelo crime de capoeiragem até o ano de 1937, os registros de conflitos, distúrbios e outros episódios envolvendo capoeiras nas ruas, feitos pelas páginas policiais

---

46 Trata-se da roda da central, "roda de capoeira que acontecia até 1981, sem parar, 24 horas, durante os quatro dias e noites do Carnaval, entre o glamoroso desfile oficial das escolas de samba na Avenida Presidente Vargas, e a estação de trem Central do Brasil, que ligava o centro da cidade aos subúrbios", disponível em: <https://capoeirahistory.com>.

47 Segundo M.P. da Cunha, a Pequena África "ocupava uma pequena parcela do território urbano. Aproximadamente 15% dessa população estava concentrada em Santana e Santa Rita, antigas freguesias de pequena extensão, mas densamente povoadas que se estendiam do cais do porto até a parte leste e norte do Campo de Santana, subindo o Canal do Mangue na direção da Lapa e do Estácio, escalando as subidas íngremes dos morros do Pinto, da Favela e as ladeiras da Saúde". M.C.P. Cunha, op. cit., p. 11-12.

48 Sangue na Favela, *Diário de Notícias*, 28 out. 1933. O morro da Favela, localizado na região portuária, era denunciado pejorativamente pela imprensa, nas primeiras décadas do século XX, como o território das "classes perigosas" do Rio de Janeiro.

dos periódicos, declinam na medida em que a década de 1930 avança, chegando praticamente a desaparecer na década seguinte.

Traçando uma comparação com a capoeira que resistia nas ruas de São Luís no mesmo período, observa-se que o trajeto das duas capoeiras guarda grande semelhança. A pesquisa já referida sobre a capoeira do Maranhão entre as décadas de 1870 e 1930 servirá de base para uma melhor comparação com as capoeiras do Rio de Janeiro e Salvador no período aqui tratado.

O estudo aponta que a capoeira maranhense, do mesmo modo que as outras duas ora estudadas, remonta ao século XIX, pelo menos. Os indícios mais antigos encontrados indicam a participação, em São Luís, de capoeiras nos conflitos entre brasileiros e portugueses, quando da guerra de independência do Brasil. Na ocasião, ficaram famosos os "lustros", como eram conhecidas as agressões cometidas por africanos e seus descendentes contra portugueses[49].

A pesquisa destaca ainda uma acentuação da presença de capoeiras em São Luís, particularmente, a partir das últimas décadas do século XIX, com a existência de maltas de moleques e de capoeiras; um número significativo de capoeiras entre marinheiros e demais trabalhadores marítimos; além de sua presença notável entre desordeiros, turbulentos e valentões, características, no geral, semelhantes ao ocorrido entre a capoeira baiana e a do Rio de Janeiro, no mesmo período[50].

De modo semelhante ao ocorrido no Rio de Janeiro, em São Luís, a presença incômoda dos capoeiras começa a declinar nos últimos anos do século XIX, tendência que se acentua nas duas primeiras décadas do XX até o seu desaparecimento, pelo que indicam as fontes, no final da década de 1930. A explicação para tal fato, no caso carioca, tem como marco a repressão brutal

49 A esse respeito, ver R.A.A. Pereira, op. cit., p. 88-89.
50 Uma diferença apontada pela pesquisa, e que precisa ser registrada, refere-se à presença das maltas. Diferentemente do que ocorre no Rio de Janeiro, onde, segundo Carlos Líbano Soares, as maltas de capoeiras têm a presença de moleques, chamados caxinguelês, atuando como aprendizes, em São Luís, as maltas, que dominam toda área urbana da cidade nas últimas décadas do XIX, são eminentemente de moleques. Ainda segundo o estudo, além da participação de moleques capoeiras em algumas dessas maltas, havia também maltas lideradas por moleques capoeiras. Em Salvador, por sua vez, até o momento não foram encontrados indícios da existência de maltas de capoeiras, no século XIX. Para mais detalhes, ver R.A.A. Pereira, op. cit., capítulos I e II.

A "ERA VARGAS" E O GOLPE DE MISERICÓRDIA NA CAPOEIRA DE RUA 23

desencadeada por Sampaio Ferraz, seguida da proibição legal da prática, com sua criminalização, em 1890.

No caso ludovicense, não encontrei qualquer relação direta entre a criminalização federal da capoeira e seu declínio. No século XIX, por exemplo, diferentemente do que ocorreu no Rio de Janeiro, não encontrei presos por capoeiragem em São Luís, o que é uma característica semelhante ao ocorrido na Bahia, onde até o momento não foram localizados processos ou prisões por crime de capoeiragem[51].

Adentrando a década de 1930, nota-se uma grande seme-lhança entre as capoeiras de rua praticadas em São Luís e Rio de Janeiro. Primeiramente, é importante observar que a prática com características coletivas, notadamente as maltas, existente no século XIX, desaparece em São Luís no século XX; e no Rio de Janeiro, se não ocorre o mesmo, como observa Liberac Pires, que registra a presença de maltas ainda nas primeiras décadas do XX, tem-se uma imensa diminuição de sua presença, até o seu completo desaparecimento.

Nessas duas capitais, a capoeira das ruas desse período foi eminentemente perpetrada por personagens acusados de "valen-tões", "turbulentos", "desordeiros", e, acrescente-se, "malandros", especificamente no caso carioca. Em Salvador, todavia, apesar de haver inúmeros registros desses personagens também nesse período, o que é uma marca comum às três capitais, essa capoeira violenta das ruas cada vez mais é sobrepujada por outra com características de espetáculo, exibida em praças, feiras, dias de festividades, carnavais etc.[52]

Além disso, essa capoeira de rua, nas três cidades, era uma prática das camadas populares, o que se pode deduzir a partir das personagens envolvidas nos diversos incidentes, em geral, trabalhadores braçais, como pedreiros, marítimos, carregado-res, trabalhadores da estiva que frequentavam sua área urbana, assim como regiões próximas à área portuária, movimentada pela entrada e saída de mercadorias e pessoas.

Do mesmo modo, como apontam os estudos referentes ao Rio e Salvador, trata-se de trabalhadores, em sua maioria, que,

---

51 A esse respeito ver A.A. Dias, *A Malandragem da Mandinga*, p. 25.
52 Para um panorama da capoeira perpetrada pelos habitantes do "mundo da desordem" na Bahia das primeiras décadas do século XX, ver A.A. Dias, op. cit.

nas horas vagas, em momentos de lazer, ou mesmo em meio ao trabalho "vadiavam", como faziam na Bahia, ou trocavam pesadas rasteiras e cabeçadas em meio a algazarras e palavrões, à noite na praia do Caju, como faziam em São Luís.

No geral, podemos afirmar que existiu uma sintonia entre as representações criadas por setores da imprensa local nessas três capitais em relação a essa capoeira remanescente do século XIX, que resistia nos morros, bairros populares, nas praias e ruas dessas diversas cidades. Tratava-se de uma prática retratada nas seções policiais dos periódicos, associada à vadiagem, repudiada, denunciada, e sobre a qual se solicitava permanente repressão.

Como resolviam seus problemas recorrendo também a violentos golpes de capoeira que, em geral, deixavam uns ou outros "bem avariados", quando não por vezes até mortos, mas quase sempre recolhidos às delegacias de polícia, essa capoeira nas três capitais era vista como uma prática perigosa. Se a capoeira que se "desportivizava" no Rio de Janeiro e Salvador ia aos poucos conquistando o apoio de uma parcela da intelectualidade e da imprensa, essa que habitava as ruas era tratada como um cancro que precisava ser extirpado de uma sociedade que necessitava se "desafricanizar" para rumar à "civilização".

Não por acaso, Frede Abreu, ao analisar a capoeira baiana, aponta esse período como o do declínio da capoeira de rua, em suas palavras, o período do "recolhimento histórico dos valentões – capoeiras que fizeram nome e glória na Bahia durante as duas primeiras décadas deste século [XX]"[53].

Em São Luís, constatei que houve um direcionamento da repressão à vadiagem e à capoeiragem de rua um pouco antes da chegada do governo Vargas ao poder, ainda nos últimos anos da década de 1920, com a ascensão do governador Magalhães de Almeida (1926-1930), um militar da Marinha formado no Rio de Janeiro no período de auge da repressão à capoeiragem, entre a última década do século XIX e primeira do XX.

Almeida, em sua gestão, contratara para chefe de polícia e comandante da força pública do Estado um outro militar também escolado no Rio de Janeiro na mesma época em que ele, o Coronel Euclides Zenóbio da Costa. Orientando, desse modo, a repressão

---

53 F.J. de Abreu, *Bimba É Bamba*, p. 17.

FIG. 2: *Presos por capoeiragem em São Luís (1928). No fim dos anos 1920, intensifica-se a repressão à capoeiragem em São Luís. Fonte: Jornal* Pacotilha, *26 maio 1928.*

a vadios, desordeiros e valentões, a dupla de militares deu o pontapé inicial para o fim do que restava da capoeira de rua na cidade, levando, pelo que indicam as fontes, a seu completo desaparecimento por volta do final da década de 1930 e início de 1940[54].

Pelo que se percebe, há uma crescente confluência na identificação por parte do aparato repressivo entre os que eram vistos como vadios e capoeiras. No caso do Rio de Janeiro, por exemplo, entre 1920 e 1940, a partir de processos de presos arrolados no artigo 402 e outros, do código penal, "a impressão que se tem dos processos é que cada vez mais há um movimento de indiferenciação entre as contravenções de vadiagem e de capoeiragem"[55].

A prisão de capoeiras por desordens em vias públicas ou por vadiagem "passa claramente pela construção dessa nova ética do trabalho, pelo projeto estatal de controle e disciplinarização dos corpos dos indivíduos das classes populares e de suas práticas cotidianas nos mais variados espaços"[56], corroborando a perspectiva de

54 Ver R.A.A. Pereira, op. cit., p. 112-113.
55 S.C. Barbosa, *Peças Fora da Engrenagem*, p. 86.
56 Ibidem, p. 92.

que a repressão que vinha sendo desencadeada pelo Estado na era Vargas contra a vadiagem atingiu diretamente a capoeira de rua.

Para exemplificar como essa política do governo federal contra a vadiagem e consequentemente contra a capoeira se traduzia na prática, vamos a um caso concreto ocorrido no Maranhão. Em janeiro de 1937, a Polícia da Ordem Política e Social publicou a Instrução n. 1 visando a "repressão à vadiagem e outras providências". A Instrução mirava a repressão de "numerosos indivíduos, inclusive menores, nessa Capital, em condições de trabalhar, entregues à deliberada e perniciosa vadiagem". Dentre as medidas, estipulava-se aos adultos "prazo de dez dias para alcançar qualquer emprego" e, aos menores, sob o mesmo prazo, era estipulado aos pais providenciarem "internamento em serviços caseiros, oficinas, escolas, colégios etc." Passado o prazo, os infratores que não morassem em São Luís seriam embarcados para o lugar de origem e os menores internados na "escola Regeneração", onde trabalhariam na produção de hortaliças e pequena lavoura[57].

Poucos meses depois de editada a Instrução, o mesmo periódico informava sobre a repressão desencadeada pela polícia e afirmava que "as zonas do Caju, Madre Deus, Alegria e São Pantaleão são as preferidas pelos desocupados para a prática da vadiagem"[58]. Essas áreas eram nada menos que os trechos da cidade que aglutinavam os capoeiras.

Com o golpe que deu origem ao Estado Novo, as medidas repressivas se mantiveram. Em 1938, as páginas da imprensa ainda repercutiam as medidas anunciadas pelo interventor federal acerca do "momentoso problema da repressão à vadiagem" e de "planos de trabalho obrigatório aos desocupados"[59]. Uma nota de uma cidade vizinha a São Luís, por exemplo, publicada por *O Imparcial*, informava que "a população rosariense está satisfeita com a campanha em boa hora iniciada contra a vadiagem. Essa cidade que era cheia de desocupados está agora com outro aspecto, graças ao esforço do delegado e prefeito. Os menores recorrem às escolas e oficinas e os maiores procuram serviço"[60].

57 Ver 1ª Secção da Polícia da Ordem Política e Social (OPS), *O Imparcial*, 1º jan. 1937, p. 1.
58 A Polícia Está Reprimindo Severamente a Vadiagem, *O Imparcial*, 4 maio 1937, p. 1. Ver, ainda, A Vadiagem, *O Imparcial*, 22 maio 1937.
59 Gabinete do Interventor Federal, *Pacotilha*, 3 jun. 1938, p. 1.
60 Pelos Municípios – Rosário, *O Imparcial*, 29 jun. 1938.

É sempre prudente para um historiador desconfiar de notícias elogiosas encontradas em jornais acerca de autoridades, todavia, relacionando o conjunto desses dados, e partindo da constatação do caráter centralizador do governo federal, aliado a seu projeto político nacional de combate à vadiagem/malandragem e construção do "novo homem", podemos levantar a hipótese, talvez sem exagero, de que o governo Vargas, com os seus "tentáculos" estaduais, tenha sido o responsável pelo "golpe de misericórdia" no que ainda restava da capoeira de rua – perpetrada então, dentre outros, por "valentões", "turbulentos", "vadios" e "malandros" – não somente no Rio de Janeiro, mas no Brasil como um todo.

2. A Construção de Símbolos Nacionais

Uma Comparação Entre a Capoeira Baiana e o Samba Carioca

Para compreender o percurso dessas diversas práticas ao longo do século xx, é necessário atentar para o papel desempenhado pelo Estado – governo federal, estadual e municipal – nesse processo. Apesar de não ser o único responsável pela "seleção", "eleição" e promoção dos mitos, monumentos ou símbolos nacionais, o Estado, devido a sua posição proeminente nas relações de poder existentes na sociedade, tem papel de destaque e pode ter um peso decisivo nessa construção.

Sua influência, dentre outras coisas, pode ocorrer tanto por uma ação deliberada – ao reprimir ou apoiar certas manifestações culturais – quanto por omissão, ao simplesmente não executar qualquer ação de apoio a tais manifestações. Isso fica claro ao compararmos o caso de dois dos maiores símbolos da brasilidade dentro e fora do Brasil: o samba e a capoeira.

DESCONSTRUINDO O MITO DA REDENÇÃO DA CAPOEIRA PELAS MÃOS DO VARGUISMO

Consoante ao discutido no capítulo anterior, na contracorrente da literatura que trata da capoeiragem, é importante questionar um "mito" muito comum que apresenta a era Vargas pintada com um tom paternalista em relação à capoeira, como se em tal período o Estado tivesse investido ou dado algum tipo de incentivo ou atenção especial à prática.

No primeiro capítulo do livro *Capoeira: The History of an Afro--Brazilian Martial Art* (Capoeira: A História de uma Arte Marcial Afro-Brasileira), o historiador Matthias Assunção discute o que ele denomina de "mitos" construídos em torno da capoeira – como o da origem remota da prática, sua invenção por quilombolas, e o disfarce da luta na dança – e difundidos por variados meios, que vão desde a oralidade, forte entre os seus praticantes, passando por matérias de jornais e mesmo estudos acadêmicos.

Segundo Assunção, tais mitos revelam

como a história da capoeira é contada por muitos instrutores ou reproduzida em apostilas e manuais. A circulação dos mitos da capoeira está, no entanto, longe de se restringir a um grupo unido de praticantes desinteressados em pesquisas históricas. Ao contrário, essa mistura de fatos e ficção é frequentemente reproduzida em muitos artigos de revistas, livros e até mesmo periódicos e dissertações acadêmicas[61].

Partindo dessa observação postulada pelo autor, nos é possível analisar o mito – não elencado por ele – construído em torno da figura de Getúlio Vargas e de seu primeiro governo (1930-1945), como sendo responsável por dar suporte, "oficializar" e "nacionalizar" a capoeira. Tal representação do governo Vargas em relação à capoeiragem, semelhante aos mitos discutidos por Assunção, circula por meio de relatos orais, matérias jornalísticas, livros, dissertações, teses etc., até os dias de hoje.

Como afirma o historiador José Murilo de Carvalho,

o domínio do mito é o imaginário, que se manifesta na tradição escrita e oral, na produção artística, nos rituais. A formação do mito pode dar-se contra a evidência documental; o imaginário pode interpretar evidências segundo mecanismos simbólicos que lhe são próprios e que não se enquadram necessariamente na retórica da narrativa histórica[62].

É o que analisaremos adiante. O fragmento de texto reproduzido a seguir, publicado pelo portal de conteúdo educacional brasileiro

---

61 M.R. Assunção, *Capoeira*, p. 5.
62 J.M. de Carvalho, *A Formação das Almas*, p. 58.

A CONSTRUÇÃO DE SÍMBOLOS NACIONAIS   31

Infoescola, condensa alguns desses "mitos" citados pelo historiador e, em particular, o ora discutido, senão vejamos:

a capoeira surgiu no Brasil como uma forma de resistência dos escravos trazidos da África na época colonial. Além de ser utilizada para defesa física, a capoeira foi uma forma de resguardar a identidade dos escravos africanos, principalmente porque ela se consolidou no Quilombo dos Palmares. Passou aí a ser vista como uma prática violenta. Por isso mesmo, *a capoeira foi proibida por um longo período, precisamente até 1930, quando mestre Bimba fez uma apresentação da luta para o então presidente Getúlio Vargas, que a transformou em esporte nacional brasileiro*[63].

No mesmo sentido, em matéria publicada pelo *site* de notícias UOL, lemos: "na década de 1930, a capoeira já tinha adquirido um novo *status* em nossa sociedade. O próprio presidente Getúlio Vargas convidou um grupo de capoeira para se apresentar oficialmente no Palácio do Catete. A capoeira foi liberada"[64].

O portal da Fundação Palmares – entidade pública voltada à promoção e preservação da cultura afro-brasileira –, por sua vez, em pequena matéria em comemoração ao "dia do capoeira", 3 de agosto, registra, ao traçar um breve histórico da prática, que

com a chegada da República (1889), o Marechal Deodoro da Fonseca iniciou uma campanha de combate à capoeira. A lei 487 [*sic*] tratava "dos vadios capoeiras" [*sic*], com pena de dois a seis meses de trabalho forçado na Ilha de Fernando de Noronha. *Somente quarenta anos depois o presidente Getúlio Vargas veio a liberar a capoeira*[65].

Nota-se em comum nessas matérias a tentativa simplista de explicar o que seria a transformação da capoeira, antes marginalizada, proibida e criminalizada, em uma prática desportiva nacional. Para tanto, os textos recorrem à reprodução do "mito" que apresenta a personalidade de Getúlio Vargas como o agente social responsável por tal mudança. Em outras palavras, Vargas é apresentado como o protagonista deste feito, que seria um episódio-chave da história capoeira.

---

63   T. Pacievitc, Capoeira, disponível em: <https://www.infoescola.com>. (Grifo meu.)
64   H. Strecker, Capoeira – Origem, disponível em: <https://educacao.uol.com.br>.
65   F. Santos, Nesta Segunda, Dia 3, Comemora-se o Dia do Capoeirista, disponível em: <http://www.palmares.gov.br>. (Grifo meu.) Trata-se, na verdade, do decreto-lei n. 847, que aborda, no capítulo XIII, acerca dos vadios "e" capoeiras. Para o decreto completo, ver <https://www2.camara.leg.br>.

Assim, como em um conto de fadas, "um belo dia", após assistir a uma "exibição no palácio do Catete", o presidente, como em um passe de mágica, teria decidido "liberar" a capoeira, que, a partir dali, passara a ser o "esporte nacional". Vargas, desse modo, em um ato benevolente, teria extirpado repentina e inesperadamente o *status* de luta marginal que caracterizava a capoeira até então, além de descriminalizar sua prática.

Além da imprensa, nas últimas décadas, esse "mito" tem sido reproduzido também por diversos trabalhos acadêmicos, inclusive historiográficos. Isso ocorre a despeito do fato de que nos últimos anos a capoeira vem sendo objeto de uma reviravolta em seus estudos nos mais diversos campos, como a antropologia, sociologia, comunicação etc. e, em particular, no campo da história. Surgiram importantíssimas pesquisas trazendo à tona novas fontes, problemas, personagens, questionando concepções cristalizadas e apresentando novas abordagens a respeito da prática. Todavia, nem mesmo essa nova leva de estudos emergentes atentou para o que podemos chamar de "mito" da redenção da capoeira pelas mãos do "varguismo". Senão vejamos.

Nestor Capoeira, um dos pioneiros dos estudos sobre o tema na segunda metade do século XX, em seu mais recente livro, referindo-se a essa questão, faz uma autocrítica ao afirmar, em seu tom intimista de escrever, que "é costume dizer, e eu também endossei esta ideia por muito tempo: na década de 1930 Getúlio Vargas permite a prática da capoeira. Mas uma Capoeira vigiada, praticada somente em recinto fechado e com alvará da polícia"[66]. Vargas, em pessoa, seria, portanto, uma espécie de benfeitor da prática.

Segundo Letícia Vidor Reis, "no bojo do projeto populista para o Brasil, o investimento oficial na capoeira se deu numa óptica esportivizante". Ainda conforme a autora, ao se referir ao convite de Juracy Magalhães ao mestre Bimba para uma apresentação no Palácio e ao fato de que após tal apresentação Bimba conseguira licença para registrar sua escola de capoeira, consoante a esse "investimento oficial", "o interventor federal da Bahia daria início à descriminação da luta"[67].

No mesmo sentido, no Dossiê produzido pelo IPHAN lê-se que "a desmarginalização da capoeira se deu num mesmo movimento

---

66 N. Capoeira, *O Novo Manual do Jogador*, p. 202.
67 L.V. de S. Reis, *O Mundo de Pernas Para o Ar*, p. 82-83. (Grifo meu.)

A CONSTRUÇÃO DE SÍMBOLOS NACIONAIS

em que *o Estado brasileiro resolveu nacionalizá-la*, motivo que levou o governo do estado da Bahia, em plena era Vargas, a permitir o funcionamento da escola de mestre Bimba"[68].

Pelo que se depreende das diversas narrativas, a atribuição de tão importante feito ao governo Vargas está relacionado, dentre outras coisas, à exibição, diversas vezes referida, do mestre Bimba ao então presidente. Após tal acontecimento, Vargas teria pronunciado a famosa frase: "a capoeira é a genuína luta nacional" e, a partir daí, a trajetória da capoeira teria mudado por completo.

Todavia, em que pese a simbologia da importantíssima apresentação feita pelo mestre Bimba e a declaração de Vargas – feita, aliás, não nos anos 1930, mas em outra conjuntura, na década de 1950, quando de seu retorno ao poder –, ou de atos, como o convite do interventor para exibição no palácio, concretamente não encontrei nos governo Vargas e Juracy Magalhães qualquer indício que confirme uma orientação política de apoio/valorização e muito menos "nacionalização" da capoeira por parte do Estado, ou mesmo de institucionalização da prática.

E, diga-se, apesar dos diversos apelos, como o proposto pioneiramente pelo literato Coelho Neto, que advogava, desde as primeiras décadas do século xx, o ensino da capoeira em escolas e instituições militares, como apontam a própria Letícia Reis e o Dossiê do IPHAN ao se referirem a esse intelectual. Ou ainda, a despeito do clamor de Inezil Penna Marinho, antigo capoeira e integrante do próprio governo Vargas, que, em sua monografia premiada, publicada em 1945, ou seja, no derradeiro ano do Estado Novo, apelava às autoridades para que não deixassem, "sem esforço", que "a capoeira morra completamente, pois assim procedendo estaremos perdendo algo de nosso que o mundo exterior não chegou a conhecer de fato". Ao que completava reapresentando a proposta de Coelho Neto de que "as escolas de Educação Física, onde se ensina o boxe, o jiu-jitsu, a luta, a esgrima, não deixem de incluir a capoeiragem dentro de sua cadeira de ataque e defesa", o que não foi concretizado até os dias de hoje[69].

---

68 IPHAN, *Dossiê do Inventário Para Registro e Salvaguarda da Capoeira Como Patrimônio Cultural do Brasil*, p. 50. (Grifo meu.). Carlos Eugênio Soares afirma também, brevemente, serem "a descriminalização da capoeira e seu *status* de esporte obras do Estado Novo de Vargas em 1937". C.E.L. Soares, *A Negregada Instituição*, p. 14.

69 Ver I.P. Marinho, *Subsídios Para o Estudo da Metodologia do Treinamento da Capoeiragem*. O apelo de Marinho reforça essa perspectiva da falta de apoio do ▶

A pesquisadora Maya Talmon-Chvaicer, corroborando o mito varguista em relação à capoeira (ver Figs. 3 e 4) – também fundamentada em Reis –, vai além e afirma que "como muitos outros elementos no Brasil, o regime Vargas explorou a popularidade da capoeira e a aplicou ao 'projeto' nacional brasileiro. Isso também incluiu candomblé e samba"[70]. Essa afirmação, por sua vez, carece de qualquer fundamento.

A capoeira, no primeiro governo Vargas, segundo estudiosos como Edison Carneiro, ou mesmo de acordo com jornais dos anos 1930 da Bahia, do Rio ou de São Luís, como vimos, não tinha expressão ou "popularidade" a ponto de poder ser utilizada politicamente, nem em nível local, nem nacional, pelos governos Juracy Magalhães ou Vargas. Pelo contrário, travava uma dura batalha, tanto no Rio quanto em Salvador, para manter sua existência. O candomblé do mesmo modo.

Carneiro, por exemplo, preocupava-se com a possibilidade da extinção da capoeiragem[71]. Talmon-Chvaicer, como a maioria dos autores, transplantou a utilização política do samba no governo varguista, e a popularidade que esse gênero conquistou à época, para a capoeira e o candomblé de forma acrítica.

Dos incontáveis trabalhos que seguem essa perspectiva, o livro de Letícia Reis, nos últimos anos, teve grande influência no meio acadêmico e foi importante para a perpetuação/propagação do "mito" do apoio varguista à capoeira, sendo acriticamente reproduzido por inúmeros estudiosos[72]. A eminente antropó-

---

▷ governo Vargas à capoeira na medida em que se tem ciência de que ele era técnico de educação e chefe da Secção Pedagógica da Divisão de Educação Física (DEF) do Departamento de Educação do Ministério da Educação e Saúde (MES), "o pioneiro e um dos mais importantes órgãos federais ligados à Educação Física brasileira", conforme explica o eminente historiador dos esportes Victor Melo. Ainda segundo esse autor, Marinho "participou ativamente das contribuições que essa importante instituição deu à Educação Física brasileira. Inspecionou escolas de formação que requeriam autorização para funcionar e/ou reconhecimento, ministrou palestras em vários estados brasileiros, participou da organização de eventos, fez parte de comissões de julgamento". V.A. de Melo, *Inezil Penna Marinho*, p. 180. Marinho conquistou, com a monografia referida, o primeiro lugar no Concurso Nacional de Monografias do Ministério da Educação e Saúde.

70 M. Talmon-Chvaicer, *The Hidden History of Capoeira*, p. 114-115.
71 Sobre a capoeira baiana no período, ver E. Carneiro, *Religiões Negras*, p. 211-220; F.J. de Abreu, *Bimba É Bamba*, p. 50-51, também discute a situação da capoeira na Bahia, no período, a partir de notas de jornais.
72 Diversos estudiosos estrangeiros, em trabalhos não relacionados à capoeira, reproduzem o mesmo mito ao tratarem da "Era Vargas", não necessariamente

FIG. 3: (NO ALTO) *Apresentação de mestre Bimba a Vargas. Registro da que talvez seja a mais icônica apresentação de capoeira do século XX: a de mestre Bimba e seus alunos ao presidente Vargas. Em uma visita à Bahia, no início dos anos 1950, sob o governo de Régis Pacheco (1951-1955) – de óculos à esquerda do presidente –, Vargas, com um semblante alegre, posa rodeado por uma grande comitiva composta por autoridades, mestre Bimba – de cócoras em frente ao presidente – e seus alunos. Fonte: Acervo do FGV CPDOC, inventariada sob o código VM foto 001_028.*

FIG. 4: (EMBAIXO) *Vargas cumprimenta o mestre Bimba. Mestre Bimba, com um sorriso no rosto, cumprimenta um Vargas também sorridente e rodeado por uma comitiva visivelmente simpática. Quiçá, neste momento, Vargas tenha proferido a famosa frase que se tornou um marco na história da capoeira, transmitida orgulhosamente por Bimba e reproduzida há décadas pelos capoeiristas: "a capoeira é a genuína luta nacional". Fonte: Acervo do FGV CPDOC, inventariada sob o código VM foto 001_027.*

loga e historiadora Lilia Schwarcz, por exemplo, amparada em um trabalho anterior da mesma autora, publicado em 1996, "a aquarela do Brasil – a mestiçagem e a construção da capoeira", também afirma que "a capoeira [...] é oficializada como modalidade esportiva nacional em 1937"[73].

Ao analisar a referida obra de Letícia Reis, percebe-se que a autora, na tentativa de explicar de forma comparativa o sucesso da capoeira baiana – que se consolidou e se expandiu no século xx, em detrimento da carioca, que desapareceu no mesmo período – atribui tal êxito, dentre outras coisas, a uma espécie de predileção por parte do Estado varguista em relação a ela, com a qual seria mais identificado. Em suas palavras: "Essa nítida relação entre a capoeira e a malandragem no Rio de Janeiro do começo do século levaria à desqualificação da capoeira carioca, que seria inclusive preterida pelas autoridades do Estado Novo em favor da capoeira baiana."[74]

Um dos últimos estudiosos do tema a também cair no "canto da sereia" do protagonismo do governo Vargas nesse processo foi o antropólogo Maurício Herrera Acuña. Esse autor corrobora a perspectiva apontada por Reis ao não descartar a explicação apresentada pela autora, segundo a qual teria havido uma escolha ou "seleção" da capoeira baiana por parte do governo Vargas, em detrimento da carioca, herdeira das maltas, daí o sucesso da primeira, que se "nacionaliza".

Nas palavras do próprio Acuña:

segundo ela, a causa poderia estar *na negação do governo Vargas em reconhecer* uma capoeira tão associada ao passado negro das maltas do século XIX. *Sem descartar tal possibilidade*, gostaria de complementar, afirmando que, em tal *seleção*, o maior controle da violência pelas músicas e a difusão de suas canções como folclore foram determinantes[75].

Primeiramente, é importante perceber que, se se tratasse de uma questão de escolha por parte do governo Vargas entre uma capoeira ou outra, sem dúvida o Estado varguista optaria por uma

sob a influência de Letícia Reis, mas também sob sua influência, em período bem recente. Ver, por exemplo, T. Paschel, *Becoming Black Political Subjects*, p. 38; S. Ickes, *African-Brazilian Culture and Regional Identity in Bahia, Brazil*, p. 59.

73 L.M. Schwarcz, *Nem Preto Nem Branco, Muito Pelo Contrário*, p. 59.

74 L.V. de S. Reis, op. cit., p. 94.

75 J.M.H. Acuña, *A Ginga da Nação*, p. 213. (Grifo meu.)

A CONSTRUÇÃO DE SÍMBOLOS NACIONAIS

terceira: a capoeira de Sinhozinho, pois, como será discutido, essa capoeira estava muito mais afinada teoricamente com os preceitos governamentais de eugenia da era Vargas; do mesmo modo, tinha mais afinidade em termos étnicos e de classe com o governo, pois os frequentadores de sua academia eram, em sua maioria, brancos da zona sul do Rio de Janeiro e das camadas abastadas da sociedade, as *"distinctas* famílias"*, como se autodenominavam, apesar de Sinhozinho inegavelmente ter tido alunos negros.

Por outro lado, Maurício Acuña apresenta uma contribuição original em seu trabalho. Segundo ele,

após a década de 1930, a presença da música e das canções teve papel importante no sentido de fazer a capoeira baiana ser vista como a luta nacional por excelência, enriquecida também pela relevância de sua arte, mantendo-a distante do aspecto marginal da capoeira baiana e carioca da República Velha[76].

Para o autor, esse processo decorre do fato de que a música e as canções foram importantes formas "de controle da prática, limitando a violência que a caracteriza até a década de 1930". Assim, a música e as canções teriam sido fator de suma importância no processo de transformação da capoeira baiana em uma prática mais "cordial", diferente da que existia antes, na República Velha, período em que esteve mais associada à violência[77].

A despeito da inegável importância da musicalidade na capoeira baiana, ao que parece o autor faz uma confusão ao apresentar a música e as canções como fatores primordiais para as transformações por que passaram a capoeira no pós-1930.

Não por acaso Acuña identifica uma capoeira mais violenta antes de 1930 e outra que, segundo ele, por influência da música e das canções, teria se "pacificado" e se tornado menos violenta, mais cordial e, desse modo, mais palatável socialmente. Entretanto, como poderiam a música e as canções modificarem a capoeira baiana somente partir dos anos 1930, tornando-a menos violenta, se esses dois elementos já estavam presentes nessa capoeira muitas décadas antes? A simples acentuação de suas características musicais não parece uma resposta satisfatória.

76 Ibidem, p. 212.
77 Ibidem.

Além disso, traçando uma abordagem mais empírica dessa questão em particular, ou, em outras palavras, partindo para a perspectiva de um observador participante, nota-se que a música e as canções ditam, no imediato, o ritmo do jogo e podem, em determinados casos apenas, servir de instrumento para o cantador ou o mestre que rege a roda alertar um capoeira no jogo acerca de um perigo, dar um recado, pedir cautela, todavia, frisemos novamente que apenas em determinadas ocasiões isso ocorre.

Desse modo, não existe, no geral, qualquer relação direta entre a música e as canções da capoeira e o controle da violência. Quem determina o grau de violência de um jogo fundamentalmente são os jogadores, no momento em que estão em ação. Uma música ou canção não podem impedir que o jogo se transforme em uma luta renhida de vida ou morte. O máximo que pode acontecer para evitar a violência é o mestre parar a roda.

O mestre Bimba, por exemplo, no período em que Acuña identifica como de "pacificação" da capoeira através da música, foi acusado de deturpar a prática inserindo novos golpes, de outras artes marciais, tornando-a mais eficaz marcialmente, ou seja, mais violenta, contudo, sua capoeira continuou repleta de músicas e canções, tendo o mestre baiano inclusive criado novos toques, como o da iuna, a regional e a benguela.

De fato, não podemos negar que a música e as canções são elementos, associados a todo um conjunto de outros, que particularizam a capoeira baiana e certamente foram fatores importantíssimos para atrair a atenção e apoio de determinados setores da sociedade, como a intelectualidade. Entretanto, as transformações por que passou a capoeira no período são resultado de uma série de fatores, muitos dos quais apontados por Acuña, sendo a música e as canções parte deles, contudo, não o primordial.

Esse "processo civilizador", a que se refere o autor, pelo qual passou a capoeira baiana no pós-1930, antes de ser um produto da ação da música e das canções, foi resultado, como já apontado por Liberac Pires, por exemplo, da adaptação da capoeira a uma nova conjuntura desportiva em ascensão no Brasil e na Bahia, na qual os antigos "tipos"/capoeiras representados pelos valentões, turbulentos, desordeiros, os "flores do mal", saíram de ação, dando lugar a outros "nobres capoeiras", "mestres na

A CONSTRUÇÃO DE SÍMBOLOS NACIONAIS 39

arte de civilizar – aqueles que vão refinar os usos e costumes da capoeira", para citar novamente Frede Abreu[78].

Por outro lado, a despeito dessas modificações concretas que estavam em curso e que levaram a uma capoeira praticada não mais eminentemente na rua, mas, a partir de então, cada vez mais como uma prática organizada, regular, com método de ensino e regras, coordenada por um mestre responsável, muito dessa visão de uma capoeira "pacificada", não violenta, como que uma "brincadeira", foi resultado de sua interação e também de uma construção dessa nova intelectualidade, como aponta Simone Pondé Vassalo.

Conforme explica a autora,

no momento em que a capoeira é integrada ao domínio do folclore, deixa de ser vista como uma atividade de delinquentes e começa a ser descrita como um grande cerimonial, tal como o que ocorre com o candomblé. Nos novos trabalhos, a capoeira sofre um visível processo de pacificação e passa a ser considerada uma "brincadeira"[79].

Isso, contudo, não se deve à música e às canções ou à sua intensificação na prática da capoeira. Ao que parece, Acuña cometeu o que poderíamos chamar de uma espécie de metonímia histórica, trocando a parte – a música e as canções – pelo todo.

Após esse breve parêntese, feito para analisar a contribuição particular de Acuña ao tema, voltemos mais diretamente à questão do suposto apoio do varguismo à capoeira reforçado por Letícia Reis nos anos 1990/2000 e que fez escola em meio à bibliografia sobre o assunto.

Adriana Dias, em estudo bem recente em que discute o percurso da capoeira baiana "do mundo das ruas a símbolo de identidade nacional", endossa, também referendada em Reis, que o "governo Vargas vai apoiar e permitir a prática da capoeira dentro de espaços fechados, academias, escolas e quartéis militares"[80]. Todavia a autora, assim como os demais estudiosos que corroboram essa assertiva, jamais aponta em quais escolas, academias ou quartéis a capoeira foi inserida/apoiada/implementada,

---

78 Ver F.J. de Abreu, op. cit., p. 17.
79 S.P. Vassalo, *Capoeiras e Intelectuais*, p. 109.
80 A.A. Dias, Trajetórias da Capoeira Baiana: Do Mundo das Ruas a Símbolo de Identidade Nacional, em J.M. Freitas (org.), *Uma Coleção Biográfica*, p. 105-118.

como política do Estado varguista, na Bahia ou em outros estados do Brasil.

De acordo com Dias, é "principalmente com a instauração do Estado Novo (1937) que Getúlio Vargas, com apoio de diversos intelectuais, transforma o projeto de 'redescobrir' as raízes do povo brasileiro em política pública". Nesse sentido, ainda conforme a autora, foram criadas instituições como o Serviço de Patrimônio Histórico e Artístico Nacional (SPHAN, atual IPHAN), e "nesse contexto, a capoeira é eleita enquanto um dos símbolos da identidade brasileira"[81], o que justificaria o alegado apoio do governo varguista à prática.

Inegavelmente, a atenção e o investimento na cultura, sob a divisa do Ministério da Educação e Saúde, sob a chancela à época do poderoso ministro Gustavo Capanema, foram bastante expressivos. De acordo com Daryle Williams, desde o início do século XIX o governo central não havia assumido uma atitude tão expansiva em relação à gestão cultural. Ainda segundo o autor, "a taxa de crescimento do Ministério da Educação no período 1931-1937 superou a taxa de crescimento de todo o orçamento em 24 pontos percentuais e, no Estado Novo, a diferença nas taxas de crescimento seria ainda mais acentuada, chegando a 75 pontos percentuais, para o período 1938-1945"[82].

No entanto, ao contrário do que afirma Adriana Dias, tamanho investimento no campo cultural e mesmo a integração ao Estado varguista de diversos intelectuais estudiosos e defensores do "folclore", como modernistas do quilate de Mário de Andrade, não resultou na implementação de qualquer "política pública", para utilizar uma expressão dos dias de hoje usada pela autora, por parte do governo em prol da cultura negra e popular. Muito menos se pode, a partir daí, deduzir que houve uma política estatal de "apoio, oficialização ou nacionalização" da capoeiragem.

A associação, comumente feita, entre a presença no governo Vargas de amantes-defensores-estudiosos da cultura popular-folclore empenhados em "redescobrir o Brasil" e a existência de uma política de apoio a essa cultura não resiste à análise dos fatos. O programa advogado pelos folcloristas de resgate e apoio às manifestações referidas, dentre as quais a capoeira, foi completamente

---

81 Ibidem, p. 107.
82 D. Williams, *Culture Wars in Brazil*, p. 67-68.

A CONSTRUÇÃO DE SÍMBOLOS NACIONAIS   41

secundarizado pelo Estado varguista, mesmo com a criação, em 1937, do SPHAN, órgão responsável por promover as políticas oficiais de patrimônio. Isso porque a perspectiva de patrimonialização levada a cabo por essa instituição "entre 1937 e 1979 concentrou-se em monumentos arquitetônicos, religiosos e históricos", ou seja, não tinha absolutamente qualquer relação com manifestações negras e populares[83].

Desse modo, o SPHAN, com direção e concepções de patrimônio diferentes das dos folcloristas e culturalistas – que viam essas manifestações como bens culturais a serem preservados, valorizados e difundidos –, durante todo o Estado Novo e nas três décadas seguintes, pelo menos, restringiu sua política de preservação ao que ficou conhecido como "patrimônio de pedra e cal", virando as costas para essas diversas práticas negras e populares.

Gustavo Capanema, cérebro por trás da política cultural do governo Vargas e responsável pela reforma organizacional que deu origem ao SPHAN, talvez nos ajude a compreender a política levada a cabo por essa autarquia à época. Segundo Daryle Williams, havia fortes evidências de que Capanema tinha grande relutância em lidar com práticas culturais originadas do campo ou das classes populares.

Ainda de acordo com o autor, o então ministro, juntamente com Rodrigo M.F. de Andrade, escolhido para dirigir o recém-criado SPHAN, reformularam o anteprojeto encomendado a Mário de Andrade e escrito por ele, que previa a preservação da cultura popular. Assim, no projeto refeito e aprovado

o governo federal ainda seria responsável pela proteção e administração do patrimônio cultural. No entanto, uma compreensão mais histórica do patrimônio substituiu a definição etnográfica de Mário de Andrade do tesouro cultural da nação. A legislação enviada ao Congresso deixou de lado o interesse de Andrade em catalogar a cultura popular[84].

Sintetizando, "o anteprojeto elaborado por Mário de Andrade foi abandonado naquilo que trazia de mais desafiador e avançado para

---

83 J.R. Gonçalves, *A Retórica da Perda*, p. 68. De acordo com Maria Cecília Londres, somente "a partir da década de 1970, sobretudo quando o regime militar entrou em crise, essa política [do SPHAN] começou a ser criticada, e seu caráter nacional, contestado por se referir apenas às produções das elites"; M.C.L. Fonseca, *O Patrimônio em Processo*, p. 23.

84 D. Williams, op. cit., p. 101.

seu tempo: a memória dos grupos populares, das etnias que compõem a brasilidade, da diversidade dos saberes e fazeres do país"[85].

Depois de analisada a falta de investimento do Estado varguista em prol da cultura negra e popular, ao serem observadas, por outro lado, medidas legais que poderiam ser vistas como direcionadas a um favorecimento específico da capoeiragem por parte desse governo, percebe-se que, na verdade, trataram-se de atos gerais, nos quais a capoeira foi inserida. Como exemplo, podemos citar o decreto n. 24.351, editado em 6 de junho de 1934, concedendo indulto aos condenados e processados primários por diversas contravenções e crimes, dentre os quais o de capoeiragem. Não se tratou, como se percebe a partir da leitura do texto do decreto, de uma medida direcionada a beneficiar especificamente a capoeiragem[86].

Outra medida legal, que revela a ausência de qualquer predileção ou apoio do Estado em relação à capoeira foi a edição do decreto-lei n. 3.199, de 11 de abril de 1941, assinado pelo ditador, estabelecendo as bases da organização dos desportos no Brasil. O artigo 1º do documento estabelece que: "Fica instituído, no Ministério da Educação e Saúde, o Conselho Nacional de Desportos, *destinado a orientar, fiscalizar e incentivar a prática dos desportos em todo o país*." Curiosamente, em todo o texto do decreto, que visava investir na prática desportiva no país, não há uma única referência à capoeira[87].

---

85 I. Botelho, A Política Cultural e o Plano de Ideias, em A.A.C. Rubim; A. Barbalho (orgs.), *Políticas Culturais no Brasil*, p. 117.

86 O decreto arrolava os crimes: resistência, desacato, desobediência a autoridade, práticas de espiritismo, magia, cartomancia, prática de curandeirismo, votar ou tentar votar com título eleitoral de outrem, ofensas físicas leves, ofensas físicas culposas; e as contravenções: uso de armas ofensivas, vadiagem, uso de nome suposto, e capoeiragem. Além disso, é importante lembrar que o indulto não significa a descriminalização da prática, no caso da capoeira só instituída no início da década seguinte. Do mesmo modo, a edição do decreto não significou a liberação imediata dos presos por capoeiragem. Segundo nota publicada no *Diário de Notícias* tratando do assunto, "a concessão do indulto [dependia] de requerimento ao juiz competente e de prova de bom procedimento na prisão, atestado pelo respectivo diretor ou pela autoridade policial da circunscrição da residência e mais de prova de ofício e profissão que esteja sendo exercida ou que se irá exercer". Além disso, o decreto proibia "o indulto aos que já tiverem sido indultados." Ou seja, a capoeira seguia criminalizada. Ver: Indulto aos Criminosos Primários e a Extensão do Livramento Condicional. *Diário de Notícias*, 8 jun. 1934. Texto completo do decreto n. 24.351/1934, disponível em: <https://www.camara.leg.br>.

87 Texto completo do decreto-lei n. 3.199/1941 disponível em: <http://www2.camara. leg.br>. (Grifo meu.)

A CONSTRUÇÃO DE SÍMBOLOS NACIONAIS

Outras fontes apontam que Vargas teria assinado um outro decreto, o "1.202", a partir do qual teria expressamente liberado a prática do candomblé e da capoeira em recintos fechados. O eminente estudioso Muniz Sodré, por exemplo, afirma que "Vargas terminaria revogando, em 1934, por edição do decreto presidencial n. 1.202, a lei que criminalizava tanto o candomblé como a capoeira"[88].

A partir de uma pesquisa nos decretos presidenciais editados na era Vargas e compilados no sítio da Subchefia para assuntos jurídicos da Casa Civil da Presidência da República do período de 1930 a 1945, constatei que não existe qualquer decreto-lei n. 1202 que faça referência à prática da capoeira ou do candomblé[89]. Do mesmo modo, a partir de uma consulta ao sítio da Câmara dos Deputados, encontrei um decreto-lei n. 1.202, de 8 de Abril de 1939[90]. Entretanto, tal decreto, que dispõe sobre a administração dos estados e dos municípios, não traz também qualquer menção às práticas referidas, muito menos a sua liberação.

Tudo indica que tal medida se trate de mais um mito criado em torno do governo Vargas, ou, talvez, que tal referência seja, na verdade, ao decreto n. 24.351, citado anteriormente. Contudo, como visto, esse decreto não traz referência específica ao candomblé, mas a outras práticas como o espiritismo, cartomancia, magia e curandeirismo, e elenca a capoeira em meio a diversas outras contravenções, concedendo apenas o indulto aos capoeiras presos, e não permitindo sua prática em ambientes fechados, como comumente propagandeado.

A descriminalização da capoeiragem, portanto, comumente relacionada a mais uma cortesia de Vargas para com os capoeiras – ou talvez apontada como a maior delas –, deve ser analisada em seu contexto. Nesse sentido, é importante observar que desde os 1930, pelo menos, a capoeira de rua, das "maltas", dos "turbulentos", das "correrias", dos "valentões" havia perdido sua importância social, por mais que ainda existissem alguns remanescentes dessa capoeira em diversas cidades, como Salvador, Rio de Janeiro, São Luís, como discutido.

Além disso, da virada do século até os anos 1940, quando a capoeiragem foi finalmente retirada do código penal, os capoeiras,

---

88 M. Sodré, *Mestre Bimba*, p. 67.
89 Pesquisa realizada em: <http://www.planalto.gov.br>.
90 Ver decreto-lei n. 1.202/1939, disponível em: <http://www2.camara.leg.br>.

não só baianos, haviam-na transformado de uma luta de autodefesa violentíssima e temida, presença recorrente nas páginas policiais, em uma prática que começava a ser valorizada e que ganhava destaque, dentre outras coisas, ao subir nos ringues difundindo um discurso de que seria a "luta nacional", portanto, a legítima representante do país nos combates, como veremos a diante.

Desse modo, longe de um presente/favor/benesse aos capoeiras por parte de Vargas – que teria em pessoa "liberado" sua prática –, é necessário destacar que quando da elaboração do novo código penal não havia mais qualquer necessidade de sua permanência enquanto crime, acontecendo o que o mestre Damião (Esdras Magalhães), a partir do estudo da doutrina jurídica, verificou se tratar de um caso de "*abolitio criminis*, que ocorre quando uma lei posterior deixa de considerar como infração um fato que era anteriormente punido"[91].

Quanto a Vargas, pessoalmente e quanto a sua relação com a cultura, Daryle Williams traz um dado esclarecedor para descartar de vez qualquer interesse particular do estadista para com a capoeira ou outra manifestação da cultura negra e popular. Segundo o autor,

a imagem de um florescimento cultural nacional cultivado por Vargas era muito atraente, mas, na verdade, o ministro da Educação [Gustavo Capanema] administrava a política cultural federal, concedendo favores pessoais e institucionais a alguns dos mais importantes formuladores de políticas culturais. Os interesses de Vargas no patrocínio cultural eram geralmente limitados a cerimoniais, inaugurações e desfiles cívicos. Ele raramente assumiu uma postura proativa em questões culturais[92].

A partir dessas observações, podemos afirmar que, por mais que o contexto dos anos 1930 fosse de crescimento do nacionalismo e o Estado tivesse se voltado a investir nos esportes e buscasse por símbolos de identidade nacional, chegando de fato a investir na transformação de uma manifestação étnica – o samba – em símbolo mestiço e de identidade do Brasil, no caso da capoeira, tal fato não ocorreu, nem no que se refere ao apoio à prática enquanto manifestação étnica, nem como prática desportiva.

---

91 Apud N. Capoeira, op. cit., p. 203.
92 D. Williams, op. cit., p. 14.

A CONSTRUÇÃO DE SÍMBOLOS NACIONAIS   45

O mesmo pode se estender às demais manifestações da cultura negra e popular.

Portanto, a afirmação comumente postulada por diversos estudiosos, como Scott Ickes, para citar um exemplo, de que "Vargas e seus assessores também estimularam o processo de formação da identidade nacional *ao elevar diversas formas de cultura popular a símbolos de brasilidade*", geralmente se baseando no caso do samba e da capoeira, não tem fundamentação e é claramente equivocada[93]. Na verdade, todas as evidências indicam que o samba foi um caso à parte nesse processo.

SAMBA: A EXCEÇÃO À REGRA

A comparação da política do Estado varguista em relação ao samba revela a inexistência de qualquer orientação no sentido de alçar a capoeira ao patamar de símbolo de identidade nacional ou de difundir ou "nacionalizar" a sua prática, o que coube unicamente ao esforço e ao protagonismo dos próprios capoeiras, principalmente com apoio de setores da imprensa e da intelectualidade ao longo de todo o século xx.

A trajetória do samba tem grandes semelhanças com a da capoeira e já foi objeto dos mais diversos estudos. Pelo que indicam as fontes, podemos destacar primeiramente que a repressão ao samba, havida até as primeiras décadas do século xx, seguiu, de um modo geral, o mesmo padrão da perseguição aos capoeiras, apesar de esta última ser legalmente criminalizada, e o samba não. Além do mais, essas diversas manifestações negras tinham, em geral, os mesmos agentes sociais e eram praticadas em ambientes parecidos ou nos mesmos lugares.

Um bom exemplo da relação entre capoeiras e sambistas foi registrada durante a tradicional Festa da Penha pelo periódico carioca *O País*, em 4 de novembro de 1901. Na volta da festa, "um grupo da pior espécie de gente – vagabundos, desordeiros perigosos e conhecidos, capoeiras, de mistura com mulheres de igual classe [...] vinham todos soçobrando pandeiros, violões e cavaquinhos, uma seresta completa", quando saltando da estação

---

93 S. Ickes, op. cit., p. 21. (Grifo meu.)

de São Francisco Xavier "começou o samba, em meio de infernal gritaria e sapateado". Ainda conforme o narrador, a diversão desenrolava-se até que, por motivo de ciúmes, duas mulheres "esmurraram-se a valer" e o samba acabou em um "tremendo sarrilho. Diversos tiros de revólver foram disparados, luziram navalhas e facas, brandiram-se cacetes, golpeando e contundindo a valer"[94].

Entre a primeira e a segunda década do século XX, existem, na imprensa escrita carioca, inúmeras denúncias e relatos como esse que justificavam a criminalização do samba e o clamor pelo seu fim, semelhante ao que ocorria com a capoeira no mesmo período. Porém, à medida que o século avançou, percebe-se uma clara diminuição das denúncias e um aumento de notícias relacionadas a concursos de sambas, cantores, lançamentos de sambas de compositores já conhecidos, assim como festas prestigiadas.

Por outro lado, a aproximação entre setores da intelectualidade, do samba e dos sambistas também ocorreu de forma precoce, assim como o processo de transformação da representação do samba de uma prática negra em uma manifestação mestiça e brasileira. Como aponta Hermano Vianna em seu já clássico estudo sobre o processo de construção do samba como símbolo de identidade nacional, tal aproximação não foi algo extraordinário, estava, na verdade, "dentro de uma longa tradição de relações entre vários segmentos da elite brasileira (fazendeiros, políticos, aristocratas, escritores etc.) com várias manifestações da musicalidade [e não só da musicalidade] afro-brasileira"[95].

Conforme afirma Maria Clementina Pereira da Cunha, desde as primeiras décadas do século XX, o samba contou com "o apoio de intelectuais de prestígio debruçados sobre a temática do 'popular' que, em busca da originalidade de uma 'cultura brasileira', tratavam de atribuir positividade a traços antes recusados"[96].

Ainda de acordo com a autora, embalado pelo modernismo dos anos 1920, que embelezou romanticamente a favela e a alçou ao *status* de símbolo da identidade carioca e, por extensão, de todo o país, "no início dos anos 1930, nadando nessa onda, o cronista carnavalesco Vagalume [Francisco Guimarães] publicou uma série

---

94 De Volta da Penha, *O Paiz*, 4 nov. 1901.
95 H. Viana, *O Mistério do Samba*, p. 37.
96 M.C.P. Cunha, *Não Tá Sopa*, p. 10-164.

FIG. 5: *Sambistas na Festa da Penha (1913), no alto da página. O samba, denunciado em 1901 nas páginas de O Paíz como presença indesejada na Festa da Penha por ser prática de desordeiros, capoeiras, vagabundos "e mulheres da mesma classe", em 1913 já era retratado pela revista O Malho, de forma prestigiosa, como se observa, por um conjunto de sambistas negros elegantemente vestidos e uma sambista como personagem central. Fonte: O Malho, 18 out. 1913.*

de 'visitas-reportagens' aos 'morros' onde nascem as chamadas academias de samba ou que constituem redutos de 'bambas'"[97].

Vagalume era parte de uma pequena intelectualidade negra carioca que conseguiu romper as impostas barreiras raciais e adentrou grandes veículos de comunicação nas primeiras décadas do século XX, conforme destaca Marc Hertzman em seu trabalho sobre o percurso e importante atuação dessa referida intelectualidade nos primórdios da indústria da música no Brasil.

A partir da meticulosa análise de *Na Roda do Samba*, livro publicado por Vagalume em 1933, feita por Hertzman, nota-se que a compreensão de Vagalume sobre o samba, marcadamente

[97] Ibidem, p. 36-149.

influenciada por uma perspectiva folclorista, era semelhante a que a intelectualidade baiana liderada por Edison Carneiro tinha da capoeira no mesmo período e advogaria por décadas. Segundo o autor, "para Vagalume, o samba verdadeiro era coisa do passado, algo a ser preservado, defendido e protegido, não mexido ou inserido ainda mais em uma indústria musical já corrupta"[98].

Essa perspectiva que via o inevitável progresso e avanço do capitalismo como uma ameaça corruptora e devastadora à "autenticidade" das diversas manifestações da cultura negra e popular tornar-se-ia uma marca do pensamento social brasileiro do período, estritamente determinante do que seria ou não definido como caracteristicamente nacional ou brasileiro e, por conseguinte, atingiria em cheio não só o samba e a capoeira, mas as mais diversas práticas.

Todavia, a despeito das críticas e desejos de Vagalume e outros intelectuais alinhados a sua perspectiva de análise, não apenas como um resultado automático dessas relações costuradas entre setores da elite e das camadas populares, mas como desenrolar de um processo bem mais complexo já analisado por outros autores[99], segundo Bryan McCann,

entre o final dos anos 1920 e o início dos anos 1940, o samba evoluiu de um gênero musical marginal executado quase exclusivamente em alguns bairros afro-brasileiros predominantemente pobres do Rio de Janeiro para um esteio de uma florescente indústria e a um símbolo amplamente reconhecido da identidade nacional brasileira[100].

Destacar essas semelhanças entre a capoeira e o samba é necessário para perceber a diferença na trajetória dessas duas práticas em seu percurso em direção a sua transformação de símbolo

---

98 M.A. Hertzman, *Making Samba*, p. 130. Há aqui uma notória semelhança entre os casos do samba e capoeira: o papel de pioneirismo e destaque da intelectualidade negra em sua defesa e divulgação. Assim como Edison Carneiro teve papel central e pioneiro no debate que levaria a capoeira angola a ser apontada como a "autêntica capoeira", apelando à imprensa, autoridades e elites para que a percebessem como importante símbolo brasileiro, a proposição do samba carioca, particularmente o do morro, como "autêntico" símbolo de identidade nacional teve como uma das personagens principais e precursor Vagalume.

99 A esse respeito ver, dentre os mais recentes: M.C.P. Cunha, op. cit.; B. McCann, *Hello, Hello Brazil*; C. Sandroni, *Feitiço Decente*.

100 B. McCann, op. cit., p. 41.

A CONSTRUÇÃO DE SÍMBOLOS NACIONAIS 49

étnico em símbolo de identidade nacional. Nesse sentido, um dos fatores decisivos e marcantes em suas trajetórias se refere à atuação do Estado. Como afirma Tim Edensor, em seu estudo acerca da relação entre identidade nacional, cultura popular e o cotidiano, o Estado é um elemento fundamental na construção de novas representações e símbolos das nações. Em suas palavras:

*a posição do Estado em relação às culturas já existentes é complexa, pois certas culturas podem ser erradicadas (especialmente no caso de particularidades étnicas ou religiosas), ou podem ser adotadas e adaptadas pelo esta*blishment *cultural*. Também são levantadas questões sobre quem é deixado de fora da cultura nacional, como a etnia, religião, idioma e região são acomodados pelo Estado e quem é marginalizado ou rejeitado como inadequadamente nacional[101].

Como vimos, no caso da capoeira, a política repressiva do Estado em relação àquela praticada nas ruas continuou e houve certa leniência no tratamento com a capoeiragem desportiva emergente no Rio de Janeiro dos anos 1930 em diante, assim como à baiana do mesmo período. A política em relação às demais manifestações da cultura negra e popular, como o candomblé, samba de roda, bumba meu boi etc., como discutiremos com mais detalhe nos próximos capítulos, variou também entre a leniência e a repressão, mas sem qualquer apoio concreto, pelo menos até a década de 1950, quando se inicia uma muito tímida intervenção governamental em alguns estados.

O samba, portanto, como afirmamos anteriormente, foi a exceção. Hermano Vianna, em seu estudo antes referido, ao tratar da conquista do apoio oficial na Era Vargas por parte desse gênero, afirma que, em 1933, "o desfile de escolas de samba já ganhara ajuda financeira da prefeitura do Rio de Janeiro e patrocínio do jornal *O Globo*. Já em 1935, o desfile passara a constar no programa oficial do Carnaval carioca elaborado pela prefeitura". Evidenciando não se tratar de uma política local, o autor afirma que "o aparelho governamental da 'Era Vargas' esteve muito envolvido com o progresso da nacionalização do samba [...]. O samba,

---

101 T. Edensor, *National Identity, Popular Culture and Everyday Life*, p. 3-4. (Grifo meu.)

em pouco tempo, alcançou a posição de música nacional e colocou em plano secundário os outros gêneros 'regionais'"[102].

No mesmo sentido, Cláudia Matos, em seu *Acertei no Milhar*, afirma que "já em 1936, o desfile das escolas de samba era submetido a uma regulamentação cada vez mais rígida e complexa, elaborada e aplicada sob a orientação do Conselho de Turismo da prefeitura do Distrito Federal"[103].

Segundo Hertzman, apresentando dados contábeis,

no início da década de 1930, as agências governamentais federais e locais do Rio disponibilizaram fundos para escolas de samba, anteriormente fornecidos apenas para as grandes sociedades da cidade. O dinheiro, parte de um impulso maior para atrair turistas ao Carnaval e ao Rio, acompanhava regras sobre o conteúdo do desfile de cada escola[104].

Ângela de Castro Gomes, por sua vez, ao ressaltar a importância do rádio e da música no processo de construção do "homem novo" sob o regime varguista afirma que o Departamento de Imprensa e Propaganda "tinha um controle absoluto sobre tudo que se relacionava com a música popular: concursos, espetáculos, Carnaval e também a *apresentação de escolas de samba carioca, que passavam a desfilar no asfalto*"[105].

Em resumo, nas palavras de Paulina Alberto, "por meio do aumento do controle estatal de espaços culturais que vão de rádios comerciais a desfiles de Carnaval, o regime ajudou a alçar o samba – originalmente a música das classes populares negras do Rio de Janeiro – ao *status* de ritmo nacional"[106].

Em outras palavras, o peso e o papel fundamental do Estado no processo de seleção e constituição do que viria a ser definido enquanto símbolo de identidade nacional ou da brasilidade se expressou de forma clara em relação ao samba e trouxe, consequentemente, resultados concretos a curto prazo; pois, como destacado por diversos autores, nos anos 1930, o samba já era abraçado como um símbolo reconhecido da identidade nacional

---

102 H. Vianna, op. cit., p. 124, 126.

103 C. Matos, *Acertei no Milhar*, p. 12.

104 M.A. Hertzman, op. cit., p. 195.

105 A.M.C. Gomes, A Construção do Homem Novo, em L.L. Oliveira et al., *Estado Novo*, p. 159. (Grifo meu.)

106 P.L. Alberto, Quando o Rio era Black: Soul Music no Brasil dos Anos 70, *História: Questões & Debates*, v. 63, n. 2, p. 114-115.

A CONSTRUÇÃO DE SÍMBOLOS NACIONAIS 51

brasileira. O que não aconteceu nem com a capoeira, nem com as demais manifestações da cultura negra e popular.

Todavia, para além da influência decisiva do Estado, há outros fatores a serem analisados. Um deles, no que tange ainda à comparação entre a capoeira e o samba, diz respeito às relações dessas práticas com o mercado de entretenimento, elemento fundamental no processo de ampliação do acesso de tais manifestações ao grande público e de sua nacionalização. Esse mercado contribuiu efetivamente, e em conjunto com a atuação do Estado, para a criação de uma homogeneidade, unidade nacional ou, em outras palavras, para a conformação de uma "comunidade imaginada" brasileira.

Como afirma Marshall Eakin, seguindo, criticando e adaptando a perspectiva de "comunidade imaginada" postulada por Benedict Anderson,

no Brasil, e em grande parte da América Latina, a criação dessas comunidades imaginadas não ocorre por meio da *cultura impressa* no século XIX – exceto entre um pequeno grupo de uma elite europeia e grupos principalmente ligados a eles –, em vez disso, essas comunidades emergem em meados do século XX a partir de *culturas audiovisuais*[107].

Para o autor, "é a ascensão do rádio, do cinema e da televisão que possibilita a criação de uma 'comunidade' de dezenas de milhões de brasileiros e, eventualmente, permite que eles se 'imaginem' como parte de um povo brasileiro e de uma nação brasileira"[108].

No caso do samba, seu processo de incorporação ao mercado de entretenimento – envolvendo sua difusão primeiramente pelas ondas do rádio, depois cinema e TV – ocorreu bem cedo, possibilitando que a sua representação como símbolo nacional, e não apenas étnico ou do Rio de Janeiro, se difundisse mais facilmente e ganhasse adeptos em um país de dimensões continentais como o Brasil[109].

Em outras palavras, para a consolidação do samba como manifestação nacional simbólica dessa comunidade imaginada em

107 M.C. Eakin, *Becoming Brazilians*, p. 13.
108 Ibidem, p. 13.
109 Segundo Marc Hertzman, quando Vargas tomou o poder, havia dezenove estações de rádio no Brasil. Em 1945, ao final de seu governo, havia mais de uma centena, e em 1950, mais de trezentas estações espalhadas pelo país. Ainda segundo o autor, o Ibope estipula que, em 1945, 85% das famílias no Rio e em São Paulo tinham rádio e em 1950, 95%. M.A. Hertzman, op. cit., p. 171-172.

construção, além do necessário e indispensável reconhecimento e apoio do Estado, era preciso que ele fosse difundido conhecido e cultivado entre brasileiros desde os do Norte-Nordeste, como São Luís – onde o bumba meu boi, e não o samba, era a prática mais comum entre as camadas populares e apontada como símbolo de identidade por setores da intelectualidade –, até o sul, onde também se prezava outras manifestações.

Conforme afirma Eakin, o samba foi "o símbolo mais visível construído a partir do surgimento do rádio e da música popular das décadas de 1930 a 1950"[110]. Em suma, o envolvimento precoce do samba com a indústria da música, com o rádio, com o mercado de entretenimento foi fundamental para sua nacionalização – no sentido literal de possibilitar o seu alcance a todo o país – assim como para fazer chegar a toda a nação o discurso que o apresentava como um símbolo de identidade nacional.

Por outro lado, além de não receberem o reconhecimento e apoio precoce do Estado, a capoeira e demais manifestações da cultura negra e popular também não foram atingidas pelo impulso precoce possibilitado ao samba pelo avanço tecnológico e pela assimilação por parte do mercado de entretenimento. Algo que só começou a ocorrer muito timidamente a partir de meados dos anos 1950, na Bahia, com pequenas políticas de promoção e mercantilização da cultura afro-baiana patrocinadas pela prefeitura de Salvador, e no Rio de Janeiro com a abertura do mercado para a cultura negra e popular, como será discutido no último capítulo.

Ainda no que concerne ao primeiro governo Vargas, ao analisar de forma mais atenta as transformações pelas quais passou a capoeira, nota-se que as conquistas obtidas pelos capoeiras, como o registro oficial da pioneira academia do mestre Bimba ou a descriminalização da prática estão longe de terem sido produto de qualquer benesse por parte Estado.

Todas as evidências indicam que tais conquistas foram resultado da busca dos capoeiras e não de qualquer atitude proativa do Estado para com a prática, como aponta Frede Abreu, por exemplo, ao afirmar que, ao contrário de uma benesse do interventor baiano, foi o mestre Bimba que se aproveitou do prestígio

---

110 M.C. Eakin, op. cit., p. 85.

A CONSTRUÇÃO DE SÍMBOLOS NACIONAIS   53

conquistado por ocasião de sua apresentação às autoridades para conseguir a oficialização de sua academia[111].

O senso de oportunidade e sagacidade do mestre baiano pode ser percebido em pequenos detalhes. Ainda segundo Abreu, "a academia de Bimba foi registrada como Centro de Cultura Física Regional, ficando a palavra capoeira subentendida, pois, de acordo com a lei, era sinônimo de desordem, vagabundagem, capadoçagem"[112]. Desse modo, ao contrário do que afirma Letícia Reis, que atribuiu um papel central a Juracy Magalhães como aquele que "abriu caminho para a descriminação da capoeira e sua transformação em esporte", tal protagonismo se deve, dentre outros, ao mestre Bimba.

O mesmo podemos afirmar ao analisarmos outras importantes conquistas obtidas pela capoeira no período, como a participação do mestre Bimba, no ano de 1936, no prestigiado desfile oficial do Dois de Julho, quando se comemora o dia da independência da Bahia, ou mesmo a sua atuação entre os anos de 1939 e 1942 como professor do Centro de Formação de Oficiais da Reserva do Exército, acontecimentos que revelam o início da lenta inserção da capoeira em eventos e instituições oficiais.

Para compreender esses passos decisivos da capoeira rumo à descriminalização, é necessário, dentre outras coisas, observar as diversas relações costuradas pelos capoeiras com segmentos abastados da sociedade, autoridades governamentais, assim como com o próprio Estado, combatendo o preconceito contra a prática e galgando-lhe lentamente reconhecimento social.

Não podemos negar, contudo, que a partir do golpe de 1930 tenha havido uma maior leniência em relação à cultura negra e popular, inclusive na Bahia, particularmente sob a égide de Juracy Magalhães. Todavia, uma política de leniência está bem distante de uma política de apoio deliberado.

É, do mesmo modo, inegável que tenha havido uma mudança na política do Estado em relação à capoeira – desportiva, devemos grifar, pois a de rua continuava sob a mira da polícia. Ainda em sintonia com os resquícios do pensamento evolucionista proliferado desde fins do século XIX, o governo Vargas via nos esportes

---

111 F.J. de Abreu, op. cit., p. 33.
112 Ibidem, p. 30.

um mecanismo de melhoramento racial, daí esse contexto ser favorável ao seu incentivo e desenvolvimento.

Como aponta Maurício Costa em seu estudo comparativo dos esportes nos governos Salazar e Vargas, tais governos viam

a necessidade de se criar uma nova cultura corporal, de forma a possibilitar o surgimento do físico de um "novo homem" estadonovista, idealizado e divulgado pela propaganda oficial. Para tanto, os governos de Vargas e Salazar buscaram intervir sobre as práticas corporais nacionais, a fim de moldar o novo corpo que se procurava gestar[113].

A capoeira desportiva, desse modo, também foi beneficiada, mesmo que indiretamente, por esse contexto, o que se traduziu em minúsculas e pontuais ações por parte do Estado, representadas, por exemplo, pela referida permissão para a abertura da academia de "cultura física" do mestre Bimba, assim como pela contratação de alguns capoeiras, como Sinhozinho, para atuar na polícia especial varguista.

Além da atenção aos esportes, houve nesse período, de fato, um novo olhar em relação à "cultura popular", pois, apesar de ainda manter laços com a decadente perspectiva eugenista, a era Vargas, foi um período de "transição de um conjunto de mitos e símbolos nacionais, baseado em uma visão cultural elevada do casamento de elementos europeus e indígenas com outro, baseado em raízes afro-brasileiras e formas culturais populares modernas"[114].

A presença de intelectuais culturalistas no governo Vargas refletiu de certa forma em uma abertura ou tendência para um possível apoio a essas manifestações negras e populares, o que aconteceu com o samba, porém, não atingiu as demais manifestações, como discutimos, dado o desinteresse do governo pela pauta folclorista andradiana.

Contudo, a virada decisiva em direção a tais manifestações ocorreu poucos anos depois do fim do governo Vargas, quando, em 1947, foi criada a Comissão Nacional do Folclore (CNFL), e se inaugurou uma nova fase nos estudos do folclore no Brasil, como discutiremos com mais detalhes adiante.

---

113 M. da S.D. Costa, *Estado Novo e Esporte*, p. 156.
114 B. McCann, op. cit., p. 2.

A CONSTRUÇÃO DE SÍMBOLOS NACIONAIS 55

Portanto, podemos afirmar categoricamente que a capoeira enquanto "símbolo da identidade brasileira" foi um discurso encampado não pelo Estado varguista e seus sucessores, mas por setores da intelectualidade, da imprensa, pelo movimento folclórico e, fundamentalmente, pelos próprios capoeiras, não tendo tal discurso produzido efeitos no sentido de implementação de políticas estatais concretas por parte do governo federal em auxílio à capoeira no sentido de sua "oficialização", difusão ou "nacionalização".

O mesmo, como visto, podemos afirmar em relação às demais manifestações da cultura negra e popular no período – com exceção do samba –, desamparadas pelo Estado e pela principal instituição responsável pela preservação e promoção do patrimônio nacional, o SPHAN. A despeito de um apoio cada vez maior de setores da imprensa e intelectualidade a partir dos anos 1930, essas práticas tiveram que sobreviver ainda por longas décadas em um ambiente às vezes leniente, às vezes, repressivo.

3. A Cultura Negra e Popular em Meio a "Velhas" e Novas Teorias

O Caso da Capoeira

A conjuntura dos anos 1930 ainda era marcada pela existência de velhos – não tão velhos, na verdade – paradigmas de interpretação do Brasil, alicerçados em teorias raciais importadas da Europa e dominantes até as primeiras décadas do século XX. Tais ideologias, vinculadas e legitimadas pela biologia, advogavam a existência de uma hierarquia das "raças", na qual os brancos estavam no cume da escala social e os negros no extremo oposto. Viam, desse modo, a grande presença negra, assim como a miscigenação existente no país, como um infortúnio e um problema a ser sanado[1].

Sinteticamente, como afirma Lilia Schwarcz, "nos finais do século XIX e inícios do XX, o ambiente nacional encontrava-se carregado de teorias pessimistas com relação à miscigenação – que por vezes previam a falência da nação, por vezes o (necessário) branqueamento"[2]. Essas teorias não ficaram somente no campo abstrato das ideias, saíram dos papéis, ganharam vida e atingiram em cheio a sociedade brasileira. Seu reflexo pode ser percebido

---

1 Para uma discussão hemisférica sobre as teorias raciais entre a segunda metade do século XIX e primeira do XX, a partir de pensadores dos Estados Unidos e América Latina, ver J. Hooker, *Theorizing Race in the Americas*; para uma discussão mais centrada no Brasil, ver L.M. Schwarcz, *O Espetáculo das Raças*.
2 L.M. Schwarcz, *Nem Preto Nem Branco, Muito Pelo Contrário*, p. 28.

nas novas representações criadas acerca das mais diversas práticas negras e populares, entre o final do século XIX e as primeiras décadas do XX, dentre as quais a capoeira.

Para entender como concretamente essas teorias raciais influenciaram na construção da representação de manifestações como a capoeira, é necessário traçar uma contextualização relacionando essa prática com as referidas teorias.

A virada do século XIX para o XX marcou, no cenário mundial, a ascensão de diversas "lutas nacionais", como o jiu-jitsu japonês, o boxe inglês, a savate francesa, dentre outras. Diversos países que atravessavam um processo de construção de uma identidade nacional, como o Brasil, recentemente saído do regime monárquico para o republicano, estavam em busca de símbolos de identidade próprios.

Nesse processo, um pequeno grupo de intelectuais, em meio à voga nacionalista então vigente, colocou a capoeira no centro do debate, apresentando-a como a "ginástica brasileira" ou a "luta genuinamente nacional", apesar de ainda se tratar, à época, de uma prática proibida por lei.

O literato maranhense Coelho Neto, por exemplo, um dentre esses intelectuais, lamentava o descaso com a capoeiragem:

Todos os povos orgulham-se dos seus esportes nacionais procurando, cada qual, dar primazia ao que cultiva. O francês tem a savate, tem o inglês o boxe; o português desafia os valentes com o sarilho do varapau; [...] Nós, que possuímos os segredos de um dos exercícios mais ágeis e elegantes, vexamo-nos de o exibir.[3]

Um episódio narrado pelo Jornal americano *The Evening Herald* é ilustrativo da difusão dessa nova representação da capoeira nesse momento. O periódico publicou, em 14 de dezembro de 1916, uma nota curiosa intitulada "boxeador americano nocauteado em jogo de capoeiragem". No texto, o correspondente do jornal no Brasil, H.B. Robertson, narrava o caso de um lutador americano que teria vindo ao país naquele ano e, com o intuito de "ganhar um dinheiro fácil", anunciara nos jornais um prêmio a quem o vencesse no boxe. Nenhum lutador, contudo, atendeu ao desafio. Persistindo, o desafiante propôs uma luta de *wrestling*.

3   C. Neto, *Bazar*, p. 134.

Mais uma vez não apareceu quem atendesse ao chamado. Então, o misterioso pugilista lançou o desafio para qualquer lutador, de qualquer arte marcial. O desafio foi aceito por um capoeira que, "ágil como um gato", passou uma rasteira e acertou um pontapé em cheio no queixo e pescoço do pugilista. Cerca de um mês depois da luta, o boxeador americano teve alta do hospital.

Nesse relato, além de informar aos leitores americanos sobre a infeliz sorte de seu conterrâneo, o correspondente ainda traçou um brevíssimo histórico da capoeiragem. Dizia que se tratava de uma luta criada pelos "negros escravos no Brasil dos tempos passados" e que seria "a única luta no país que é verdadeiramente nacional"[4].

O correspondente do *The Evening Herald* reproduzia *ipsis literis* essa nova representação da capoeiragem que vinha sendo construída desde o fim do século XIX e, como demonstra a nota, já estava sendo difundida não somente no Brasil como fora do país.

Tal representação da capoeira enquanto luta nacional, contudo, era fortemente influenciada pelos paradigmas eugenistas referidos anteriormente. Desse modo, foi produzida toda uma falsificação da história da capoeira, onde os negros eram apagados de sua história ou colocados como os deturpadores da prática, ao torná-la violenta e sanguinária. Diversos autores como Líbano Soares, Letícia Reis e Liberac Pires discutiram os malabarismos que tais intelectuais tiveram que fazer para adaptar a capoeira aos seus interesses ou aos "interesses da nação".

Mello Morais Filho, um deles, por exemplo, segundo Reis, "inventa uma tradição cavalheiresca da capoeira, realçando a participação das elites brancas da época", e, ao se referir à participação negra em sua releitura da prática, aponta os negros como seus desvirtuadores, aqueles que teriam maculado seu nome[5].

A autora, assim como Liberac Pires, ainda cita outros intelectuais que contribuíram com artigos em revistas, textos em jornais e livros para a construção dessa nova representação da capoeira como uma luta nacional, esportiva e mestiça, como: L.C., autor de nome desconhecido, do artigo "A Capoeira", publicado em 1906 na *Revista Cosmos*; o literato Coelho Neto, já citado; ODC, um oficial do exército, outro autor que preferiu manter-se no anonimato, publicou o livro *Guia do Capoeira ou Ginástica Brasileira*;

---

4 American Boxer Got It in "Capoeiragem" Game, *The Evening Herald*, 14 dez. 1916.
5 Ver L.V. de S. Reis, *O Mundo de Pernas Para o Ar*, p. 62.

e Aníbal Burlamaqui, conhecido pela alcunha de Zuma, autor de um dos mais impactantes textos sobre a capoeiragem no século xx: *Ginástica Nacional (Capoeiragem) Metodizada e Regrada*. Nos deteremos de forma mais demorada sobre essa última personagem por ter tido uma grande influência na prática da capoeira a partir dos anos 1930.

ZUMA, BIMBA, SINHOZINHO: INTELECTUAIS MEDIADORES

Segundo Liberac Pires, nesse contexto surge, a partir do Rio de Janeiro, a defesa de uma perspectiva desportiva da capoeira, tendo promotores intelectuais como Coelho Neto e membros do exército como o tenente Santos Porto, dentre outros. Cria-se, desse modo, a "imagem de um praticante da capoeira, nos anos 1920, [que] rompe com a imagem do capoeira do século anterior. Ela deixa de ser vinculada ao estereótipo do marginal". Ainda segundo esse autor, "Zuma foi o primeiro a aparecer no cenário carioca como um capoeira desportista"[6].

Contudo, a contribuição de Zuma não se resumiria a isso. Ainda de acordo com Liberac Pires, em 1928, ele escreveu e publicou "uma das obras mais importantes do período para a formação histórica da capoeira contemporânea; a partir daí surge um método de ensino e aprendizado da capoeira, influenciando decisivamente formas esportivas de praticá-la". Trata-se do referido *Ginástica Nacional (Capoeiragem) Metodizada e Regrada*[7].

Raul Pederneiras, outro defensor da capoeiragem como luta nacional e um dos mais famosos caricaturistas do Rio de Janeiro até a primeira metade do século xx, quando da publicação da obra de Zuma, teceu, no Jornal do Brasil, um percurso da luta travada em prol da capoeiragem desde o início do século xx, destacando alguns de seus famosos "cultores" à época e resenhou de forma elogiosa a obra do "*intelligente sportman* patrício". Em suas palavras: "a monografia faz um ligeiro apanhado sobre as origens da capoeiragem, desde os ominosos tempos da escravatura [...] apresenta

6 A.L.C.S. Pires, *Movimentos da Cultura Afro-Brasileira*, p. 98-99. Para um breve relato sobre a trajetória de Zuma, ver <https://capoeirahistory.com>.
7 Ver A.L.C.S. Pires, op. cit., p. 97.

com muita segurança vinte cinco golpes adoptados e respectivas defesas, apresentando dois golpes novos de sua lavra"[8].

De acordo com Liberac Pires, Zuma, com seu livro, foi responsável pela criação de um método de ensino, estipulou regras, exercícios e treinos, além de estabelecer normas para competições, renomear golpes e criar outros. Além disso, suas especulações a respeito da origem da capoeira, segundo as quais esta teria surgido no quilombo dos Palmares, como uma arma dos negros em sua luta por liberdade, e que seus golpes e movimentos teriam surgido a partir da imitação dos movimentos dos animais, foram perpetuadas pela história oral e são difundidas em meio aos capoeiras, e não só entre esses, até os dias de hoje[9].

Outro fator, destacado por Pires e que não pode passar despercebido na obra de Zuma, refere-se a que "sua invenção cultural reúne elementos da capoeiragem do passado com movimentos do batuque e de outras lutas em geral"[10]. Zuma escreve do Rio de Janeiro, certamente a partir de sua experiência e conhecimentos da capoeira carioca anterior a ele e de sua época.

Note-se, por sua vez, que essa mistura de lutas no processo de "invenção" de uma nova capoeira por Zuma é também uma característica da capoeira regional criada por Bimba exatamente no mesmo período, na Bahia. Como afirma o próprio mestre baiano: "Em 1928, eu criei completa a [capoeira] regional, que é o batuque misturado com a angola, com mais golpes, uma verdadeira luta, boa para o físico e para a mente."[11]

As duas capoeiras, baiana e carioca, atravessavam um processo de desportivização, acentuado nos anos 1930. Apesar de seus dois protagonistas não terem estabelecido contato direto, André Lacé Lopes afirma que Bimba teria criado a sua capoeira regional

---

8 A Gymnastica Nacional, *Jornal do Brasil*, 22 abr. 1928.

9 Ver A.L.C.S. Pires, op. cit., p. 97-103. De acordo com Carlos E. Líbano Soares, a versão da origem quilombola da capoeira surgiu um pouco antes do livro de Zuma. Para o autor, um artigo publicado em 21 de março de 1925 na revista *Vida Policial*, intitulado "A Capoeira e Seus Principais Cultores: A Ação da Polícia de Vidigal à Sampaio Ferraz", deu origem ao mito amplamente difundido até os dias de hoje de que a capoeira surgira nos quilombos, incluindo Palmares. Ver C.E.L. Soares, *A Capoeira Escrava e Outras Tradições Rebeldes no Rio de Janeiro (1808-1850)*, p. 42. Desse modo, certamente o livro de Zuma foi um maior difusor dessa concepção.

10 A.L.C.S. Pires, op. cit., p. 103.

11 Apud M. Sodré, *Mestre Bimba*, p. 50.

sob influência da obra de Burlamaqui, assim como do livro *Guia do Capoeira ou Ginástica Brasileira*, de ODC. Segundo ele, "Não há mais dúvida, esses dois livros foram as duas principais fontes inspiradoras do surgimento da Capoeira Regional."[12] O intermediário entre os dois teria sido Cisnando Lima, um dos alunos mais velhos e que mais influência teria exercido sobre o mestre Bimba.

Tal possibilidade não pode ser descartada, entretanto Muniz Sodré, renomado aluno do mestre baiano, ao destacar a semelhança entre a capoeira carioca de Sinhozinho e a de Bimba, não nega o contato deste com a obra de Burlamaqui, apesar de não ser taxativo como Lacé Lopes quanto à questão de sua influência. Segundo ele, "contato houve, é certo, entre discípulos de Bimba e o manual de Aníbal Burlamaqui"[13].

Como Bimba afirma ter criado a regional "completa" em 1928, existe a possibilidade de ele ter tido contato e de ter sido influenciado pela obra de Burlamaqui, publicada no mesmo ano. Há, por outro lado, a possibilidade de se tratarem de invenções culturais semelhantes, produzidas em espaços diferentes, porém em contextos também semelhantes, e ambas como resposta a uma necessidade, talvez geral, de adaptar a capoeira ao ambiente dos ringues ou das lutas então em voga, tanto em Salvador quanto no Rio de Janeiro. O que não resta dúvida é que o contato de mestre Bimba com a obra de Burlamaqui foi fundamental para o aperfeiçoamento da sua capoeira regional.

A capoeira de São Luís, por sua vez, nesse momento, estava em outro patamar, sendo ainda uma prática eminentemente de rua e corporificada na figura de valentões, turbulentos e vadios. Pode-se alegar, entretanto, que, em Salvador e no Rio de Janeiro, no mesmo período, também havia uma capoeira de rua semelhante a essa da capital maranhense. Todavia, a diferença é que em São Luís não se configurou, como no Rio e em Salvador, qualquer movimento da capoeiragem local desse período em direção aos ringues ou à desportivização.

Do mesmo modo, diferentemente do que ocorreu nas duas outras capitais, não despontou em São Luís, em meio à capoeiragem, também nesse momento, qualquer personagem que exercesse as vezes de um "intelectual mediador", função desempenhada por

---

12 A.L.L. Lopes, *A Capoeiragem no Rio de Janeiro*, p. 48.
13 Ibidem, p. 64.

CULTURA NEGRA E POPULAR EM MEIO A "VELHAS" E NOVAS TEORIAS   63

Zuma, Sinhozinho e Bimba[14]. Portanto, a capoeira ludovicense do período atravessou incólume às modificações introduzidas então tanto pela obra de Burlamaqui quanto pela "invenção" do mestre Bimba.

Voltando, portanto, às transformações implementadas pelos dois mediadores culturais, devemos destacar que, apesar das seme-lhanças, diferentemente do que fez Bimba, que em seu processo de "invenção" da capoeira regional preservou os elementos lúdi-cos, musicais, instrumentais e festivos da capoeira, Burlamaqui "retira quase toda a ludicidade da capoeira: seus cantos, batuca-das, palmas e improvisos desaparecem"[15].

Essa foi uma das grandes diferenças entre a capoeira baiana e a carioca do período, particularmente a que se desenvolveu na zona sul do Rio de Janeiro nos anos 1930, a partir de Sinhozi-nho[16]. De acordo com Liberac Pires, que traça um breve perfil desse mestre, "Sinhozinho, após Aníbal Burlamaqui, foi um dos principais líderes do movimento de esportivização da capoei-ra"[17]. Podemos acrescentar que, além de um grande desportista, Sinhozinho, assim como Bimba e Burlamaqui, foi um dos gran-des "intelectuais mediadores" da capoeiragem do período.

Sua atuação foi fundamental para a conquista de reconhe-cimento social da capoeira na época, ao liderar um núcleo de capoeiragem que, além de protagonizar combates nos ringues diante de artes marciais estrangeiras, defendendo a "luta nacional", interveio também no debate intelectual a partir das discussões sobre a capoeiragem que afloravam nos periódicos e revistas.

Liberac Pires, contudo, ressente-se da escassez de documenta-ção sobre Sinhozinho, o que certamente limitou sua análise nesse ponto. Talvez, por esse motivo, o eminente historiador da capoeira não tenha estabelecido em sua pesquisa qualquer relação mais

---

14   Utilizo aqui o conceito desenvolvido por Ângela de Castro Gomes e Patrícia Santos Hansen ao se referirem ao papel de intelectuais não enquadrados tradicionalmente no termo, agentes sociais que atuam no sentido de "colocar os bens culturais em contato com grupos sociais mais amplos, formando públicos, 'criando' novos produtos culturais ou novas formas de comunicação e aproximação de produtos culturais conhecidos". A. de C. Gomes; P.S. Hansen, *Intelectuais Mediadores*, p. 17.

15   A.L.C.S. Pires, op. cit., p. 103.

16   Como apontado anteriormente, havia uma capoeira de rua, herdeira direta do que restou das maltas no Rio de Janeiro. Em paralelo a essa capoeiragem, desen-volveu-se uma outra eminentemente esportiva e de elite na zona sul da cidade.

17   A.L.C.S Pires, op. cit., p. 104.

profunda entre Burlamaqui e Sinhozinho, apesar de serem ambos contemporâneos, praticantes de diversas artes marciais, dentre elas, a capoeira, e moradores da mesma cidade, o Rio de Janeiro. Além disso, os dois compartilhavam da mesma perspectiva desportiva da capoeira. Seria difícil não se conhecerem ou saberem um do outro, e impossível, por sua vez, a obra de Burlamaqui não ter chegado às mãos de Sinhozinho.

Podemos afirmar que, muito além de sofrer uma simples influência de Burlamaqui e dos demais intelectuais que vinham construindo uma nova representação da capoeiragem, Sinhozinho implementou, na prática, a proposta teórico-metodológica deles. A representação da capoeira como esporte e luta nacional "superior a todas as demais", sua viabilidade como luta de ringue, o intenso preparo físico com repetição de exercícios, a visão comum de que a capoeira, assim como outras lutas, tinha um passado tortuoso de proibição e perseguição, a busca de sua "reabilitação", voltando sua prática para as "distintas famílias", toda essa representação "inventada" por tais intelectuais é reproduzida por Sinhozinho e seus alunos na teoria e na prática.

SINHOZINHO E O "DIÁRIO DE NOTÍCIAS": CAPOEIRAGEM PARA AS "DISTINTAS FAMÍLIAS"

As informações sobre o aprendizado de Sinhozinho na capoeira são escassas. Segundo um de seus mais famosos alunos e espécie de guardião de sua memória, Rudolf Hermanny, "a capoeira era uma das atividades que Sinhozinho ensinava em seu clube e era praticada de forma diferente das outras que se viam por aqui. *Não se sabe bem como e onde Sinhozinho aprendeu*"[18].

Nestor Capoeira reproduz uma das hipóteses segundo a qual "diz-se que Sinhozinho conheceu a capoeira através dos bambas, boêmios, valentes e malandros do Rio das décadas de 1910/1920"[19]. Trata-se, como se percebe, de uma especulação, reproduzida também por outros pesquisadores.

Uma extensa matéria, publicada na capa do jornal *Diário de Notícias* de 1º de setembro de 1931, ilustrada com uma grande

---

18 Apud A.L.L. Lopes, *A Capoeiragem no Rio de Janeiro*, p. 124. (Grifo meu.)
19 N. Capoeira, *O Novo Manual do Jogador*, p. 208.

imagem de Sinhozinho sendo entrevistado, traz à tona uma série de informações sobre o renomado capoeira, nascido em Santos, São Paulo. Na matéria, Sinhozinho é apresentado como um desportista veterano, "figura verdadeiramente representante dos atletas da velha guarda", que naquele momento atuava como massagista do América Futebol Clube.

Sinhozinho afirma ao periódico que iniciou sua vida esportiva "em 1904, no Clube Esperia de São Paulo". Daí por diante passou por vários clubes, tendo praticado ginástica, luta greco-romana, savate, ginástica em aparelhos, halteres, atletismo, futebol, tendo ganhado campeonatos em diversas dessas modalidades e sendo ainda treinador de diversos atletas de destaque em competições nacionais e mundiais.

Em 1908, mudou-se para o Rio de Janeiro. Todavia, ao se referir à capoeira, foi extremamente vago, afirmando apenas que "há muito tempo que eu ensino a capoeiragem ou luta brasileira". Não temos, desse modo, qualquer referência mais confiável a respeito de como, onde ou com quem Sinhozinho teria aprendido. A despeito desse silêncio em relação ao seu aprendizado, tudo indica que o livro *Ginástica Nacional*, de Burlamaqui, foi uma de suas grandes influências.

No mesmo periódico citado anteriormente, Sinhozinho afirma que, desde 1909, além de praticar diversos esportes, começou a se dedicar aos estudos, "e nunca mais perdi o contato com as obras científicas relativas à ginástica corporal"[20]. Apesar disso, não faz qualquer referência ao livro de Zuma.

Se não podemos afirmar categoricamente que o mestre Bimba criou a regional inspirado na obra de Zuma, levando-se em conta, dentre outros fatores, esse interesse de Sinhozinho pela literatura científica referente à ginástica corporal, talvez não seja exagerado, por sua vez, especular que Sinhozinho aperfeiçoou a sua técnica com o próprio livro de Zuma.

O livro era um manual de ensino de capoeira, apresentando golpes, seus nomes, modos de aplicá-los, além de ser ilustrado com desenhos. Certamente, um facilitador bem prático para quem tinha familiaridade e era um habilidoso praticante das mais diversas lutas como o jiu-jitsu, savate, dentre outras.

---

20 Agenor Sampaio (Sinhozinho), o Grande Animador da Mocidade Brasileira Esportiva, Fala ao Diário de Notícias, *Diário de Notícias*, 1º set. 1931.

Não por coincidência, Sinhozinho criou um Clube Nacional de Ginástica somente nos anos 1930. Uma observação feita por Jair Moura é importante para entender tal fato. Segundo o autor, "a difusão da obra de Burlamaqui [...] impulsionou a fundação de escolas [de capoeira] que visavam metodizá-la"[21]. Tudo leva a crer que esse foi o caso de Sinhozinho.

Deixemos, contudo essas questões de lado para tratarmos de outras não menos importantes. O jornal nacionalista *Diário de Notícias*, fundado em 1930 e ligado inicialmente aos agrupamentos que desferiram o golpe que levou Vargas ao poder, lançou, no mesmo ano em que Sinhozinho concedeu a entrevista, uma "campanha em defesa da capoeiragem", que teria como protagonista o próprio Sinhozinho.

Segundo o periódico, em um arroubo autoproclamatório, o *"Diário de Notícias* foi o jornal que arrancou a capoeira do esquecimento em que se achava [...]. Não satisfeito, esse matutino se tornou o propagandista e divulgador do nosso excelente método de ataque e defesa"[22].

A partir da comparação entre as publicações desse jornal referentes à capoeiragem no período com as dos demais, podemos afirmar que, de fato, houve uma diferença bem grande no que se refere à atenção dispensada à capoeira por parte do *Diário de Notícias*. Em geral, os demais periódicos publicavam uma pequeníssima nota divulgando algumas lutas e, vez ou outra, uma nota maior destacando algum assunto referente à capoeira. Enquanto isso, o *Diário de Notícias*, nos primeiros anos da década de 1930, fez de fato uma campanha sistemática em defesa da capoeiragem.

A partir desse momento, foram publicadas no periódico matérias, notas, entrevistas, anúncios, assim como divulgações diversas de lutas em que a capoeiragem figurava em destaque. Esse conjunto de fontes produzidas pelo *Diário de Notícias* é um importante recurso para se analisar tanto a concepção do jornal, quanto a do próprio Sinhozinho sobre a capoeiragem, que refletem e dialogam, por sua vez, com as concepções ainda vigentes na época.

Essa campanha, por outro lado, não foi algo fortuito, surgido ao acaso, sem qualquer conexão com o momento histórico, ou obra isolada da mente dos editores ou do dono do periódico.

21 Apud F.J. de Abreu, *Bimba É Bamba*, p. 71.
22 Um Esportista de Fibra, *Diário de Notícias*, 24 dez. 1931.

FIG. 6: *Sinhozinho fala ao* Diário de Notícias. *Atente-se para o destaque dado pelo jornal à campanha em defesa da capoeiragem, demonstrado aqui pela extensa entrevista ilustrada e, acima de tudo, na primeira página da seção esportiva.*
Fonte: Diário de Notícias, 1º set. 1931.

Sinhozinho e o *Diário de Notícias* concretamente davam continuidade ao processo de "reabilitação da capoeira", iniciado em fins do século XIX pelos já referidos intelectuais, e buscavam emplacar, em um contexto ainda marcantemente nacionalista, reforçado com a ascensão de Vargas ao poder, a capoeiragem enquanto a "luta nacional".

Além disso, é importante notar que a campanha do *Diário de Notícias* não se direcionava à capoeira de um modo geral, pelo contrário, estava diretamente ligada ao agrupamento de capoeiras brancos de classe média liderado por Sinhozinho (Fig. 6). Em outras palavras, a reabilitação retomada agora pelo periódico carioca e por outros veículos da imprensa nacional, como veremos mais detalhadamente, tinha sob estrito controle os limites de aceitação impostos por setores da elite desde o fim do século XIX a mais esse elemento da cultura negra, a capoeira, em seu processo de transformação em símbolo nacional.

É necessário ressaltar inicialmente, contudo, que esse processo de "reabilitação" da capoeira, até o final dos anos 1920, apesar de levado a cabo por um setor da intelectualidade "nacional", foi mais intenso no Rio de Janeiro, ou melhor, era um discurso que partia do Rio de Janeiro para o resto do Brasil, e partia de intelectuais cariocas ou radicados na então capital federal.

Desse modo, quando tais intelectuais se referiam à capoeira em seus textos, livros etc., estavam tratando, em geral, da capoeira do Rio de Janeiro, a que lhes estava próxima e que conheciam ou conheceram entre o fim do século XIX e início do XX. Daí, por exemplo, a constante referência às maltas, ou a episódios e personagens que se tornaram famosos na capoeira do Rio, como a luta de Cyríaco, recorrentemente citada[23].

Em outras palavras, quando pensavam em uma capoeira "reabilitada", pensavam a partir da experiência do Rio de Janeiro, sem qualquer relação com outra capoeira, como a de Salvador ou de São Luís, por exemplo. Outro ponto que leva a essa compreensão se refere ao fato de que a concepção de capoeira apresentada por esse segmento era eminentemente a capoeira "luta nacional", defesa pessoal, como o boxe inglês ou outra arte marcial, daí a conformação de sua identidade e "autenticidade" nesse período ter se dado primordialmente em detrimento das lutas estrangeiras, em particular o jiu-jitsu.

Desse modo, a capoeira debatida por essa intelectualidade não tinha qualquer relação, por exemplo, com a forma lúdica ou de espetáculo que caracterizava a capoeira baiana. Além disso, a nova representação da capoeira construída pela intelectualidade carioca era eminentemente, como visto, a de uma capoeira branca – apesar de já haver também entre esses intelectuais e jornalistas representações mestiças da capoeira –, enquanto a que despontaria na Bahia a partir dos anos 1930, em consonância com a nova perspectiva culturalista que ascendia, era a de uma capoeira mestiça.

Por outro lado, a conjuntura em que a campanha do *Diário de Notícias* foi lançada é outro aspecto que deve ser levado em conta. Nos anos 1930, como discutido anteriormente, ascende ao poder no país um agrupamento marcadamente nacionalista que, ao longo de seus quinze anos de governo, buscou difundir em

---

23 Tratou-se de um embate que se tornou um dos mais famosos, se não o mais famoso, da história dos confrontos da capoeira com outras artes marciais. Nele, o capoeira negro Francisco da Silva Cyríaco derrotou com um rabo de arraia o mestre do jiu-jitsu japonês Sada Miako. A esse respeito, ver J. Moura, *A Capoeiragem no Rio de Janeiro Através dos Séculos*, p. 127-138.

meio à população um sentimento de orgulho nacional, traduzido de diversas formas, como a instituição de datas comemorativas, heróis pátrios, música nacional, assim como diversos outros símbolos nacionais.

Desse modo, a campanha desenvolvida pelo periódico estava impregnada por esse sentimento e pretendia alçar a capoeiragem como um desses símbolos nacionais, como a luta característica do Brasil, a "luta nacional". Em um momento em que a capoeira voltava aos ringues de forma mais intensa, a campanha do *Diário de Notícias* estava estreitamente relacionada a esse caráter marcial da capoeira e tinha como intenção demonstrar a superioridade da "luta nacional" brasileira diante das demais.

Consoante a isso, antes de anunciar Sinhozinho, que não mais competia, como o protagonista da campanha, o jornal *Diário de Notícias* havia tentado alçar a tal posto dois capoeiras que ainda subiam nos ringues: Jayme Ferreira e Mário Aleixo, segundo o próprio jornal, muito conhecidos no Rio de Janeiro e no cenário nacional à época como desportistas.

Nesse sentido, em 11 de junho de 1931, o periódico, em uma entrevista com o poliatleta e capoeira Jayme Ferreira, conclamava os demais jornais a fazerem propaganda em prol dos "esportes decaídos", que haviam perdido seu prestígio e público, segundo o periódico, diante do crescimento do futebol.

Jayme Ferreira, que preparava então três alunos para se defrontarem em uma luta próxima, é apresentado pelo jornal como um campeão de várias modalidades como luta greco-romana, halteres, dentre outras. Após anunciar o entrevistado, o periódico dá voz a ele.

Como entusiasta da capoeiragem, Ferreira, de forma sintética, traça uma série de considerações sobre a "propensão absoluta" do brasileiro para a capoeiragem, a superioridade dessa luta diante das demais, a tática de não se deixar apanhar em um combate com um lutador de jiu-jitsu, e aponta duas questões que seriam caras aos capoeiras daí por diante no que tange à sua participação em lutas de ringue: o tamanho da arena de combate, "porque os capoeiras precisam de uma arena espaçosa para agirem à vontade", e o uniforme usado pelos capoeiras nas contendas.

Esses dois pontos em particular atravessaram décadas em polêmicas registradas nos jornais, pois, segundo os adeptos da capoeiragem, o tamanho diminuto dos ringues e a imposição do uso do quimono era um fator que contribuía para a sua derrota.

Uma frase enunciada por Ferreira, após se referir ao combate histórico de Cyríaco contra o japonês Sada Miako, indica que a luta a ser travada era uma espécie de retorno da capoeira aos ringues. Ele afirma que é "a primeira vez que vão se realizar combates dessa natureza". Em outro número do jornal, ratificando essa assertiva, o *Diário de Notícias* afirma que a "luta brasileira [...] cerca de 20 anos permaneceu inativa"[24]. E nesse retorno seus adversários eram os "pupilos" da academia Gracie, uma academia fundada pelos irmãos Carlos e Hélio, recentemente radicados no Rio de Janeiro.

Essa luta travada entre os alunos de Ferreira e os de Carlos Gracie talvez tenha sido o retorno da capoeira aos ringues, agora de forma mais profissionalizada, regular, com ampla cobertura da imprensa, regras preestabelecidas, contratos, porém, com o mesmo clima de animosidade que desde o início do século circundava os combates, que tinham como pano de fundo demonstrar a "superioridade" de uma luta sobre a outra.

Após uma ascensão dos esportes de combates na primeira década do século XX, registrado pelo crescimento dos anúncios de lutas nos jornais, houve na década seguinte um significativo arrefecimento[25]. A partir dessa constatação, podemos deduzir que o retorno da capoeira aos ringues nos anos 1930, de forma mais intensa, regular e organizada, como afirmamos acima, talvez seja, na verdade, o retorno dos combates em geral, sendo a capoeiragem parte desse processo.

Além disso, a capoeira voltaria aos ringues confrontando seu antigo rival, o jiu-jitsu, modalidade a quem havia derrotado décadas antes e que, desde então, gerou uma rivalidade, digamos, mortal, entre as duas artes marciais, prolongada por muitas décadas. Havia uma verdadeira "questão suscitada entre a escola

---

24 Capoeiragem x Jiu-Jitsu, *Diário de Notícias*, 2 dez. 1931. Liberac Pires aponta que, nesse período, entre o fim dos anos 1920, quando é publicada a obra de Burlamaqui em diante, "alguns capoeiras decidiram projetar a prática enquanto esporte nacional". A.L.C.S. Pires, op. cit., p. 98. Não por coincidência, data desse período o incremento da participação da capoeira nas lutas de ringue e a campanha do *Diário de Notícias*.

25 Ver R.S. Lise, *Entre Diretos, Ceintures Avant, Chaves de Braço e Rabos de Arraia*, p. 101.

FIG. 7: *Além dos ringues. Os capoeiras divulgam a "ginástica nacional" nas páginas da imprensa. Nas fotos, demonstrando movimentos de capoeiragem, estão Oséas, Manoel e Coronel, alunos de Jayme Ferreira. Fonte:* A Noite Ilustrada, *24 jun. 1931.*

japonesa e a brasileira", que era intensamente debatida nos jornais com opiniões de jornalistas e leitores, e que teria que ser resolvida, segundo todos eles, nos ringues[26].

A entrevista encerrava divulgando que Jayme Ferreira, dentro de quinze dias, no Clube Carioca de Boxe, à rua do Rosário, iniciaria um "curso especial de capoeiragem"[27]. Contudo, após a derrota dos três alunos de Ferreira, ele próprio subiu aos ringues no mês de outubro do mesmo ano em um confronto contra George Gracie, no qual também foi derrotado[28].

Alguns meses depois, o mesmo jornal publicava uma outra notícia informando sobre uma nova luta, agora entre George Gracie e Mário Aleixo, apresentado como professor de capoeiragem com longa atuação. Ainda segundo o jornal, Aleixo teria

26   A Ressureição da Capoeiragem, *Diário de Notícias*, 26 jul. 1931. Para um panorama da rivalidade nos ringues e nas páginas da imprensa entre o jiu-jitsu e a capoeiragem, ver R.A.A. Pereira, O Mestre Artur Emídio e a Defesa da Capoeiragem Enquanto Luta Nacional, *Recorde*, v. 11, n. 2, p. 1-24.
27   Um Espetáculo Esportivo Que Promete Sensações Inéditas, *Diário de Notícias*, 11 jun. 1931.
28   Ver A Ressureição da Capoeiragem, *Diário de Notícias*, 20 nov. 1931.

sido um dos contendores do japonês Sada Miako, quando este, em 1909, estava de passagem pelo Brasil, o que denota a sua longa trajetória na capoeiragem.

Aleixo é apresentado também como "um profundo conhecedor dos segredos da capoeiragem". Em uma referência clara às lutas anteriores, incluindo a de Ferreira, o periódico, renegando todos os elogios feitos aos lutadores que antes enaltecera, afirma que "os irmãos Gracie não enfrentaram, até agora, nenhum capoeira de verdade. Mario Aleixo será, pois, o primeiro"[29].

No entanto, diante de mais uma derrota, desta vez do exaltado capoeira Mário Aleixo, o *Diário de Notícias* não se rendeu perante o que poderia ser visto como a "superioridade" do jiu-jitsu sobre a "luta nacional". Em uma extensa matéria, explicou aos seus leitores logo pelo título que "Mário Aleixo foi derrotado por George Gracie apenas porque não quis jogar a capoeiragem".

Ao descrever o combate minuciosamente, afirma que Aleixo, ao contrário de utilizar-se da capoeiragem para derrotar o adversário, perito em jiu-jitsu, tentou vencê-lo na luta em que este era especialista, desse modo, "para a honra da capoeiragem, *Mario Aleixo foi vencido como um mau lutador de jiu-jitsu*, porque não foi o capoeira que ali vimos"[30].

Para o periódico, como se depreende, aquelas lutas não eram simples combates, mas estava em jogo, acima de tudo, a confirmação da capoeiragem como o mais eficaz de todos os métodos de defesa pessoal, como se comentava à época, desse modo, era inconcebível, mesmo diante de seguidas derrotas, admiti-las. Além da acirrada disputa nacionalista entre as diversas lutas, era difundida pelas páginas do jornal a nova representação da capoeira.

Foi nesse sentido que, quando da ocasião da primeira luta referida – a dos alunos de Jayme Ferreira – um leitor, capoeira, segundo ele próprio, sentiu-se incomodado com a afirmação no mínimo entusiasta do jornal de que os tais alunos eram "a expressão máxima da capoeiragem no Brasil" e "os melhores capoeiras que já existiram em todos os tempos". Para discordar da assertiva, o leitor enviou uma carta publicada no periódico, em que também expressa a representação da capoeira que vinha sendo

---

29 Jiu-Jitsu Contra Capoeira, *Diário de Notícias*, 14 out. 1931.

30 Mário Aleixo Foi Derrotado Por George Gracie Apenas Porque Não Quis Jogar Capoeiragem, *Diário de Notícias*, 5 dez. 1931.

CULTURA NEGRA E POPULAR EM MEIO A "VELHAS" E NOVAS TEORIAS   73

construída à época e advogada por ele, pelos lutadores entrevistados, assim como pelo próprio jornal.

"Juca da Pinta", como assina o leitor, em referência ao "maior capoeira dos tempos de antanho", em meio a sua argumentação estabelece uma distinção entre o que para ele seriam os verdadeiros capoeiras e os desordeiros. Em suas palavras: "os capoeiras – não os desordeiros e assassinos – dos antigos tempos eram perfeitos conhecedores do jogo". E prosseguia distinguindo ainda entre os integrantes das maltas e os "que praticaram a capoeiragem como esporte, procurando descobrir-lhe qualidades de ginástica".

O leitor se afirmava "cultor" da capoeira, assim como "muitos outros cujos nomes deixo de citar, porque como não [se] desconhece, a capoeiragem pertencia ao *bas-fond*, de sorte que iria envergonhá-los, embora eles a praticassem por esporte"[31].

Em consonância com o discurso de "reabilitação da capoeira", "Juca da Pinta" renegava a própria história da prática. Para ele, as maltas, a violência, o assassínio, a luta de vida ou morte eram produto de intrusos, da ação da ralé, da marginália ou, em suas palavras, do *bas-fond*, que havia tornado a prática "vergonhosa". A sua queixa é semelhante ao lamento de Mello Moraes Filho, décadas antes, quando culpava o "povo baixo" pelos excessos a que fora submetida aquela que era a "luta nacional"[32]. O povo baixo ou *bas-fond*, não precisamos dizer, era uma referência à gente negra que compunha o universo das maltas cariocas do fim do século XIX.

Essa representação higienizada da capoeira orientou a campanha do *Diário de Notícias*, assim como o núcleo de capoeiras liderado por Sinhozinho. Sua consolidação, na prática, deu um passo largo quando esse mestre criou o Clube Nacional de Ginástica, "um clube fundado para a difusão da luta nacional".

Na entrevista referida anteriormente, concedida ao periódico por Sinhozinho, ele explica:

há muito tempo que ensino a capoeiragem ou luta brasileira. Fazia-o, gratuitamente, a um regular número de rapazes, numa uma grande área da minha residência. A benéfica campanha desenvolvida pelo *Diário de Notícias* em favor do reerguimento daquela luta animou-me. Os meus alunos aumentaram, de maneira que me vi forçado a obter um local onde fosse

---

31 A Ressureição da Capoeiragem, *Diário de Notícias*, 1º jul. 1931.
32 Ver M. Morais Filho, *Festas e Tradições Populares do Brasil*, p. 331.

possível atender a todos. Daí a minha decisão de criar o Clube Nacional de Ginástica[33].

No referido clube, Sinhozinho ministrava aulas de outras modalidades, além de capoeira, como ginástica, *catch-as-catch-can*, conhecida no início do século xx também como luta livre americana, e jiu-jitsu. De acordo com o próprio mestre, a campanha levada a frente pelo periódico teria feito crescer o interesse específico pela capoeira.

Dentre os diversos alunos que aderiram à capoeiragem nesse momento, o carioca Andre Jansen, goleiro do Botafogo, tornar-se-ia um dos mais notórios e autorizados discípulos de Sinhozinho, destacando-se em diversas competições, como capoeira, e exercendo, podemos afirmar, a função de porta-voz do clube, diante da conhecida timidez de Sinhozinho, segundo o próprio *Diário de Notícias*, em conceder entrevistas.

Jansen, em uma dessas referidas entrevistas ao periódico, deixa claro aos leitores que a capoeiragem praticada por eles nada tinha a ver com aquela de décadas atrás, identificada com as maltas ou com a malandragem dos morros. Segundo ele, ao tratar das transformações por que passava a "luta brasileira",

houve um tempo em que *a capoeiragem só era praticada nas favelas, nos lugares escusos, por gente sem nível social*. Quando se falava em capoeira tinha-se a ideia de um *malandro*, de um *fascínora* pronto a pôr ao sol as tripas de qualquer desafeto. *O Clube Nacional de Ginástica, de Agenor Sampaio, é frequentado por uma rapaziada de "elite", rapazes de famílias distintíssimas, tendo um corpo social escolhido.* Dele fazem parte advogados, médicos, capitalistas, empregados no alto comércio etc. Como vê, o Clube de Sinhozinho possui *elementos idôneos* capazes de promover o seu rápido progresso[34].

Ressoavam claramente na imaginada representação postulada pelo ainda bem jovem André Jansen as palavras há pouco publicadas pelo literato Coelho Neto, que, em 1928, em uma crônica em defesa da capoeiragem atribuía-lhe um passado mítico no qual os chefes das maltas não usavam navalhas e a capoeira era liderada por ilustres personalidades "de famílias distintíssimas" ou, nas palavras do próprio romancista maranhense, "vultos eminentes na

---

33 Agenor Sampaio..., *Diário de Notícias*, 1º set. 1931.
34 Luta Brasileira, *Diário de Notícias*, 11 nov. 1931. (Grifos meus.)

CULTURA NEGRA E POPULAR EM MEIO A "VELHAS" E NOVAS TEORIAS   75

política, no professorado, no exército, na marinha, como Duque Estrada Teixeira"[35].

A clivagem apresentada por André Jansen entre uma capoeira antiga – não taxada abertamente de negra, mas visivelmente identificada como tal nas entrelinhas –, praticada por "malandros" e "fascínoras", moradores das áreas pobres das cidades, como os morros e favelas, contrasta-se com a nova capoeira ensinada por Sinhozinho em seu clube, frequentado por "elementos idôneos", da "elite" e de "famílias distintíssimas". Há uma clara diferenciação de classe, raça e território na representação proposta.

Para que não restem dúvidas, o próprio Sinhozinho, em entrevista concedida ao jornal *A Noite*, afirmava:

os alunos do clube [nacional de capoeiragem], é bom esclarecer, são rapazes de famílias de nome acatado em nossos meios sociais, e portanto de posição social definida. São amadores que praticam a capoeiragem como um meio de defesa e que, com a mesma habilidade com que defendem um "rabo de arraia", intervêm nos salões de elite, nas palestras onde o francês ou qualquer outro idioma é falado com desembaraço e propriedade[36].

A capoeira de Sinhozinho, pelo que ainda se depreende da exposição de Jansen e dele próprio, além de excluir o "malandro", teria dificuldades concretas de inserir em seu meio os trabalhadores pobres, pois o modelo de capoeiragem do Clube de Ginástica parecia ser semiprofissional ou mesmo profissional, quase espartano, com a prática rigorosa e disciplinada de exercícios físicos, além da junção de várias modalidades aliadas à capoeira, como halteres ou mesmo outras lutas.

Para tanto, seria necessária dedicação, uma boa alimentação, repouso e tempo disponível e, nesse momento, os trabalhadores ainda lutavam pela implementação da jornada de oito horas diárias e descanso semanal, o que só começaria a ser conquistado a partir do Estado Novo. Desse modo, tal prática talvez só fosse acessível, de fato, a um grupo de "elite", composto por capitalistas e empregados do "alto comércio", além de filhos de médicos e advogados.

Com tal assertiva não pretendemos negar a participação na capoeira de pessoas da "elite", como apontado por Coelho Neto

35 C. Neto, op. cit., p. 136.
36 O Jiu-Jitsu É Bom, Mas a Capoeiragem É Melhor, Disse-nos Sinhozinho, *A Noite*, 14 nov. 1931.

ou Jansen, e já ratificado por diversos estudiosos, mas destacar que, para esses segmentos da elite que advogavam a incorporação dessa manifestação da cultura negra ao rol de um dos símbolos de identidade nacional, tal processo teria necessariamente que passar pela negação ou apagamento do papel de relevo dos que Jansen nomina de "gente sem nível social", ou seja, a maioria absoluta de seus praticantes, negros e pobres. Tais setores, como não podiam ser simplesmente apagados por completo dos anais da capoeiragem, personificavam, nessa reescrita da história, os seus detratores.

Em resumo, podemos afirmar que a "campanha em defesa da capoeiragem", encabeçada pelo *Diário de Notícias* e Sinhozinho, estava não apenas em consonância, mas encarnava na prática a nova representação da capoeira que vinha sendo construída desde o fim do século XIX e que, em 1928, ganhou um grande reforço com a publicação da obra de Zuma, assim como pelo endosso do texto "nosso jogo", no livro *Bazar*, do renomado literato Coelho Neto.

A campanha, de viés nacionalista e eugenista, reforçava a representação da capoeiragem como um esporte "superior" a todos os demais, criticava o seu desprestígio por parte de setores da imprensa e de autoridades diante dos esportes estrangeiros. Apresentava a capoeira como uma luta que, semelhante às demais, teria um passado lamentável, mas que agora estava reabilitada e era praticada pelas "distintas famílias", pela "elite" etc.

No decorrer da campanha, Sinhozinho foi ainda alçado a colunista do *Diário de Notícias* para tratar de esportes e, em especial, de capoeira, todavia o seu primeiro texto sobre luta livre foi duramente criticado por dois desportistas leitores, o que provocou uma tréplica dele e, após uma nova resposta dos leitores insatisfeitos, a coluna não mais apareceu no jornal. Tudo indica que a polêmica motivou o seu fim.

Além disso, o jornal ainda registrou, nesse período, que membros de sua equipe, juntamente com Sinhozinho e André Jansen, discutiam um projeto de regulamentação da capoeiragem, algo pioneiro na história da prática, mas, diante de diversas barreiras, a empreitada não foi em frente[37].

---

37 Ver, respectivamente, Em Torno da Luta Livre, *Diário de Notícias*, 5 abr. 1932; A Vitória de George Gracie Sobre Tico Soledade, *Diário de Notícias*, 11 jul. 1933; André Jansen e a Regulamentação da Capoeiragem, *Diário de Notícias*, 10 nov. 1932.

Ao longo de 1932, os textos da campanha começaram a rarear, até desaparecerem por completo. Em 1933, uma nota lamuriosa publicada pelo *Diário de Notícias* relembrava a campanha e sintetizava todo o seu caráter eugenista e higienizador. O autor, que assinou como "Puncher", criticava a falta de critério das seções esportivas dos diversos outros jornais por prestarem um desserviço à capoeiragem ao publicarem as "notas mais absurdas".

A revolta do missivista se devia à divulgação de uma luta entre: "pasmem, leitores! – 'Velludinho, *bamba de Copacabana* x Miguelzinho, *malandro da Lapa*'!" Dando vazão ao seu descontentamento, ele prossegue: "É o cúmulo que a imprensa permita a divulgação de notas em que se anunciem prélios de malandros." E a estes, Puncher opõe, claro, os "alunos de Agenor Sampaio (Sinhozinho), como André Jansen e Caio, rapazes de distintas famílias".

Porém, o irado missivista foi além e defendeu a repressão àquela capoeira herdeira dos malandros, provinda dos morros e favelas. Em suas palavras: "A polícia não deve permitir encontros de capoeiragem entre pessoas sem qualificação social." E lembrou o passado da capoeira renegado por ele e pela campanha há pouco difundida pelo periódico ao afirmar que, caso tal prática não fosse reprimida, "teremos a *nossa grande luta* ainda mais desmoralizada como nos tempos dos famigerados Guayamús etc."[38]

Como se percebe, a campanha contra a capoeiragem de rua caminhava em paralelo à promovida em prol da capoeira desportiva. Note-se, por outro lado, que essa denúncia contra a participação de "malandros" nas competições é um registro importante da presença, ainda que tímida, da própria capoeira de rua em meio às lutas de ringue do período, assim como da participação deste segmento ainda resistente, mas em clara decadência, nessa campanha em torno da capoeira enquanto luta nacional.

Uma outra nota, publicada pelo próprio *Diário de Notícias*, em 2 de abril de 1932, registrava a participação de Velludinho em outra competição, pouco mais de um ano antes. Nessa ele enfrentara outro capoeira de rua, como se depreende do anúncio: "'Velludinho' e 'Corisco', dois capoeiras que conhecem de perto as quedas das batucadas". O anúncio do embate informava ainda que "ambos são conhecidos do nosso público"[39].

---

38 Puncher, As Camuflagens do Ringue, *Diário de Notícias*, 10 ago. 1933. (Grifo meu.)
39 *Diário de Notícias*, 2 abr. 1932.

Esses indícios, que apontam também para a interação entre essas diversas capoeiras no Rio de Janeiro, são ainda reforçados por outra notícia publicada pelo jornal *Diário Carioca* anunciando "uma série de lutas de 'jiu-jitsu' contra capoeira". Na ocasião, os lutadores seriam George Gracie e Januário, cujos "merecimentos" em matéria de capoeira justificam o título que há tempos lhe deram: "terror da Vila Isabel" [detentor da] "malícia infernal do 'malandro'"[40].

À parte a incursão da capoeira de rua em meio às lutas de ringue, temos, portanto, uma boa síntese da campanha em defesa da capoeiragem levada a cabo pelo *Diário de Notícias*. Nela, o periódico reproduz toda a nova representação da capoeira que a intelectualidade carioca vinha construindo desde o fim do século XIX, ou seja, a de uma prática esportiva/luta nacional, porém "higienizada", no sentido de ser voltada para as "elites" ou para as "distintas famílias", sem qualquer relação com os bambas, os malandros ou as "classes baixas", que seriam compostas por pessoas "sem qualificação social".

Além disso, no processo de apropriação da capoeira, o jornal desfigura a história, ao criar um panteão habitado por ilustres personagens das letras, das armas e da política nacional e apontar as maltas, como a dos "famigerados guayamús", como intrusos desvirtuadores da prática ou responsáveis por sua vergonha.

Podemos afirmar, no entanto, que a campanha do *Diário de Notícias*, apesar de seu caráter elitista, eugenista e higienizador[41], teve grande valia para a conquista de reconhecimento social por parte da capoeiragem, assim como para tornar a prática e sua representação como luta nacional conhecida por um público muito mais vasto.

Se antes a capoeiragem no Rio figurava apenas nas páginas policiais, como continuava a figurar a capoeira de rua, a partir da década de 1930, com o apoio da campanha do *Diário de Notícias*,

---

40 Jiu-Jitsu Contra Capoeira, *Diário Carioca*, 4 nov. 1931.

41 Para que não restem dúvidas quanto ao caráter eugenista da campanha do *Diário de Notícias* e do Clube Nacional de Ginástica de Sinhozinho, o próprio periódico reproduziu uma carta de despedida de Augusto Machado, diretor que se afastava do referido clube. Nela, Machado, ao elogiar o *Diário de Notícias*, afirma que este "merece os aplausos de quantos se interessam pelo desenvolvimento e progresso da eugenia no Brasil". A. Machado, O Clube Nacional de Ginástica Perde um Ótimo Elemento, *Diário de Notícias*, 8 maio 1932.

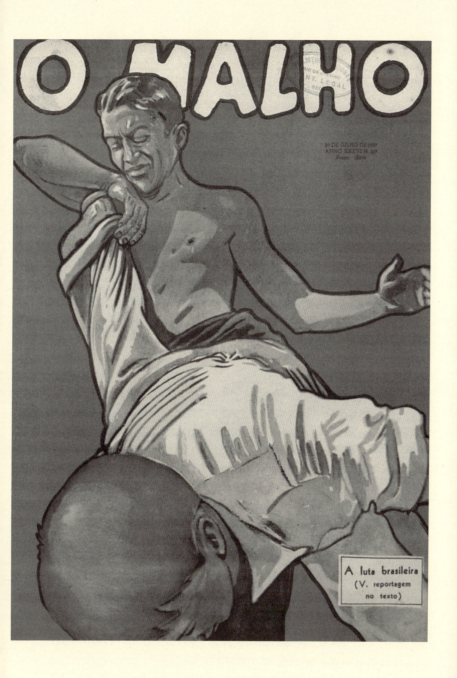

FIG. 8: *"A luta brasileira". Capa de O Malho. A revista, em duas páginas com diversas imagens ilustrando movimentos de capoeira, fazia coro à campanha eugenista do Diário de Notícias. Em um pequeno trecho afirmava sobre a capoeira: "até bem pouco tempo preocupação exclusiva de malandros [...], hoje começa a ser considerada como a luta nacional brasileira".*
Fonte: O Malho, 29 jul. 1937.

FIG. 9: *Em defesa da capoeiragem. Alunos de Sinhozinho encabeçam a campanha pela "ressureição da capoeiragem", nos anos 1930. A campanha figura na primeira página da seção esportiva do* Diário de Notícias. **Fonte:** Diário de Notícias, 23 set. 1931.

sua presença de forma valorosa e com destaque nas colunas desportivas cresceu bastante.

A despeito de a atuação em defesa da capoeiragem na Bahia e no Rio serem concomitantes, é notória a ausência quase completa de referências na campanha do *Diário de Notícias* à capoeira baiana. Tal fato não se deve, certamente, ao desconhecimento de sua existência, pois pelo menos alguns dos capoeiras que subiram nos ringues nas lutas divulgadas pelo periódico eram baianos, como o marinheiro Coronel, aluno de Jayme Ferreira, e este próprio, como apontaram os jornais na época das lutas.

Tamanha desimportância se devia, talvez, a que a capoeira baiana, até a metade da década de 1930, pelo menos, ainda não havia ganhado destaque nacional, daí a ausência de referências à "invenção baiana", a capoeira angola e a regional. Segundo Frede Abreu "o artigo Capoeira Angola, de Edison Carneiro, publicado no jornal o

CULTURA NEGRA E POPULAR EM MEIO A "VELHAS" E NOVAS TEORIAS 81

Estado da Bahia em 9 de junho de 1936, possivelmente, foi a primeira matéria jornalística de página inteira sobre a capoeira da Bahia"[42].

Do mesmo modo, os dois mais conhecidos representantes daquela capoeira, os mestres Pastinha e Bimba não são mencionados uma só vez. Pastinha, pelo fato de que se encontrava afastado da capoeiragem; Bimba, por sua vez, por mais que já houvesse criado a sua capoeira "regional", ainda trabalhava lentamente em Salvador para a sua consolidação e expansão.

Outra possibilidade, talvez mais provável, é a de que a capoeira baiana era, nos anos 1930 – e por muitos anos em diante ainda seria –, uma prática eminentemente negra e de pessoas que não pertenciam "às distintas famílias", tão caras ao periódico, pois seus praticantes eram, em geral, trabalhadores braçais, carroceiros, estivadores, carregadores, pescadores etc.

Ademais, havia uma grande diferença entre a "reabilitação da capoeira" proposta pelos intelectuais cariocas que, dentre outras coisas, viam a sua origem negra como um problema a ser negado ou camuflado, e os intelectuais baianos, que acentuavam como positiva a contribuição negra, apesar de também apresentarem a capoeira como uma manifestação mestiça, ou tipicamente "brasileira".

INSERINDO A HERANÇA RACIAL OU CULTURAL AFRO-BRASILEIRA NO CENTRO DAS IMAGENS DA NAÇÃO

Para compreender tal diferença, é preciso observar que nos anos 1930 ascendia um movimento que negava o pessimismo das teorias raciais que detratavam a miscigenação[43] e que serviram de base, por exemplo, para a capoeiragem desenvolvida no Clube Nacional de Sinhozinho, como discutido anteriormente.

Esse fenômeno não foi, por sua vez, uma peculiaridade do Brasil. Como observa o sociólogo americano Edward Telles,

na década de 1930, os principais pensadores de muitos países latino-americanos – claramente não todos – viraram de cabeça para baixo o pensamento racialista anterior de embranquecimento, com suas ideias inovadoras

---

42 F.J. de Abreu, op. cit., p. 28.
43 Ver L.M. Schwarcz, *Nem Preto Nem Branco...*, p. 46-47.

de mestiçagem e construção nacional. O racismo científico, base das estratégias de branqueamento na América Latina, começou a ser criticado no início do século xx nos Estados Unidos, Europa e América Latina[44].

Concomitantemente a isso, nesse mesmo período, "a indagação sobre a natureza e o significado da brasilidade foi o tema primordial [...] em todos os níveis do debate intelectual". Nesse sentido,

determinar o conteúdo cultural da brasilidade e descobrir as melhores formas de cultivá-lo, expressá-lo e preservá-lo tornou-se uma preocupação primordial. Artistas, autores, burocratas, compositores populares e, em um grau surpreendente, brasileiros comuns, compartilharam uma investigação sobre as raízes culturais e a identidade do Brasil – uma investigação que por si só se tornou um processo de reinvenção e reconstrução[45].

Nesse processo, "uma reconsideração da importância da influência cultural africana foi o elemento primordial na investigação coletiva do Brasil sobre o caráter nacional"[46].

Partindo dessa perspectiva, a superação das teorias raciais que dominaram o pensamento social brasileiro até as primeiras décadas do século xx também deve ser levado em conta ao se tentar explicar o porquê de a capoeira carioca de Sinhozinho não ter se desenvolvido, apesar do apoio de um setor da intelectualidade e da imprensa.

Novos ares sopravam em meio ao pensamento social brasileiro. Um dos pontos de inflexão na transformação no campo teórico – mas não apenas, claro – que apontava a contribuição positiva do negro na formação do Brasil é, dentre outros, sem dúvida, a obra de Gilberto Freyre, *Casa-Grande e Senzala*. O livro se tornou um marco na história do pensamento social brasileiro ao influenciar toda uma nova geração de intelectuais e refletir também diretamente em meio às novas representações que emergiriam sobre a capoeiragem.

Segundo Marshall Eakin,

entre 1930 e 1980 – com o apoio do governo e por meio de muitas mudanças de base na cultura popular – a visão freyriana do Brasil tornou-se

---

44 E.E. Telles, *Pigmentocracies*, p. 18.
45 B. McCann, *Hello, Hello Brazil*, p. 1-2.
46 Ibidem, p. 2-3.

CULTURA NEGRA E POPULAR EM MEIO A "VELHAS" E NOVAS TEORIAS   83

gradualmente a narrativa mais potente do nacionalismo brasileiro [...]. A influência de Gilberto Freyre no pensamento social brasileiro e a formação do senso de brasilidade são indiscutíveis e universalmente reconhecidas[47].

A despeito das inúmeras críticas ao livro de Freyre, como afirma Lilia Schwarcz, "a obra oferecia um novo modelo de análise para a sociedade multirracial brasileira, invertendo o antigo pessimismo e introduzindo os estudos culturalistas como alternativas de análise"[48].

Todavia, a obra-mor do intelectual pernambucano não deve ser vista como algo *ex nihilo*, mas, dentre outras coisas, deve ser analisada como parte de um amplo processo de busca por inclusão na sociedade brasileira por parte de amplas camadas socialmente marginalizadas e racialmente discriminadas, como observa magistralmente Paulina Alberto:

Casa-Grande e Senzala foi um grande sucesso quando foi publicado em 1933, em grande parte porque capturou, em um estilo ao mesmo tempo erudito e popular, ideias sobre a cultura nacional que circulavam entre diferentes setores da população brasileira há pelo menos uma década. *Casa-Grande* e os escritos subsequentes de Freyre ajudaram a cristalizar a transição, iniciada por intelectuais brasileiros negros e brancos na década de 1920, de um paradigma de "branqueamento" para um que celebrava o hibridismo cultural, a mistura racial e a harmonia racial como traços exclusivamente brasileiros.[49]

Ao voltarmos o olhar para a Bahia, um desses diversos intelectuais que precederam Freyre e foi fundamental para essa mudança de paradigmas capitalizada por ele a partir de 1930 foi Manuel Querino (1851-1923), um dos pioneiros nos estudos e defesa da

---

47 M.C. Eakin, *Becoming Brazilians*, p. 58-59. Nas últimas décadas, contudo, a mestiçagem e o mito da democracia racial têm sido largamente contestados e talvez o pensamento freyriano não tenha mais a força referida pelo autor. Como afirma Lívio Sansone, "a atitude dos cientistas sociais para com as relações raciais na América Latina modificou-se nas últimas décadas [...]. As relações raciais e a posição dos afro-latinos são vistas por um número considerável de estudiosos, em sua maioria não latino-americanos, como piores do que em sociedades mais polarizadas racialmente, em particular os Estados Unidos. O Brasil, com sua enorme população negra, que antigamente era retratado como um paraíso racial, é agora visto como um inferno racial". L. Sansone, *Negritude Sem Etnicidade*, p. 21.

48 L.M. Schwarcz, *Nem Preto Nem Branco...*, p. 48-49.

49 P.L. Alberto, *Terms of Inclusion*, p. 114.

cultura negra e da contribuição da população negra para a formação do Brasil.

Segundo Sabrina Gledhill, em trabalho comparativo sobre esse intelectual negro baiano e Booker T. Washington, famoso intelectual negro americano, "Manuel Querino inseriu-se na ilustre tradição do *black vindicationism* – autores negros e brancos que defenderam o negro na época em que o racialismo predominava nos mundos da ciência, academia e política"[50].

Nesse sentido, podemos afirmar que Querino está entre os primeiros a reivindicar o "pertencimento" da população negra à nação, nos termos que Paulina Alberto analisa ao discutir a atuação que "intelectuais e ativistas brasileiros invocaram a maior parte do século xx em seus escritos e ações". Ou seja, no uso de "ideias dominantes de inclusão racial para inserir uma herança racial ou cultural africana no centro das imagens da nação brasileira e para afirmar sua própria pertença como afrodescendentes brasileiros dentro dela"[51].

As diversas manifestações da cultura negra, dentre as quais a capoeira, por exemplo, estavam entre os elementos apontados por Querino como contribuição para a cultura nacional. Gledhill destaca ainda, assim como diversos outros autores, a referência pioneira feita por esse autor a respeito da capoeira como elemento folclórico e como luta utilizada nos combates da Guerra do Paraguai, citando ainda o caso concreto do Batalhão baiano dos Zuavos e especificamente dois militares que se destacaram como capoeiras naquela guerra[52].

Em 1922, quando *A Bahia de Outrora* foi publicado, obra em que Querino trata, em um capítulo, da capoeira, essa prática estava longe, mesmo na Bahia, de qualquer condescendência por parte do Estado, pelo contrário, era ainda duramente reprimida. Apesar disso, em um dos trechos do livro, Querino aponta literalmente os capoeiras que lutaram na Guerra do Paraguai como "defensores da Pátria"[53].

Analisando a perspectiva de Manuel Querino em comparação com a da intelectualidade carioca que escrevia sobre a capoeira no

50 S. Gledhill, *Travessias no Atlântico Negro*, p. 914-924.
51 P.L. Alberto, op. cit., p. 17.
52 S. Gledhill, op. cit., p. 886, 894, 902, 909, 912-924.
53 M. Querino, *A Bahia de Outrora*, p. 78.

CULTURA NEGRA E POPULAR EM MEIO A "VELHAS" E NOVAS TEORIAS   85

mesmo período, percebemos em primeiro lugar que o intelectual baiano apresenta a capoeira como uma prática negra-africana, do "angola", segundo ele, "o introdutor da capoeiragem na Bahia". Todavia, Querino não nega a presença de membros da elite em meio aos capoeiras.

Porém, diferentemente de Melo Moraes Filho, para tomarmos um exemplo, Querino, a despeito de registrar que "por muito tempo os exercícios de capoeiragem interessaram não só aos indivíduos da camada popular, mas também às pessoas de representação social" não caracterizou de forma preconceituosa e racista os praticantes das camadas populares, negros e pobres, como fizera não só no fim do século XIX, mas até meados da década de 1950, pelo menos, parte da intelectualidade que escrevia a partir do Rio de Janeiro, como vimos[54].

Note-se ainda que o intelectual baiano destacou o caráter "perigoso" da capoeira e a sua criminalização no Rio de Janeiro, em 1821 – curioso que ele não se referiu à legislação mais recente, de 1890 –, contudo, ao invés de detratá-la ou aos seus praticantes das camadas negras e pobres, preferiu fazer referência "a sua utilidade em determinadas ocasiões", como na guerra do Paraguai[55].

Destacamos o precedente aberto por Manuel Querino para realçar que, diferentemente do ocorrido no Rio de Janeiro, a intelectualidade baiana que se debruçou sobre a capoeira e as demais manifestações da cultura negra a partir da década de 1930 se fundamentou em outros pressupostos teóricos. Como destaca a antropóloga Simone Pondé Vassalo,

novos pesquisadores emergem no panorama intelectual brasileiro, tomando a cultura popular como um de seus principais pontos de interesse [...] o país torna-se alvo de uma intensa política de unificação nacional que se produz através da ressemantização dos símbolos nacionais. Estes passam a se referir à cultura popular e à mestiçagem, que se consolida como a especificidade brasileira na arena internacional[56].

Nesse período ocorreram os Congressos Afro-Brasileiros. O II Congresso, em particular, realizado em Salvador, em 1937, sob a coordenação de Edison Carneiro, dentre outras contribuições,

54 Ibidem, p. 180-192.
55 Ibidem, p. 199.
56 S.P. Vassalo, *Capoeiras e Intelectuais*, p. 108.

abriu as portas para a participação da própria comunidade negra nos debates acadêmicos. Como destaca Anadelia Romo, o evento

exibiu os líderes do Candomblé como intelectuais e autoridades no âmbito da tradição religiosa. E esses intelectuais, assim como os estudiosos que os estudaram, ajudaram a definir um novo papel para a Bahia, o de polo mais importante da cultura afro-brasileira do país. Enfatizando os vínculos com práticas africanas "autênticas", tanto os intelectuais quanto a comunidade do Candomblé concordaram que a Bahia precisava de proteção especial para preservar suas valiosas, embora ameaçadas, tradições[57].

Portanto, influenciados por essa perspectiva crescentemente culturalista, em diversos pontos do Brasil surgiram intelectuais que, em busca de símbolos de identidade nacional ou local, acabaram por "inventá-los", apresentando diversas manifestações locais de origem negra e popular, como o já apontado samba no Rio de Janeiro, o candomblé e a capoeira baiana, em Salvador, e o bumba meu boi em São Luís, como tais símbolos de identidade.

A intervenção desses intelectuais nos mais diversos campos, como o literário, o jornalístico, o da pesquisa folclórica-etnográfica etc., buscando valorizar e dar reconhecimento social a manifestações antes renegadas, foi fundamental para, da segunda metade dos anos 1930 em diante, impulsionar o movimento ascendente que vinha traçando a capoeira baiana, o candomblé, assim como diversas outras manifestações negras e populares. A culminância dessa visão acerca das manifestações da cultura negra e popular ocorreu entre o fim dos anos 1940 e a década de 1960, com o Movimento Folclórico Brasileiro, de um lado, e a tomada dos palcos por artistas negros e negras, de outro, como discutiremos.

Contudo, tais intelectuais, como Edison Carneiro, Jorge Amado, dentre outros, ao intervirem nesse processo de valorização da capoeira, especificamente, foram responsáveis pela construção de uma, digamos, novíssima tradição, diferente daquela criada pelos intelectuais cariocas do início do século.

Para essa nova intelectualidade que emergia nos anos 1930, o pretendido símbolo de identidade nacional não seria a capoeira, genericamente, ou em sua forma de luta, combate, esporte, arma de autodefesa, como pensava/desejava a intelectualidade carioca;

---

57 A.A. Romo, *Brazil's Living Museum*, p. 52-53.

CULTURA NEGRA E POPULAR EM MEIO A "VELHAS" E NOVAS TEORIAS   87

mas a capoeira baiana, em particular, com toda sua peculiaridade, que extrapolava o caráter de mera luta e envolvia a roda, as músicas, os instrumentos, a ludicidade, a brincadeira, o espetáculo, os rituais, as tradições, os mitos, os heróis e, acima de tudo, tratava-se, para tais intelectuais, de uma prática eminentemente mestiça.

Vassalo, mais uma vez, nos ajuda a compreender as origens dessa releitura que privilegiava a capoeira baiana em detrimento da carioca. Segundo a estudiosa,

o paradigma culturalista emergente possui uma especificidade: classifica as expressões culturais em termos de pureza ou degradação. As manifestações culturais consideradas autênticas exprimiriam a "essência" da brasilidade, ao passo que as outras seriam fruto dos processos de sincretismo, urbanização e industrialização. *A modernização, que atinge mais intensamente o país a partir desse momento, conduz vários intelectuais à procura das "sobrevivências" culturais que estariam ameaçadas pelo progresso. Mas esses antropólogos e folcloristas consideram que as expressões populares mais autênticas estariam situadas no Nordeste, que, segundo eles, teria sido menos atingido pelo processo de modernização [...]. Esses fenômenos têm uma repercussão direta nos estudos sobre a capoeira. A partir desse momento, todas as etnografias sobre essa atividade se deslocam para o Nordeste e, mais especificamente, para a Bahia, que se torna o* locus *da capoeira considerada mais pura. A luta praticada no Rio de Janeiro, tão ativa ao longo do século XIX, se apaga progressivamente da memória nacional*[58].

Essa perspectiva culturalista – que não surgiu nos anos 1930, nem no Brasil, mas remonta à concepção advogada pelos folcloristas desde a Inglaterra do século XIX – ganha força a partir dessa década e incide não apenas sobre a capoeira, mas sobre as mais diversas manifestações da cultura negra e popular. Consoante a isso, a capoeira baiana seria a "mais pura", a "autêntica" capoeira.

Todavia, a capoeira baiana não era – e não é – uma prática homogênea, assim como a carioca, obviamente. Nesse mesmo período, a cisão por que passava aquela capoeira deixava mais claras as diferenças e peculiaridades das diversas práticas existentes na Bahia. Desse modo, para essa referida intelectualidade, diante da cisão que dividira a capoeira em duas vertentes antagônicas, a angola e a regional, a primeira representaria a capoeira autêntica, original, que teria preservado intacta uma tradição

---

58 Ibidem, p. 109. (Grifo meu.)

que remontava ao período da escravidão, não tendo sido "corrompida pela modernidade" ou pelo contato com outras lutas.

Portanto, podemos afirmar que a proposição da capoeira "angola" como a "autêntica" capoeira foi uma novíssima "tradição inventada" dentro da "tradição inventada" da capoeira como símbolo de identidade nacional ou, em outras palavras, uma releitura da capoeira enquanto símbolo de identidade nacional, tradição que vinha sendo construída desde o fim do século xix, como já discutido.

Por sua vez, o desamparo e o descrédito desses intelectuais em relação à personagem que vinha sendo a "ponta de lança" do revigoramento da capoeira baiana no período, o mestre Bimba e a sua criação, a capoeira regional, devia-se ao fato de ele ter introduzido na capoeira uma série de mudanças apontadas por seus críticos como estranhas, modernizadoras, corrompendo, desse modo, a prática, o que teria provocado a perda de sua suposta pureza[59].

A capoeira baiana nesse período já foi bem mais estudada que a carioca ou a ludovicense. Diversos estudiosos apontam que, a partir da segunda metade da década de 1930, os intelectuais baianos, liderados por Edison Carneiro e Jorge Amado, dentre outros, projetaram aquela capoeira, proporcionando sua participação em grandes eventos de caráter local e nacional, na Bahia e em outros estados; propuseram a formação de organizações dos capoeiras; acentuaram, na imprensa, sua importância e a necessidade de preservá-la; e, fundamentalmente, propiciaram a sua divulgação para muito além das fronteiras da Bahia através de artigos, exposições de artes plásticas, matérias de jornais, contatos com cientistas sociais do Brasil e de fora que vinham até a Bahia pesquisar, e livros, como os de Jorge Amado, que circularam o mundo, traduzidos em diversos idiomas, dando notícia de uma prática até então quase inteiramente desconhecida fora da fronteiras da Bahia[60].

Desse modo, antes mesmo que a capoeira baiana se difundisse enquanto prática, a sua representação como uma manifestação

---

59 Sobre a trajetória do mestre Bimba e seus percalços no processo de consolidação da capoeira regional, ver M. Sodré, op. cit.; A. Decanio Filho, *A Herança de Mestre Bimba*.

60 Ver, por exemplo, A.L.C.S. Pires, op. cit.; M.R. Assunção, *Capoeira*; J.M.H. Acuña, *A Ginga da Nação*.

CULTURA NEGRA E POPULAR EM MEIO A "VELHAS" E NOVAS TEORIAS   89

mestiça – parte da contribuição da população negra à nação – vinha sendo difundida na Bahia, no Brasil e no mundo.

A intelectualidade de São Luís, por sua vez, durante toda primeira metade do século xx não fez referência à prática da capoeira, a não ser em raros registros encontrados em obras literárias ou notas de jornal. Desse modo, quando era objeto de atenção, a capoeira era tratada pela imprensa ludovicense de modo semelhante a como fora tratada a do século xix ou a que resistia nas ruas nas primeiras décadas do xx, com denúncias, reclamações e solicitações de repressão policial.

Por outro lado, esse processo de organização/desportivização pelo qual passou a capoeira baiana e, guardadas as especificidades, também a carioca, não foi observado em São Luís, apesar de que, nessa capital, também despontou nos anos 1930 uma intelectualidade que, influenciada pela perspectiva culturalista, aproximou-se de algumas manifestações da cultura popular local, apresentando-as como símbolo de identidade[61].

A década de 1930 foi um marco para o aparecimento de um setor da intelectualidade que apontou para uma nova representação da identidade local, apresentando manifestações "negro-mestiças" – como o bumba meu boi, principalmente – como símbolos de identidade do estado. Em consonância com a virada culturalista que vinha ocorrendo em âmbito nacional, no Maranhão,

há um interesse crescente, sobretudo a partir do Estado Novo (1937-1945), de membros das elites intelectuais e políticas pela cultura popular e negra, e por uma tentativa de integração, de caráter simbólico, do negro maranhense na história da região. Aqui não se trata somente de vozes dissidentes, presentes antes dos anos 1930, mas sim do surgimento de um conjunto crescente de discursos e práticas sobre os elementos ditos populares, mestiços e negros, que os inscrevem como ideias-imagem e práticas culturais essenciais da região. Essa foi uma ação seletiva. Através dela alguns desses elementos comporiam o quadro identitário regional[62].

A atenção dispensada pela intelectualidade maranhense ao bumba meu boi, ao tambor de mina e à pajelança, três manifestações da

---

61 Para mais detalhes, ver R.A.A. Pereira, *A Capoeira do Maranhão Entre as Décadas de 1870 e 1930*.

62 A.E.A. Barros, *O Processo de Formação de "Identidade Maranhense" em Meados do Século xx*, p. 201-202.

cultura negra local, realça o silenciamento sobre a capoeiragem, a despeito de sua comprovada existência.

Para compreender esse silenciamento, Pereira, por um lado, aponta para o fato de que, quando se intensifica o interesse da referida intelectualidade em direção à cultura negra e popular, a partir do Estado Novo, "a capoeira ludovicense que vinha minguando desde o final do século xix já não tinha mais qualquer expressão"[63]. Além disso, resta lembrar que os remanescentes da capoeira ludovicense ainda mantinham principalmente as características da "capoeira antiga", prática de rua associada principalmente a figura de valentões e turbulentos e não vinculada ao folclore, como na Bahia.

Por outro lado, em São Luís, apesar da emergência de intelectuais influenciados por uma perspectiva culturalista, ao longo de todo o século xx, ainda era forte em meio a diversos setores da intelectualidade local, uma valorização de uma suposta "herança branco-europeia", que construíra uma representação da sociedade maranhense como a "Atenas brasileira" ou "cidade fundada por franceses". Desse modo, "as manifestações de cultura e religiosidade popular, mestiça e negra, especialmente bumba meu boi, tambor de mina e pajelança, são percebidas por membros da imprensa escrita, do clero e da intelectualidade como herança perniciosa dos antepassados índios e pretos do povo maranhense"[64].

Em outras palavras, a decadência acentuada e observada a partir dos anos 1930 das teorias raciais e a ascensão do novo paradigma culturalista, encampado por uma intelectualidade defensora das manifestações negras e populares, assim como a integração dessa intelectualidade à burocracia, local ou nacionalmente, não significou – como demonstram as evidências e pesquisas que registram a continuidade da perseguição à capoeira de rua, pajelanças, bumbas e candomblés, dentre outras manifestações em diversas partes do Brasil – o apoio imediato por parte do Estado ou a institucionalização de tais práticas. Na verdade, a política repressiva estatal começou a ser modificada lentamente a partir daquela década. Como afirmamos anteriormente, nesse período se observa de um lado certa leniência e de outro a ação do braço repressivo do Estado.

---

63 R.A.A. Pereira, *A Capoeira...*, p. 114.
64 A.E.A. Barros, op. cit., p. 189.

4. Performance

Os Capoeiras Voltam aos Ringues em Defesa da "Luta Genuinamente Brasileira"

*Apoiar a capoeiragem, prestigiá-la, dar-lhe
forças é dever de todos nós brasileiros.*

EDUARDO JOSÉ DE SANT'ANA, "CORONEL",
Diário de Notícias, 20 nov. 1931.

Concomitantemente à campanha lançada no Rio de Janeiro pelo *Diário de Notícias*, em Salvador a capoeiragem também atravessava um intenso processo de transformação. Com o golpe de 1930, Salvador sofreu uma série de mudanças, principalmente no campo político, que tiveram diversos reflexos. Um dos mais notórios, no que se refere às manifestações negras, foi a deposição, já referida, juntamente com o governador do estado e o prefeito de Salvador, de Pedro Gordilho, "um severo e eficiente elemento do sistema policial baiano, que nos anos 1920 se destacou realizando famigeradas perseguições aos candomblés, às capoeiras e outras instituições negras", segundo Frede Abreu[1].

Como destaca ainda o pesquisador baiano, os anos 1920 não foram fáceis, todavia, "a capoeira [baiana] após ter atravessado uma década de rigorosa perseguição policial, assim como as demais instituições negras, dava sinais de vitalidade e resistência, se afirmando como uma das mais importantes artes tradicionais da Bahia"[2].

Foi ainda nesse período conturbado que o mestre Bimba criou a sua luta regional baiana e que a capoeira na Bahia sofreu

---

1 Ver F.J. de Abreu, *Bimba É Bamba*, p. 25.
2 Ibidem, p. 22.

seu grande cisma, entrou em crise, reorganizou-se e deu origem à capoeira contemporânea, nas suas vertentes principais e mais famosas, a angola e a regional.

Nesse contexto, é imprescindível destacar a atuação proeminente e precursora do mestre Bimba. Enquanto a maioria dos capoeiras baianos mantinha uma tradição de capoeira de rua, praticada de forma irregular, amadora, esporádica, traduzida principalmente na participação em festejos diversos ou em apresentações em datas comemorativas em diversos pontos da cidade, o mestre Bimba buscava solitariamente, nesse primeiro momento pelo menos, uma institucionalização da prática.

Contudo, diferentemente do que ocorreu no Rio de Janeiro, onde Sinhozinho, ao pôr em prática a proposta desportiva e metodológica de Burlamaqui, recebeu, dentre outros, o apoio de um grande jornal de circulação local, Bimba, em Salvador, apesar de algumas referências elogiosas – uma vez ou outra – de alguns jornais a sua pessoa, particularmente quanto às suas habilidades enquanto capoeira, no que se refere a sua criação o tratamento geral foi de desconfiança, rejeição e isolamento, principalmente por parte da maioria absoluta dos próprios capoeiras.

Apesar disso, e na contracorrente, ele implementou uma série de ações no sentido de desportivizar a prática e afastar dela a pecha de manifestação marginal. Foi nesse sentido que, em 1932, fundou a primeira academia de capoeira e conseguiu o seu registro oficial junto ao governo poucos anos depois. Segundo Abreu,

até então, a capoeira se aprendia "de oitiva", isto é, sem método, pedagogia. Embora de oitiva fosse um processo diversificado e culturalmente muito rico; porém sendo: individualizado (de um a um); eventual (aos domingos, nas horas de folga), ocasional (quando for possível), não atendia às novas exigências para o ensino da capoeira[3].

A criação da academia do mestre Bimba estava em sintonia com o contexto local e nacional por que passavam as artes marciais. Ainda conforme o estudioso baiano, "nos anos 1930, na Bahia, através de Centros de Educação Física, com funcionamento permitido por lei, começou a se difundir com mais intensidade o

3   Ibidem, p. 38.

culturalismo físico: ginástica, luta, esporte, tendo entre seus aficionados 'gente de fino trato'"[4].

Tratava-se de um contexto semelhante ao que ocorria no Rio de Janeiro, onde estavam em alta também as lutas de ringue, além dos referidos centros de ginástica, onde se praticavam várias modalidades.

Do mesmo modo que no Rio de Janeiro, um dos primeiros fatores a chamar a atenção da imprensa e da sociedade soteropolitana para a capoeira e projetá-la de modo positivo foi a sua (re)inserção no cenário das lutas, nos anos 1930. Como aponta novamente Frede Abreu, "provavelmente em toda a história da capoeira baiana, poucos acontecimentos mereceram tanta atenção da imprensa quanto essa temporada de lutas do Parque Odeon; atenção essa que colaborou para possibilitar uma outra forma de visibilidade social para o capoeira (mesmo que ainda limitada)"[5].

Essa afirmação de Abreu cabe perfeitamente ao ocorrido também no Rio de Janeiro no mesmo período, onde a capoeira, como vimos, do mesmo modo, começava a deixar as páginas policiais e a figurar de forma mais intensa nas seções de esporte e em algumas outras colunas.

Por outro lado, como já discutido, a representação da capoeira enquanto luta nacional remontava à virada do século, porém esse era um momento peculiar. A capoeiragem estava, pela primeira vez, concomitantemente em dois lugares, Rio de Janeiro e Bahia, subindo nos ringues de forma mais organizada, intensa e regular, em meio a competições profissionais e amadoras, e novamente se contrapondo a diversas lutas estrangeiras.

Não estamos negando a existência de lutas anteriores aos anos 1930, mas destacando que existe, a partir desse período, uma espécie de movimento dos próprios capoeiras em direção aos ringues no sentido de buscar reconhecimento e de provar a "superioridade" dessa luta, apontada por capoeiras e intelectuais como "genuinamente brasileira", frente às demais. Esse movimento, com traços fortemente nacionalistas, verificado nessas duas capitais, pelo menos, certamente foi um estímulo a que parte da imprensa saísse em defesa da capoeiragem.

---

4 Ibidem, p. 30.
5 Ibidem, p. 51.

De acordo com Abreu, desde o início dessa década, havia um interesse de setores populares baianos pelas lutas, incrementado a partir de 1935 com a "introdução do jiu-jitsu, luta livre e o *catch-can* – modalidades desconhecidas do público local"[6].

Interessante notar ainda que, nas duas capitais, a introdução, em particular, do jiu-jitsu, que se tornaria o maior oponente da capoeira nos ringues, ocorreu quase simultaneamente. No Rio de Janeiro, um pouco antes, havia sido fundada a escola dos irmãos Gracie, o que denota uma busca por expansão dessa arte marcial pelo Brasil, no mesmo período em que a capoeira baiana inicia seu processo de consolidação.

De modo semelhante ao ocorrido no Rio de Janeiro, Abreu aponta que setores da imprensa baiana entraram em campo em defesa da capoeiragem enquanto luta nacional, além de apresentarem-na como meio de defesa superior às demais. Ainda segundo o autor "o tom nacionalista da recomendação sugere a indução de um clima de concorrência entre a capoeira e os outros meios de defesa (estrangeiros)"[7], o que também era uma característica da posição de parte da imprensa carioca sobre a capoeiragem à época.

Não foi possível mensurar a dimensão desse posicionamento da imprensa baiana em prol da capoeiragem devido à falta de acesso aos jornais do período, porém, a partir das observações de Abreu e de diversas notas de vários jornais baianos reproduzidas por ele, como o *Diário da Bahia*, o *Estado da Bahia* e *A Tarde*, percebemos uma certa simpatia em relação a essa emergente capoeira desportiva.

Outra constatação que percebemos a partir das notas reproduzidas por Abreu, no que se refere à capoeiragem que subia aos ringues e mesmo em relação àquela capoeira de rua, que se apresentava em forma de espetáculo em diversos pontos da cidade, é a ausência, nos jornais da Bahia, do teor higienista e eugenista presente na campanha do *Diário de Notícias*. O contexto baiano era obviamente outro. A capoeiragem na Bahia, como apontado anteriormente, era uma prática das camadas populares, composta majoritariamente por negros e pobres. Os lutadores que subiam ao ringue, por sua vez, eram também dessa parcela da

6   Ibidem, p. 43.
7   Ibidem, p. 45.

sociedade, como os mestres Bimba, Maré, Aberrê, por exemplo. E a capoeira que subia nos ringues era também parte daquela que ainda existia nas ruas, nas festas de largo, nas rodas do mercado modelo e feiras da cidade.

Abreu aponta que a movimentação em direção aos ringues, particularmente estimulada por Bimba, ao desafiar em 1936 os capoeiras baianos e agitar o mundo daquela capoeira, foi um fator decisivo para a perpetuação da capoeira enquanto prática, em um momento em que alguns estudiosos, como Edison Carneiro, e mesmo setores da imprensa, estavam apreensivos com uma possível extinção da capoeiragem[8].

De fato, a partir desse momento, com uma maior visibilidade da capoeira regional, uma grande exposição positiva da capoeira na imprensa e a legitimação do mestre Bimba enquanto "campeão da capoeira baiana", ao vencer todas as lutas que disputou naquele ano, proporcionaram um grande impulso à capoeiragem local. Os ânimos se acirraram com polêmicas nos jornais e com a exposição, para um público bem maior que os praticantes da capoeira, do cisma que atravessava a capoeiragem na Bahia, surgido a partir da criação da capoeira regional. Todavia, ainda que diante de uma ruptura interna, a capoeira baiana se fortalecia.

O mesmo não ocorreu com a capoeira carioca, que um pouco antes havia feito o mesmo movimento em direção aos ringues e contou com uma campanha específica de apoio por parte de um periódico de ampla circulação, como o *Diário de Notícias*. Um dentre vários motivos para compreender essa diferença pode ser buscada nos combates travados no Rio de Janeiro e em Salvador.

O retorno da capoeira aos ringues na Bahia foi proporcionado pelo desafio lançado pelo mestre Bimba a "todos os capoeiras baianos". O jornal *Diário da Bahia* informava, em 6 de janeiro de 1936, que no dia anterior estivera em sua redação "o sr. Manoel dos Reis, mais conhecido nas nossas redes desportivas por mestre Bimba, que em palestra conosco pediu que lançássemos em seu nome um desafio aos capoeiristas desta capital"[9].

O desafio foi aceito por um capoeira chamado Henrique Bahia, e a luta foi travada em um centro de esportes e de lazer recém-construído na cidade, o Parque Odeon. Com a vitória de

---

8   Ibidem, p. 51.
9   Apud F.J. de Abreu, op. cit., p. 50.

mestre Bimba, foram feitos outros desafios, também vencidos sucessivamente por ele, e, ao fim do campeonato de capoeira, o mestre Bimba foi consagrado como o "campeão da capoeira baiana".

Algumas observações são importantes sobre esse evento. Primeiro, o mestre Bimba, seu principal protagonista àquela época, já contava 36 anos, o que hoje, pelo menos, é uma idade considerada avançada para as lutas de ringue. Bimba, ao que parece, queria colocar à prova e divulgar a eficiência de sua recém-criada capoeira regional e, para fazê-lo, apesar da idade, dispôs-se a lutar em pessoa, sendo que poderia colocar em seu lugar alguns de seus vários alunos, que também competiram naquela ocasião.

Em segundo lugar, o desafio inicial foi direcionado aos seus pares, aos capoeiras baianos. Nesse período, como já apontado, outras lutas como o jiu-jitsu e o *catch-as-catch-can* já haviam sido introduzidos na Bahia, e, nas lutas protagonizadas no Odeon, ocorreram combates envolvendo essas artes marciais também. Contudo, as disputas dos capoeiras foram exclusivamente entre eles próprios.

Isso não quer dizer que o mestre Bimba se recusasse a contrapor, na época, a capoeira a outras artes marciais. Em uma outra matéria publicada pelo jornal *A Tarde*, em meio a uma polêmica com outros capoeiras que contestavam seu título de campeão da capoeira baiana, o mestre Bimba ratifica a sua conquista e desafia novamente agora a todos os que "praticam ou conhecem a capoeiragem como também *a qualquer outro lutador* (*jiu-jitsu etc.*). O que quiserem. Eu os enfrentarei com a minha capoeira"[10].

Essa referência específica ao jiu-jitsu pode ser decorrente de sua chegada recente a Salvador ou de uma possível popularidade que essa arte marcial começava a ganhar em âmbito nacional. No entanto, apesar do desafio lançado a lutadores de outras artes marciais, em destaque à luta japonesa, tais lutas não ocorreram.

Enquanto isso, no Rio de Janeiro, a maioria absoluta das lutas e os principais embates dos capoeiras foram com combatentes de outras artes marciais, notadamente o jiu-jitsu, que, desde o início do século, vinha disputando espaço com as outras lutas no Brasil. Esse é um aspecto de marcante diferença entre a capoeira nos ringues em Salvador e no Rio de Janeiro, nesse período.

---

10 *A Tarde*, 16 mar. 1936, apud F.J. de Abreu, op. cit., p. 68. (Grifo meu.)

Por outro lado, enquanto em Salvador o mestre Bimba saiu vencedor com a sua capoeira regional, e a capoeira em seu conjunto, apesar da rivalidade angola x regional, saía fortalecida com ampla propaganda nos jornais que a valorizavam enquanto "luta nacional", no Rio de Janeiro, os capoeiras foram derrotados fragosamente, um atrás do outro, pelos lutadores de jiu-jitsu, particularmente os da escola Gracie.

Esse fato pode ter sido, no mínimo, uma má propaganda para a capoeiragem no Rio de Janeiro e um fator, dentre os vários, que pode ser levado em consideração para entender o fiasco da campanha lançada pelo *Diário de Notícias* e Sinhozinho, assim como para explicar o recrudescimento da capoeiragem desportiva carioca.

Uma matéria publicada no jornal *Diário Carioca*, no dia 3 de dezembro de 1931, reforça essa hipótese. Sob o título "O Capoeira Será Vencido Mais Uma Vez, Hoje, à Noite?", em que debatia a questão dos uniformes usados pelos lutadores, que, segundo o jornal, prejudicava os capoeiras, ao obrigar-lhes a usarem o quimono, o periódico afirmava: "O público tem assistido, ultimamente, uma série de lutas entre praticantes de capoeiragem e mestres de jiu-jitsu, nas quais, *sempre, infalivelmente, têm sido derrotados os praticantes da arma brasileira de defesa pessoal.*" E prossegue com uma pergunta retórica: "*Essas derrotas influem no espírito público? É possível.*"[11]

Como visto anteriormente, o *Diário de Notícias* anunciou aos seus leitores, durante sua campanha em defesa da capoeiragem, diversos nomes, apresentando-os como os "ases" da capoeira, como Mario Aleixo, Jayme Ferreira e seus alunos Mané, Coronel e Careca, dentre outros; para depois, de diversas formas, vir à público explicar as suas derrotas, renegando tudo que havia escrito antes sobre eles.

Dentre esses tantos lutadores, até mesmo André Jansen "foi abatido [...] pelo célebre lutador Jorge [*sic*] Gracie"[12]. Jansen, a principal estrela do Clube Nacional de Ginástica, venceu a maioria das lutas de que participou, tornando-se conhecido à época como "o campeão da capoeiragem carioca" e foi o aluno de

---

11 O Capoeira Será Vencido Mais Uma Vez, Hoje, à Noite?, *Diário Carioca*, 3 dez. 1931. (Grifo meu.)

12 *O Imparcial*, 25 out. 1935. Tratava-se, na verdade, de George Gracie.

Sinhozinho mais enaltecido pela campanha do *Diário de Notícias*. Sua fama chegou até mesmo a Salvador, onde, em 1935, disputou, não como lutador de capoeiragem, mas como lutador de *catch-as-catch-can*, uma luta com Ricardo Nibon, meses antes de o mestre Bimba se consagrar campeão da capoeira baiana[13].

A partir dessas considerações, podemos afirmar que, por mais que o jiu-jitsu estivesse presente nas duas capitais, como demonstrado, ele somente pode ser levado em conta como fator que, de alguma forma, interferiu no desenvolvimento da capoeiragem nesse período, no Rio de Janeiro. Por outro lado, apesar das derrotas sucessivas, a presença da capoeira nos ringues na então capital federal também foi um fator importante para a conquista de reconhecimento social da prática, que paulatinamente deixava de ser vista, de forma pejorativa, como relacionada a desordeiros valentões e malandros, e passava ao rol do mundo dos esportes.

Para ficar mais clara essa relação de rivalidade entre as duas lutas, é importante notar que a trajetória do jiu-jitsu no Brasil do século xx segue em paralelo e em estreita relação com a história da capoeiragem. Como aponta José Cairus, a arte marcial japonesa ganhara prestígio no início do século e atravessava um período de expansão[14]. Consoante a isso, foi introduzida no Brasil, a partir da Marinha, como técnica de defesa pessoal, em um período em que também já havia defensores da introdução da capoeiragem nas forças armadas como arma de defesa.

A introdução do jiu-jitsu na Marinha e a defesa da capoeira como técnica de defesa no início do século xx estão associadas ao ambiente de acirradas disputas nacionalistas no campo da política e de construção da identidade nacional de diversos países, como o Brasil. Nesse momento, várias lutas se confrontavam nos ringues em busca de demonstrar a sua superioridade diante das demais.

Em tais confrontos, entravam em campo muito mais que simples lutas com o sentido de entretenimento. Os combatentes encarnavam para o público uma representação da própria nação,

---

13 Os periódicos baianos cobriram a luta apontando Jansen como "o campeão da capoeiragem carioca". Ver Pela Primeira Vez a Bahia Assistirá a Uma Luta Livre, *O Imparcial*, 24 out. 1935; A Sensacional Luta de Ontem, à Noite, *O Imparcial*, 31 out. 1935.

14 Ver J.T. Cairus, *The Gracie Clan and the Making of Brazilian Jiu-Jitsu*.

que também buscava demonstrar a sua superioridade sobre as outras. Nesse sentido, o curioso caso do capoeira paraense "Pé-de--Bola" é bem ilustrativo da disputa nacionalista em que esses embates se transformavam.

José Cairus afirma que "Pé-de-Bola", um capoeira odiado e de péssima reputação em Belém, conhecido capanga de um político local, teve seu passado repentinamente esquecido e foi ovacionado pela imprensa e população paraenses ao aceitar o desafio para lutar contra Satake Soishiro, um japonês integrante de uma equipe de lutadores que passava pela cidade em uma espécie de companhia de entretenimento[15].

Diante do aceite de Pé-de-Bola para a luta contra o estrangeiro, não estava mais ali o capadócio inescrupuloso, mas sim a capoeiragem ou a luta nacional contra o jiu-jitsu. Em outras palavras, o Brasil contra o Japão. Pé-de-Bola, contudo, perdeu a luta, deixando os patriotas profundamente decepcionados e viu o seu prestígio esvair-se instantaneamente após o confronto.

Esse não fora o primeiro embate entre as duas artes marciais. A rivalidade entre a capoeira e o jiu-jitsu talvez tinha se originado poucos anos antes, na já referida luta entre o japonês Sada Miako, em 1909, no Rio de Janeiro, contra o capoeira negro Cyríaco.

Essa talvez seja a mais famosa luta entre um capoeira e um lutador de jiu-jitsu da história do Brasil. Tal afirmação se deve à constatação de que esse embate é recorrente e permanentemente lembrado por lutadores e pela imprensa sempre que se defrontam contendores dessas duas artes marciais. Geralmente nessas ocasiões, enquanto os primeiros destacam a superioridade da capoeira sobre o jiu-jitsu, os últimos tentam explicar os motivos da derrota.

Esse acirrado clima de rivalidade continuava em alta quando, nos anos 1920, os Gracie, uma aristocrática família carioca que havia se mudado para Belém com o *boom* da borracha, retornou ao Rio de Janeiro. Quando ainda em Belém, o primogênito Carlos Gracie havia aprendido jiu-jitsu com o afamado mestre japonês Konde Koma, também integrante da comitiva que passara pela cidade quando Soishiro derrotou Pé-de-Bola[16].

Ainda segundo Cairus, no Rio de Janeiro, em meio à falência financeira da família, os irmãos Gracie iriam buscar seu sustento

---

15 Ibidem, p. 31-32.
16 Ibidem.

e reconquistar o *status* da família através do jiu-jitsu. O autor aponta que, ainda nos anos 1920, os Gracie procuraram trabalhos como instrutores da polícia especial em Minas Gerais e em São Paulo, e foi nessa cidade que, ao desafiar e lutar duas vezes com o prestigiado japonês Geo Omori, eles começaram a despontar no cenário nacional das lutas.

Nos anos 1930, pretendendo se consolidar nesse meio, desafiavam os mais diversos lutadores e, em especial, os capoeiras. Tal interesse peculiar pela capoeiragem não era motivado simplesmente pelo "trauma" desenvolvido a partir da derrota décadas atrás do jiu-jitsu para a capoeira, no episódio com o lutador Cyríaco. Havia outra questão mais complexa envolvendo as duas lutas. Como a capoeira era apontada desde a virada do século xx como a luta nacional, o jiu-jitsu, para se consolidar e se expandir, teria que derrotar preferencial e necessariamente a capoeiragem.

Em uma nota do *Diário de Notícias* isso fica claro. Ao anunciar os combates que aconteceriam nesse mesmo dia, o periódico inicia destacando o interesse e o aumento do número de adeptos que "a capoeiragem, ou melhor, a luta brasileira, está granjeando com incrível rapidez", para logo em seguida afirmar que, "entretanto, a luta japonesa, isto é, o jiu-jitsu, vem querendo demonstrar a sua superioridade sobre os capoeiras, o que até agora não conseguiu". Em que pese a parcialidade reconhecida e notória nesse trecho do *Diário de Notícias* em relação à capoeira, o fragmento demonstra subliminarmente uma preocupação com a luta rival, que era uma ameaça e tentava se sobrepor à capoeiragem.

Note-se que o periódico primeiramente faz questão de apositivar as lutas com suas respectivas nacionalidades; destaca posteriormente o intuito do jiu-jitsu de se sobrepor à capoeira; e, por fim, sai em defesa da "luta brasileira", mais uma vez explicando que as derrotas acontecidas até então ocorreram porque "os capoeiras que se têm batido com os profissionais de jiu-jitsu que ora temos aqui no Rio [trata-se de uma referência aos irmãos Gracie] podem ser tudo o que quiserem, menos capoeiras". Na nota lê-se ainda que "os irmãos Gracie têm feito louváveis esforços para impor aqui a luta nipônica"[17].

---

17 *Diário de Notícias*, 19 nov. 1931.

PERFORMANCE 101

A principal estratégia utilizada pelos irmãos Gracie no início de sua carreira era lutar e derrotar seus oponentes para demonstrar que o jiu-jitsu era uma luta superior às outras. Nos anos 1930, Carlos Gracie procurava oponentes para desafiar, no intuito de ganhar visibilidade no Rio de Janeiro. Robson Gracie, filho de Carlos, afirma que seu pai "ficava caçando um bom capoeirista ou pugilista para fazer desafios na rua ou a portas fechadas". A capoeira por ser a luta nacional e o boxe por estar em expansão nesse período[18].

Essa cruzada dos Gracie rumo à consolidação do que ficaria conhecido como o "jiu-jitsu brasileiro", tendo como obstáculo a capoeira, por outro lado, não se restringiu aos ringues. Seus esforços para impor a luta nipônica se expandiram para outros campos e foram extremamente produtivos.

A partir dos anos 1930, os irmãos Gracie fixaram uma academia nas proximidades do palácio presidencial, aumentaram imensamente sua quantidade de alunos, construíram uma carreira nos ringues que os deu a fama de imbatíveis e, principalmente, estreitaram suas relações com o Estado, além de amplos setores da elite e da imprensa.

As relações costuradas pelos Gracie com o Estado varguista, e o apoio recebido deste, são fundamentais para compreender a falta de apoio desse mesmo Estado em relação à capoeira. De acordo com Cairus, as relações dos Gracie com o governo Vargas começam a se estreitar quando, em 1932, foi criada a Polícia Especial e eles foram contratados como instrutores de jiu-jitsu.

Essa contratação, dentre outras coisas, proporcionou constantes apresentações às mais diversas autoridades do alto escalão do poder, mais alunos, muitos dos quais eram grandes empresários, políticos de renome local e nacional, além de angariar mais prestígio e reconhecimento. Ainda segundo Cairus, sob o patrocínio do Estado, os Gracie deram passos decisivos para criação de um estilo local de jiu-jitsu, processo que ocorreu simultaneamente ao nascimento do Brasil moderno. Pelo que aponta o autor, ocorreu uma espécie de identificação cada vez maior do Estado varguista com o jiu-jitsu brasileiro, o que se traduziu em um apoio direto a ele[19].

18 Ver F. Awi, *Filho Teu Não Foge à Luta*, p. 44.
19 J.T. Cairus, op. cit.

É notório o fato de que a capoeira, representada particularmente na pessoa de Sinhozinho, também foi incorporada aos quadros da polícia especial varguista, contudo o mesmo processo de apoio por parte do Estado e o crescimento da prática não foram observados, se compararmos com o jiu-jitsu dos Grace.

Ainda segundo Cairus, com a proeminência dos Gracie nos ringues, nesse ambiente de acirrado nacionalismo, intensificado com o Estado Novo, as maiores lutas desse período, em que se defrontaram brasileiros e estrangeiros, principalmente japoneses, foram protagonizadas pelos irmãos Gracie. Nessas ocasiões, inusitadamente, o jiu-jitsu brasileiro encarnava o sentimento de nacionalismo das multidões que afluíam aos estádios para assistir aos combates contra os estrangeiros, pois, "ao lutar contra brasileiros, os Gracies buscavam aumentar seu *status* e prestígio dentro do novo *establishment* político. Mas, ao lutar contra os japoneses, eles estavam se tornando o epítome da identidade nacional e, ao mesmo tempo, criando um estilo de luta local"[20].

Essa afinidade entre o jiu-jitsu e o Estado varguista pode ser melhor compreendida ao compararmos a utilização política dos esportes nos regimes de Salazar, em Portugal, e Vargas no Brasil, por exemplo. Nesses regimes, mesmo que não houvesse uma constante "propaganda política através do esporte, situações especiais se mostravam oportunidades singulares que foram aproveitadas pelos governos como meio de alcançar um grande número de pessoas por meio da popularidade do fenômeno esportivo"[21].

Em outras palavras, houve uma clara utilização política do jiu-jitsu pelo regime varguista e um aproveitamento dessa afinidade entre o Estado e o jiu-jitsu brasileiro por parte dos irmãos Gracie. Desse modo, a tão desejada identificação entre a "luta nacional", o Estado e o país na era Vargas, projetada pelo *Diário de Notícias* e os mais diversos entusiastas da capoeiragem, ocorreu; porém, teve como protagonista não a capoeira, mas o jiu-jitsu da família Gracie.

Consoante a isso, "depois de anos lutando no ramo dos esportes de combate, no início do Estado Novo, os Gracie conseguiram atrair um grande público, chamar a atenção da mídia e obter

---

20 Ibidem, p. 92.
21 M. da S.D. Costa, *Estado Novo e Esporte*, p. 136.

apoio estatal apenas comparável aos espetáculos de futebol"[22]. O crescimento do jiu-jitsu no período, amparado pelo Estado, foi extraordinário, e, note-se, em menos de uma década. Enquanto isso, a capoeiragem ou "luta nacional" permaneceria criminalizada até bem próximo do fim do Estado Novo.

No entanto, a ascensão da família Gracie não se interrompeu com o fim da era varguista. Os anos se passaram e

o poder e prestígio dos irmãos Gracie só aumentava. O apoio da grande imprensa, por exemplo, pode ser demonstrado por *O Cruzeiro*, maior revista em circulação, à época, atingindo todo o território nacional, que, em 1953, fez uma verdadeira campanha em favor do "jiu-jitsu brasileiro", e em demérito da capoeiragem. Em uma extensa matéria, ilustrada com diversas fotografias de página inteira, anunciava euforicamente "a derrota da capoeira" ou, para não deixar dúvidas, "o crepúsculo da capoeira e a aurora do jiu-jitsu[23].

Por toda a década de 1930 e ao longo da de 1940, há anúncios de disputas entre adeptos do jiu-jitsu, particularmente os da família Grace e seus alunos, e capoeiras. Essa rivalidade, porém, foi reacendida com mais intensidade nos anos 1950, com a chegada à então capital federal do capoeira baiano Artur Emídio de Oliveira, um entusiasta da luta brasileira que, como tal, também advogava a superioridade desta sobre as demais, e em particular contra o jiu-jitsu.

O mestre Artur Emídio, após diversos embates com outros lutadores na Bahia, em São Paulo e no Rio de Janeiro, finalmente conseguiu uma luta com um representante da família Gracie.

É importante observar que

diferentemente do que ocorria nos anos 1920/1930, quando os Gracie tentavam se firmar nos ringues e buscavam lutadores para demonstrar a "superioridade" de sua arte marcial, nos anos 1950, com a fama de campeões consolidada, escolhiam a dedo os seus desafiantes, sendo aceito, segundo eles próprios, somente "o desafiante [que] mereça ser confrontado com um Gracie[24].

---

22 J.T. Cairus, op. cit., p. 102.
23 R.A.A. Pereira, O Mestre Artur Emídio e a Defesa da Capoeiragem Enquanto Luta Nacional, *Recorde*, v. 11, n. 2, p. 15.
24 Ibidem, p. 16.

O confronto entre o jovem mestre da capoeira baiana Artur Emídio e o também jovem representante da escola do jiu-jitsu brasileiro, Robson Gracie, foi amplamente divulgado pela imprensa, e chegou a ser anunciado como a batalha definitiva para resolver a querela de décadas acerca de qual das duas artes marciais seria superior.

[A] luta foi realizada no dia 13 de abril de 1957, no Ginásio do Maracanãzinho. Seria, pode-se afirmar, a maior luta do mestre Artur Emídio nos ringues, pelo fato de seu adversário ser o representante de uma escola de campeões à época já reconhecida mundialmente. Para o mestre baiano, Robson era apenas um obstáculo entre ele e seu objetivo principal, Carlson Gracie, o lutador número um da família, substituto, nos ringues, de Hélio [Gracie]. Logo após a esperada vitória, "a estrela da Academia Gracie seria imediatamente desafiada" pelo mestre Artur Emídio.

Todavia, para a decepção dos apologistas da luta brasileira,

a capoeira foi derrotada novamente pelo jiu-jitsu. Parte da imprensa, que um dia antes da luta dava loas ao mestre Artur Emídio, no dia seguinte a sua derrota o execrou, afirmando que ele não havia demonstrado ter "o menor conhecimento de capoeira, de que se dizia especialista". A Revista *O Cruzeiro*, em uma nota ilustrada com uma imagem em que Robson finalizava o mestre Artur Emídio com um estrangulamento, aproveitou para mais uma vez para anunciar "a indiscutível superioridade do jiu-jitsu sobre a capoeira"[25].

Apesar das derrotas nos tablados, o agenciamento do mestre Artur Emídio e de inúmeros outros capoeiras, abrindo portas não apenas nos ringues, mas na imprensa escrita, na recém-surgida TV, no teatro e no cinema, por exemplo, foi fundamental para preservar, divulgar e difundir a capoeiragem, torná-la conhecida por um público maior, conquistar alunos e apoiadores, além de intensificar a partir daquele momento a sua inserção em espetáculos, dentro e fora do Brasil.

Nesse sentido, os ringues, muito além de um mero tablado onde se digladiam dois contendores embrutecidos que intentam demonstrar a sua superioridade diante do oponente através da força física, pode ser visto como um dos palcos importantes de agenciamento político-cultural não apenas dos capoeiras, mas

25 Ibidem, p. 18.

PERFORMANCE

dos detentores e mediadores dessas diversas práticas ora discutidas. Neles, dentre outras coisas, essas personagens encarnavam performances que capitalizavam, expressavam e transmitiam sentidos de identidade nacional.

Como afirma Tim Edensor,

performance é uma metáfora útil, pois nos permite olhar para as maneiras pelas quais as identidades são representadas e reproduzidas, informando e (re)construindo um senso de coletividade. A noção de *performance* também põe em primeiro plano a identidade como dinâmica; como sempre no processo de produção. A *performance* reconstitui continuamente a identidade, ensaiando e transmitindo significados[26].

Note-se que a atuação dos capoeiras, nos palcos e fora deles, nesses embates, estava claramente direcionada a promover um "senso de coletividade" e de identidade, a partir da identificação do público brasileiro – tanto o que estava presente nas lutas como o leitor dos jornais e ouvintes das rádios – com a capoeira, representante do país naqueles espetáculos.

Ao analisar a capoeira e as diversas práticas discutidas ao longo deste livro, corroboramos a ideia de que

o Brasil há muito ocupa posição de destaque no imaginário internacional, principalmente por meio das artes cênicas. Nos Estados Unidos, alguns nomes e títulos – Carmen Miranda, Sônia Braga, Tom Jobim, bossa nova, *Black Orpheus*, Dona Flor, *The Brazilian Wave* na música popular dos anos 1970 a 2010 – servem como lembretes de uma presença brasileira, assim como da predominância do cinema e da música em oposição aos gêneros discursivos. Mais recentemente, tem havido um aumento notável da presença do Brasil em eventos performativos realizados nos Estados Unidos, Europa e em outros lugares – capoeira na Sérvia, concertos de choro no Japão, escolas de samba na Noruega – e, ao mesmo tempo, as artes cênicas como praticadas no Brasil têm recebido atenção mais crítica de fora[27].

Como se percebe, a performance, há tempos, é um dos importantes meios de divulgação do Brasil e de uma imagem e identidade do país, interna e externamente. A capoeira e diversas das manifestações negras ora discutidas tiveram papel central nesse processo, como adiante será discutido com mais profundidade.

---

26 T. Edensor, *National Identity, Popular Culture and Everyday Life*, p. 69.
27 S.J. Albuquerque; K. Bishop-Sanchez, Introduction: Why Performing Brazil?, *Performing Brazil*, p. 3.

No que tange ao universo das lutas, somado à performance dos capoeiras nos ringues/palcos, ponto alto da sua atuação, assim como o momento de maior destaque das demais manifestações aqui debatidas, havia todo um percurso até o dia da luta ou espetáculo.

Um longo percurso que, além de dedicação, treinamento, concentração, envolvia, como visto, a busca pelos jornais ou rádio para a divulgação do combate-exibição – assim como a TV a partir dos anos 1950. Isso se traduzia em entrevistas, pose para fotos, busca de apoiadores, patrocínio, polêmicas nos jornais escritos com outros contendores que, muitas vezes, envolviam várias idas e vindas aos periódicos e proporcionava a esses atores sociais dialogarem com o grande público, transmitindo, dentre outras coisas, informações, ideias, conhecimentos, significados diversos de identidade nacional.

Entender o palco como um lugar simbólico – e o ringue, não esqueçamos, é também um palco – permite-nos explorar um dos lugares onde a identidade é dramatizada, transmitida, compartilhada e reproduzida, em outras palavras, um dos espaços em que identidades são também disputadas, descontruídas e reconstruídas.

Observar a partir dessa perspectiva é fundamental para percebermos que, nesse processo de lenta ascensão, os capoeiras não ficaram alheios ao debate, assistindo bestializados ao que faziam ou pensavam sobre a capoeira os intelectuais e jornalistas, do alto de suas cátedras ou escrivaninhas.

Pelo contrário, foram atores principais, pois além de utilizarem a pena, a imprensa, a TV, o teatro, o cinema – e sobram exemplos, como os referidos mestres Artur Emídio, Sinhozinho, Bimba, Pastinha, Canjiquinha, para ficar entre alguns dos mais conhecidos –, deram "a cara a tapa" ao subirem nos ringues e palcos e transformá-los em um espaço de disputa em torno da identidade nacional e dos seus símbolos em construção.

Na contracorrente, apresentaram e defenderam, com o corpo, a capoeira como representação da brasilidade, como um autêntico símbolo nacional, em uma época em que a prática ainda era criminalizada e perseguida pelo Estado, discriminada e associada à malandragem e à vadiagem, não custa lembrar.

Nesse sentido, o agenciamento cultural dos capoeiras e de diversos outros artistas negros e negras, a partir de sua performance em ringues, teatros, boates, casas de espetáculos etc., são bons exemplos para pôr em questão o discurso comumente utilizado na academia e pelo senso comum para explicar o modo pelo qual as manifestações da cultura negra e popular foram transformadas em símbolos nacionais: o de que houve uma "apropriação cultural".

APROPRIAÇÃO CULTURAL?

Nos últimos anos, com o surgimento de uma nova geração de ativistas negros e negras e de uma série de polêmicas travadas nas redes sociais, o conceito de apropriação cultural voltou aos *trending topics*, para usar uma expressão atual, ou seja, chegou ao topo entre os assuntos mais comentados e debatidos na internet.

No caso brasileiro, entre os exemplos mais comumente usados para exemplificar casos de apropriação, estão a capoeira e o samba. Em um texto escrito para a revista *Azmina*, publicado em 5 de abril de 2016, a filósofa e ativista negra Djamila Ribeiro sintetiza a discussão:

Precisamos entender como o sistema funciona. Por exemplo: durante muito tempo, o samba foi criminalizado, tido como coisa de "preto favelado", mas, a partir do momento que se percebe a possibilidade de lucro do samba, a imagem muda. E a imagem mudar significa que se embranquecem seus símbolos e atores com o objetivo de mercantilização. Para ganhar dinheiro, o capitalista coloca o branco como a nova cara do samba.[28]

Dois anos depois, em um livro publicado pela coleção Feminismos Plurais, sob coordenação da mesma estudiosa, o antropólogo Rodney William, ao analisar, dentre outros, os casos de apropriação do samba e da capoeira, segue esse mesmo modelo, digamos, clássico de interpretação. Conforme o autor: "apropriação cultural é um mecanismo de opressão por meio do qual um grupo dominante se apodera de uma cultura inferiorizada, esvaziando de significados suas produções, costumes, tradições e demais elementos"[29].

---

28 D. Ribeiro, Apropriação Cultural É um Problema do Sistema, Não de Indivíduos, *Azmina*, disponível em: <https://azmina.com.br>.
29 R. William, *Apropriação Cultural*, p. 29.

Peter Fry, no conhecido artigo "Feijoada e *Soul Food*: Notas Sobre a Manipulação de Símbolos Étnicos e Nacionais", escrito há quase quatro décadas, seguindo a mesma lógica, tentava mostrar, segundo suas próprias palavras, "de modo muito esquemático como dois itens culturais [o candomblé e o samba], produzidos originalmente por negros, foram sutilmente apropriados pela burguesia branca e transformados em instituições lucrativas (tanto econômica quanto politicamente)"[30].

Nos anos 1990, outro renomado cientista social, Perry Hall, especialista em Estudos Afro-Americanos, sintetizou, em um artigo sobre a "apropriação" da música negra americana – ragtime, jazz, blues, rock – pelo *mainstream*, toda a concepção exposta hoje pela intelectualidade negra brasileira. Para o autor, "fica claro que uma relação complexa de 'amor e ódio' conecta a sociedade dominante e a cultura afro-americana – na qual a América branca parece amar a melodia e o ritmo produzidos pelos negros, enquanto rejeita seus desprezados rostos negros"[31].

Segundo o estudioso, existe uma espécie de ritual no processo de apropriação dessa cultura: inicialmente ela é, em geral, ridicularizada e submetida à repressão. Exatamente o caso do samba, capoeira, assim como das manifestações negras e populares, em geral. Em seguida, ainda conforme o autor, "essa resistência se mostra inútil, já que as formas musicais em questão são cativantes. A partir daí, elas eventualmente são remodeladas e redefinidas, sutilmente ou não, de maneira que minimizam sua associação com a 'negritude'"[32].

O Peter Fry dos anos 1970, assim como Djamila Ribeiro e Rodney William, na atualidade, expõem uma concepção comum de apropriação cultural – ao que parece, ainda hegemônica[33] –

---

30 P. Fry, *Para Inglês Ver*, p. 52. Vinte e cinco anos depois, o antropólogo britânico fez, em um outro artigo, uma autocrítica desse escrito. Dentre outras coisas, um Peter Fry neofreyriano afirma que seu pensamento "se afinava com o meio social em que vivia na época ao mesmo tempo em que me mantinha fiel à tradição antropológica da qual fazia parte". P. Fry, Feijoada e Soul Food 25 Anos Depois, *A Persistência da Raça*, p. 159.

31 P. Hall, African-American Music: Dynamics of Appropriation and Innovation, em B. Ziff; P.V. Rao (eds.), *Borrowed Power*, p. 31.

32 Ibidem, p. 32.

33 Peter Fry, em sua autocrítica referida, afirma que "para a maior parte do movimento negro e para grande parte dos intelectuais interessados no tema das relações raciais, ela [essa interpretação] continua mais ou menos aceitável", ▶

PERFORMANCE 109

que vê a cultura como algo estático, segmentado, exclusivo de determinados grupos sociais.

Essa perspectiva tem algo em comum com a concepção de cultura popular advogada décadas atrás pelos folcloristas, personagens destacadas desse trabalho. Reivindica uma certa ideia de pureza, tanto dos grupos produtores dessas manifestações como das próprias manifestações; estas, em um primeiro momento ainda não corrompidas pelo mercado, ao serem maquiavelicamente apropriadas por ele – sem qualquer participação dos seus produtores, cooptados, bestializados ou alienados do processo –, tornar-se-iam corrompidas, perdendo a essência original ou, nas palavras de William, "esvaziadas" completamente "de significado" e colocadas à venda como um produto qualquer numa prateleira de supermercado.

A análise de Djamila Ribeiro, Rodney William, assim como a de Peter Fry e Perry Hall, segue, de forma menos elaborada, um dos autores que deixou grandes marcas sobre esse tema e que influenciou toda uma geração de intelectuais: Néstor García Canclini[34].

Esse antropólogo argentino-mexicano, em 1983, já apontava para o fato de que, no processo de assimilação da cultura popular pelo capitalismo, o mercado tinha como estratégia: "enxergar os produtos do povo, mas não as pessoas que os produzem, valorizá-los apenas pelo lucro que geram"[35]. Crítica idêntica endereçada pelos autores citados à assimilação da cultura negra pelo mercado.

Em um tópico de seu *As Culturas Populares no Capitalismo*, Canclini resume uma de suas teses fundamentais, amplamente difundida posteriormente:

o capitalismo, sobretudo o capitalismo dependente possuidor de fortes raízes indígenas, em seu processo de desenvolvimento não precisa sempre eliminar as culturas populares; ao contrário, ele inclusive se apropria delas, reestrutura-as, reorganizando o significado e a função dos seus objetos e das suas crenças e práticas. Seus recursos preferidos [...]

▷ como revelam a fala de Djamila Ribeiro e o livro de Rodney William. Ver P. Fry, Feijoada..., op. cit., p. 164.

34 O artigo de Peter Fry antecede a obra de Canclini, todavia, como destacara o próprio Fry, este era uma espécie de paradigma explicativo comum dos anos 1970 em diante.

35 N.G. Canclini, *As Culturas Populares no Capitalismo*, p. 11.

são o reordenamento da produção e do consumo no campo e na cidade, a expansão do turismo e a presença de políticas estatais de refuncionalização ideológica[36].

Canclini escrevia no momento em que o turismo crescia cada vez mais e ganhava importância no mercado mundial, conquistando a atenção do Estado, como uma de suas fontes financiadoras ou gerenciadoras, dependendo do país e cidade. Esse novo mercado ascendente internacional assimilava crescentemente bens produzidos por comunidades nativas e grupos étnicos, como as comunidades indígenas mexicanas, estudadas por ele. Esses produtos, antes sem valor de troca e até mesmo renegados, como o artesanato indígena, manifestações populares, "festas e crenças tradicionais", foram transformados em mercadoria.

Nas palavras do autor, "o capitalismo converte em espetáculo para turistas as suas festas tradicionais", ou cria identidades, como "os meios de comunicação de massa convencem os operários de uma cidade de quinze milhões de habitantes que os símbolos indígenas, rurais, do modo como esses meios os interpretam, representam a sua identidade"[37].

Nesse complexo processo, Canclini observou, acertadamente, que os produtores desses bens eram geralmente secundarizados ou mesmo, muitas vezes, substituídos por outros sem qualquer relação com seus produtores originais. Além disso, ao serem comoditizados, tais bens perdiam a sua "essência". Segundo o estudioso, o capitalismo "às vezes permite que algumas festas tradicionais subsistam, mas o seu caráter de celebração comunal é diluído no interior da organização mercantil no lazer turístico"[38].

Como se percebe, a concepção de apropriação cultural de Canclini, que trouxe contribuições fundamentais para a compreensão da assimilação da cultura popular pelo mercado e sua transformação nesse processo, influenciou toda uma geração de intelectuais.

Existe, contudo, uma lacuna nesse que se tornou um paradigma explicativo para a assimilação da cultura negra e popular pelo mercado. Os autores referidos geralmente dão um salto do

---

36   Ibidem, p. 12-13.
37   Ibidem, p. 26.
38   Ibidem, p. 27.

PERFORMANCE

período em que as culturas estudadas eram rejeitadas e reprimidas para o momento em que são festejadas e geram lucros.

Quando se arriscam a apresentar uma explicação para o interesse do mercado ou do capitalismo, caem em simplificações. Djamila Ribeiro, por exemplo, se refere ao "momento que se percebe [o mercado ou o capitalismo] a possibilidade de lucro". Para Rodney William, em uma simplificação mais rasteira, "assim como o samba, a capoeira só foi aceita quando os brancos passaram a se interessar"[39]. Para Peter Fry, no fim dos anos 1970 tal transformação não decorreu apenas por conta da "infiltração da zona sul em atividades puramente culturais, mas pela sutil manipulação do capital"[40]. Os brancos, o mercado, o capitalismo, a manipulação do capital são, a partir dessa perspectiva, os protagonistas, os responsáveis pela conquista do mercado pela cultura negra e popular.

Com o aval das elites, de repente, o mercado "percebe a possibilidade de lucro do samba" ou das manifestações da cultura popular ou negra e as incorpora aos seus produtos, apropria-se delas. Tamanha simplificação não questiona, por exemplo, qual longo percurso essas diversas práticas traçaram até se tornarem interessantes para o mercado. Não questionam de que modo ou o que teria motivado tais práticas passarem de algo renegado, coisa "de preto favelado" a um lucrativo produto na economia capitalista.

Perry Hall, na tentativa de explicar o sucesso da música negra americana em um país abertamente segregacionista, apresenta uma explicação mais interessante, porém, ainda não satisfatória:

o fato de o jazz, ragtime, rhythm and blues e outras formas terem se tornado firmemente enraizadas na cultura musical americana, apesar da resistência e rejeição típicas, afirma a premissa declarada anteriormente de que, apesar da aparência contrária, a América branca tem sido consistentemente atraída por sensibilidades musicais negras[41].

A explicação do estudioso americano se torna mais insatisfatória no momento em que se percebe que, no caso norte americano,

---

39 R. William, op. cit., p. 87.
40 P. Fry, *Para Inglês Ver*, p. 52.
41 P. Hall, op. cit., p. 37.

a despeito dessa "atração" pela cultura negra, apontada por ele, o segregacionismo legal, vigente até os anos 1960, renegava qualquer contribuição negra na formação nacional.

Em outras palavras, nos Estados Unidos, diferentemente do caso brasileiro, não havia sequer o discurso da fraternidade ou harmonia racial ou da formação do país a partir da contribuição das três raças, brechas utilizadas por segmentos da população negra brasileira, em determinados momentos ao longo do século xx, para reivindicar a sua "inclusão" ou integração ao Brasil ou para acentuar a contribuição negra na formação nacional, como visto anteriormente.

Além de não discutir ou não apresentar uma resposta plausível para o interesse do mercado pela cultura negra e popular, a concepção de apropriação cultural reproduzida pelos sucessores de Canclini sofre de um grave problema: apresenta as elites, o Estado, o mercado, ou o capitalismo como incontestavelmente soberanos, como um rei despótico que governa os seus súditos ao seu bel-prazer, e faz dessas culturas apropriadas o que bem quer, no momento que lhe for mais conveniente.

Ou seja, a partir desta perspectiva, tudo é determinado de cima para baixo. Os meios de comunicação "convencem", o capitalismo "converte", o mercado "permite". Não há espaço para sujeitos, para agenciamentos, para questionamentos. É tudo determinado a partir de cima, pela estrutura. A própria concepção exposta por Canclini compartilha dessa perspectiva.

Esses autores, contraditoriamente, na ânsia de defender a cultura negra, popular e seus detentores, acabam por silenciar todo agenciamento dos grupos produtores dessas culturas ao longo do século xx. Atores e atrizes sociais que, em busca de espaço, lucro, inclusão, pertencimento ou integração à nação, foram gradativamente, na própria luta pela sobrevivência, conquistando mercados, transformando a sua cultura em mercadoria, abrindo outras portas, quando muitas eram fechadas, buscando aliados e clientes das mais diversas camadas sociais e oferecendo seus produtos: a capoeira, o samba, o turbante, os penteados afro etc.

A partir da lógica da apropriação, os agentes dessas práticas são geralmente vistos ou apresentados como vítimas passivas, manipulados, inocentes, cooptados, incapazes de perceber a

PERFORMANCE 113

violência perpetrada pelas elites, pelo Estado ou pelo mercado contra eles próprios[42].

Como destaca com precisão Bryan McCann, "os participantes afro-brasileiros da indústria cultural popular, em especial, têm sido frequentemente vistos como explorados, seduzidos a vender suas criações autênticas a preços baixos para produtores tagarelas ou políticos influentes". Ainda segundo o autor, um dos problemas desse tipo de leitura é que teorias que utilizam a perspectiva de cooptação sobrevalorizam o papel do Estado e do mercado e não levam em conta a participação popular consciente na arena cultural[43].

Nos últimos anos, lentamente esse tipo de análise tem sido questionado, e novos trabalhos tendem a apontar o agenciamento dessas incontáveis personagens anônimas nessa disputa por espaço e mercado para a cultura negra e popular.

Tomando o próprio Bryan McCann como exemplo dessa nova safra de estudos, ao discutir o caso do samba, o autor afirma que os sambistas não foram meros fornecedores de matéria-prima para o mercado da música. Pelo contrário, "se engajaram no mercado cultural e desempenharam papéis cruciais na formação de novas expressões culturais, ganhando uma influência cultural sobre a nação que estava em marcante contraste com sua contínua marginalização nas esferas econômica e política formal".

Esse agenciamento, por sua vez, possibilitou a essas personagens o acesso a uma espécie de "cidadania popular", em um momento em que "a cidadania política plena – o direito de votar, de ser livre de prisão arbitrária, de falar abertamente contra o governo – permaneceu estreitamente limitada, quando não totalmente suspensa". Ainda segundo o estudioso, o agenciamento dos sambistas, por exemplo, "os levou com frequência a se juntar explicitamente ao debate sobre a identidade nacional"[44].

Como se percebe, ao contrário de um processo de cooptação de sujeitos que não compreendiam que estavam sendo lesados, manipulados, as pesquisas evidenciam um engajamento desses diversos agentes ou detentores da cultura negra e popular em

---

42 Para um exemplo, digamos, clássico da utilização dessa perspectiva de análise em um estudo sobre o bumba meu boi, do Maranhão, ver M. do S. Araújo, *Tu Contas! Eu Conto!* Em particular, o capítulo II da parte II.
43 Ver B. McCann, *Hello, Hello Brazil*, p. 11.
44 Ibidem, p. 12.

direção ao mercado. Nos anos 1950, por exemplo, como veremos a seguir, o renascimento do maculelê, a preservação e expansão da capoeira, do maracatu, do frevo, do samba de roda e de diversas outras manifestações da cultura afro-brasileira, em diversas partes do país, com a intensificação de sua presença no mercado de entretenimento, foi resultado direto do engajamento dos produtores dessas culturas.

A valorização e a popularização desses bens é parte de uma lenta e clara abertura do mercado capitalista. E, mais uma vez, os produtores dessa cultura foram fundamentais nesse processo. Como não pensar, por exemplo, no agenciamento dos blocos afro no pós-1970, como o Ilê-Ayê e o Olodum, na Bahia, o Akomabu, em São Luís, ou o Movimento Black Rio para a valorização e difusão de um visual afro centrado, com uso de turbantes, tecidos africanos, tranças, penteados afro?[45]

Incontáveis agentes se esforçaram muito para que esses bens, alguns dos quais antes exclusivamente afro-religiosos, fossem aceitos, bem-vistos, consumidos, usados no dia a dia. Bens que tinham um valor de uso geralmente restrito à comunidade negra, ou melhor, a uma parte dessa comunidade, que os exibia orgulhosamente em rituais afro-religiosos, bailes *black* ou em desfiles de blocos afro no Carnaval, por exemplo, e que, com esse agenciamento, gradativamente foram adquirindo um valor de troca.

O consumo desses bens ou a ampliação de seu consumo ocorreu primeiramente dentro própria comunidade negra, já que, não esqueçamos, a afirmação de uma identidade negra pela maior parte da população brasileira é algo bem recente, como apontam os censos do IBGE[46]. Posteriormente, uma clientela mais ampla

---

45   O Black Rio foi um movimento político cultural da juventude negra carioca dos anos 1970. Teve como uma das características principais os bailes agitados pela *soul music* americana e frequentados por milhares de pessoas da classe trabalhadora da periferia do Rio de Janeiro. Para mais, ver: P.L. Alberto, Quando o Rio Era Black: Soul Music no Brasil dos Anos 70, *História: Questões & Debates*, v. 63, n. 2, disponível em: <https://revistas.ufpr.br>.

46   Em um livro de 2004, Edward Telles afirmava: "as pessoas no Brasil geralmente têm um relativamente fraco senso de pertencimento a um grupo racial, comparado ao senso de identidade de gênero e de classe e à identidade racial dos norte-americanos", e destacando o peso ainda grande, porém já decadente, da ideologia da democracia racial, continuava o autor: "uma ideologia de democracia racial e cordialidade usa categorias médias e ambíguas para evitar as estigmatizadas". E.E. Telles, *Race in Another America*, p. 105. Ver, ainda, a esse respeito: A.S.A. Guimarães, *Modernidades Negras*, p. 37-38.

PERFORMANCE   115

e multiétnica foi lentamente aderindo a esses novos "produtos" e os consumindo à medida que iam sendo transformados em mercadoria. Em outras palavras, tais bens, acessórios, produtos não eram usados e bem-vistos nem mesmo por parte significativa da comunidade negra. A sua adoção por grande parte dessa comunidade e por outros grupos étnicos é também algo recente e foi resultado de todo esse referido agenciamento cultural negro.

Não se trata de dar loas ao mercado, ao capitalismo, muito menos às elites brancas, mas de analisar as evidências. A comoditização da cultura negra tem sido levada a cabo, fundamentalmente, pela própria comunidade negra, por produtores e mediadores negros.

Marc Hertzman, por exemplo, em seu trabalho sobre o samba, evidencia o protagonismo dos "pioneiros da música negra", artistas ligados ao mercado de entretenimento e, em particular, à indústria fonográfica no Brasil[47]. Compositores, intérpretes, palhaços, instrumentistas etc. Artistas como Benjamim de Oliveira, Eduardo das Neves, Donga, Pixinguinha, dentre outros, que, inseridos naquele mercado desde seus primórdios, disputavam espaço na indústria da música e atuavam não apenas nos palcos, mas fora deles, como uma ativa intelectualidade negra engajada em associações, mobilizações, em busca de direitos autorais, de lucros etc.[48]

Os casos da capoeira e do samba são exemplos evidentes de que, ao contrário de uma apropriação por parte das elites, do Estado, do mercado ou do capitalismo, como geralmente denunciado, houve uma árdua e lenta conquista de mercado, protagonizada pelos próprios capoeiras, sambistas, artistas negros e negras, em geral.

Veja-se o caso do discurso da capoeira enquanto luta nacional, por exemplo. Concomitantemente à tentativa de apropriação da capoeira promovida pelas elites a partir do Rio de Janeiro, no fim do século XIX, desenvolveu-se um processo de assimilação

---

47 Cabe registrar uma crítica à mal fundamentada negação do autor à repressão ao samba nos seus primórdios. Hertzman nega a narrativa de velhos sambistas e de estudiosos do samba de que houve uma persistente perseguição à prática, o que ele chama de "paradigma da punição". Todavia, de forma semelhante ao ocorrido com as demais manifestações da cultura negra e popular, a repressão ao samba, denunciada veementemente pelos sambistas antigos, é facilmente comprovada com uma mera vista sobre os periódicos das primeiras décadas do século XX.

48 Para mais informações sobre essas personagens, ver F. dos S. Gomes et al., *Enciclopédia Negra*, p. 92, 121, 164, 483, respectivamente.

dessa representação da capoeira como luta nacional – criada por parte da elite intelectual carioca – pelos próprios capoeiras, algo iniciado, ao que parece, por aqueles que subiram nos ringues.

Talvez possamos apontar como marco mais notório de início desse processo a luta, já referida, entre Cyríaco e o japonês Sada Miako. Como registrado pela imprensa à época, estudantes universitários, integrantes da elite econômica e política nacional, empolgados com a vitória do capoeira, saíram pelas ruas carregando Cyríaco e entoando loas à vitória da luta nacional brasileira.

Pouco mais de uma década depois, Coronel (Eduardo José de Sant'Ana) e Bala de Bronze (Reynaldo Neves), os dois capoeiras negros alunos de Jayme Ferreira, por exemplo, estiveram na redação do *Diário de Notícias* logo no início da campanha em defesa da capoeiragem, promovida pelo periódico (Fig. 10). Em 20 de novembro de 1931, o jornal estampou uma foto dos dois, lado a lado, e transcreveu uma extensa entrevista com eles.

Em sua fala, Coronel, que fora ao periódico para se queixar de sua derrota para George Gracie, segundo ele injusta por ter aplicado um golpe proibido e não acordado no contrato da luta, foi enfático em afirmar que não se convencera da supremacia da luta japonesa sobre a brasileira. Em seguida, afirmava ainda que "apoiar a capoeiragem, prestigiá-la, dar-lhe forças *é dever de todos nós brasileiros… o que desejo, que fique bem claro, é que a capoeiragem deve receber mais apoio de todos*".

Bala de Bronze, por sua vez, após diplomaticamente desferir elogios ao *Diário* e a Sinhozinho, concluiu afirmando que era a segunda vez, note-se, que comparecia ao jornal para protestar e solicitava que o periódico continuasse a defender a capoeiragem, porque estaria fazendo "um grande serviço ao *mais importante esporte brasileiro*"[49].

É necessário observar que a atuação desses capoeiras, e dos capoeiras em geral, estava em completa harmonia com a política ascendente desde os anos 1930, pois como destaca Paulina Alberto "ao invés de um cidadão dividido por raça, etnia e idioma, Vargas promoveria a brasilidade [...] – um sentimento que combinava patriotismo, nacionalismo e uma identidade nacional racial e culturalmente integrada"[50].

---

49 A Ressureição da Capoeiragem, *Diário de Notícias*, 20 nov. 1931. (Grifo meu.)
50 P.L. Alberto, *Terms of Inclusion*, p. 110.

FIG. 10: *Divulgando a capoeiragem nos jornais. Bala de Bronze, à esquerda, e Coronel, à direita, posam para foto.* **Fonte:** Diário de Notícias, 20 nov. 1931.

Esses dois capoeiras estão longe de representar um caso isolado, descoberto numa pequena nota perdida de jornal. A partir da década de 1930, com a retomada das lutas, a presença dos capoeiras nos ringues, nos jornais e revistas, como vimos, foi marcante e intensa. Esses atores da história da capoeiragem, a maior parte desconhecida nos dias de hoje, além de subirem nos ringues, ocuparam a tribuna da imprensa e do rádio para conclamar os leitores, os jornais, todos "nós brasileiros" – apelando para o sentimento de nacionalidade e inserindo a capoeira como um instrumento para catalisar esse sentimento – para saírem em defesa da capoeiragem, não como uma mera luta, mas como a luta representativa da nação, a que traria em seu cerne a legítima "brasilidade".

As fontes indicam que esse discurso da capoeira como luta nacional ou brasileira foi repetido incansavelmente pelos capoeiras ao longo de todo o século XX e atravessou o novo século. Para ficar em alguns de seus promotores mais conhecidos, podemos citar

FIG. 11: *Capoeira na TV (anos 1950). Mestre Artur Emídio, à esquerda, e o produtor Jaci Campos, após uma demonstração de capoeira feita na TV Tupi, canal 6. O capoeira baiano ainda estrelou nos ringues, no cinema e no teatro, em espetáculos no Brasil e no exterior, sempre promovendo o discurso da capoeira como a "genuína luta nacional brasileira". Fonte: Arquivo particular do mestre Artur Emídio.*

Cyríaco, Sinhozinho, Bimba, Artur Emídio (ver Fig. 11[51]), mestre Hulk (Sidney G. Freitas), passando por Barrãozinho (mestre Marco Aurélio), dentre outros que ainda hoje sobem nos ringues com a bandeira do Brasil, exibindo orgulhosamente golpes de capoeiragem em suas lutas e ao fim delas[52].

Esse discurso, contudo, não se restringia aos ringues e aos dias de luta. Era também divulgado cotidianamente pelos capoeiras

51 Agradeço a cessão do arquivo gentilmenete disponibilizado por Flávio Gomes (UFRJ), Antônio Liberac Pires (UFRB) e mestre Camisa (José Tadeu Carneiro Cardoso).
52 Ver R. **Marinho**, Maracanãzinho Viu mestre Hulk Fazer História ao Vencer o Jiu-Jítsu em 1995, disponível em: <http://sportv.globo.com>; M. **Dehò**, Capoeirista É Hit na Web Com Golpes Incríveis. Mas Por Que Não Está no UFC?, disponível em: <https://noticias.bol.uol.com.br>.

PERFORMANCE   119

em exibições, rodas, aulas, eventos, canções etc. Ao se aprender a capoeira, concomitantemente se aprendia, como de fato ocorre até os dias atuais, principalmente por via da oralidade, sua história, mitos, heróis etc., e o discurso de que a capoeira é a luta nacional brasileira.

"CAPOEIRA GOSPEL" E "BOLINHO DE JESUS": DISPUTAS INTESTINAS E ASSIMILAÇÃO DE NOVOS MERCADOS

Nesse sentido, até mesmo em casos extremos, como o da chamada capoeira gospel, é preciso questionar se, de fato, houve apropriação cultural[53]. A igreja evangélica sempre foi um ambiente, no mínimo, avesso às práticas de matriz africana, como afirma o próprio Rodney William, ao discutir o assunto. Desse modo, seria prudente, ao fazer uma análise sobre o crescimento da capoeira em meio aos evangélicos, questionar como ocorreu tal avanço em ambiente tão hostil. Teria ocorrido a partir de uma iniciativa da cúpula da igreja? Os pastores se mobilizaram para trazer a capoeira para a congregação? Repentinamente, percebendo o seu crescimento em meio à sociedade, decidiram se "apropriar" da prática?

As evidências apontam para o contrário. Essa aceitação não ocorreu "como passe de mágica", "do dia para a noite". Para que esse segmento da igreja aceitasse e passasse a se interessar pela capoeira, foi necessário um lento processo de conquista de espaço, respeito, valorização e reconhecimento social, primeiramente fora, e depois dentro da igreja. Essa possibilidade de adentrar essa instituição, dentre outras coisas, foi mais um dos desdobramentos da expansão e valorização nacional e internacional que a capoeira conquistou nos últimos anos.

---

53 A capoeira gospel é um novo segmento que vem crescendo em meio aos praticantes de capoeira nos últimos anos, no Brasil. O epíteto "gospel" foi atribuído à prática por capoeiras que aderiram à religião dos evangélicos, particularmente os neopentecostais. Os capoeiras convertidos, em busca de aceitação em seu meio, vêm realizando profundas mudanças na prática. Dentre outras coisas, retiraram referências ligadas às religiões de matriz africana, demonizadas por eles, transformaram os cânticos de capoeira em hinos evangélicos, eliminaram rituais, como o de se benzer ao sair do pé do berimbau etc. Para uma breve discussão sobre capoeira gospel a partir de um autor que corrobora a perspectiva da apropriação cultural, ver P.A. Magalhães Filho, *Tudo Que a Boca Come*, p. 116-122.

Certamente, essa capoeira, prestigiada na Europa, exibida em filmes de Hollywood, em novelas na TV, praticada por artistas famosos, apontada como benéfica à saúde, não mais vista como malandragem, marginal ou prática negra, chegou aos olhos e ouvidos das preconceituosas lideranças religiosas. Porém, somente isso não foi suficiente para que elas abrissem suas portas para a prática.

Os capoeiras que aderiram a essas religiões são os verdadeiros responsáveis pela inserção e ascensão da capoeira nesse meio. Não houve um movimento da cúpula da igreja em direção à prática. Pelo contrário. O depoimento do mestre Pastor Gilson (Gilson Araújo de Souza), uma das lideranças atuais da capoeira gospel, é transparente a esse respeito: "anos atrás, eu enfrentei muita dificuldade para levar a capoeira para a igreja. O pastor batia a porta na minha cara, dizia que era coisa da macumba, que não podia. Hoje eu sou pastor e as portas se abriram"[54].

Como se deduz da fala do mestre convertido, houve uma lenta conquista de espaço por parte de capoeiras diversos, em diversas partes do país, que, aos poucos, foram mostrando para a liderança dessas igrejas a possibilidade de adaptação da prática àquele meio. Adaptação significava, dentre outras coisas, não apenas a eliminação de suas características afro-centradas, inadmissíveis entre os evangélicos, mas a possibilidade de utilização da capoeira como instrumento de evangelização.

Outra referência desse novo segmento, o mestre Suíno, "praticante da capoeira há 40 anos e convertido há 25", cita um exemplo de como as mudanças foram ocorrendo entre os evangélicos. Em suas palavras: "a adoção do termo 'gospel' fez parte desse processo de quebrar resistências. Era uma forma […] de convencer os pastores que a capoeira podia ser praticada dentro dos valores cristãos"[55].

Como se percebe, há um claro agenciamento dos capoeiras convertidos em busca de aceitação da prática por parte da igreja.

---

54 M. Schreiber, "Capoeira Gospel" Cresce e Gera Tensão Entre Evangélicos e Movimento Negro, disponível em: <https://www.bbc.com>. Para um exemplo do debate que ainda corre entre evangélicos a favor e contra a prática da capoeira no interior da igreja, a partir da óptica de dois pastores, Roberto Cruvinel, mestre em Teologia, mestre de capoeira e presidente do Conselho de Pastores dos Capoeiristas de Cristo Internacional, e Marcos Souza, presidente da Igreja Cristã Evangélica ao Deus Eterno, ver R. Cruvinel, Debate, O Cristão Pode Jogar Capoeira?, disponível em: <https://www.youtube.com/>.

55 Ibidem.

PERFORMANCE

Esses capoeiras foram lentamente remodelando a prática e "convencendo" os pastores de que os valores "não cristãos" poderiam ser eliminados e substituídos por outros aceitos pelas congregações.

Algo semelhante ocorreu com outro produto cultural negro assimilado e remodelado pelos evangélicos recentemente: o acarajé, renomeado "bolinho de Jesus", pelos neoconvertidos. As próprias baianas do acarajé iniciaram as transformações necessárias para que a comida da orixá Iansã fosse aceita em meio à igreja.

Apesar de citar esse caso como outro exemplo de apropriação cultural, Rodney William, em sua crítica, admite inconscientemente o agenciamento das baianas. Segundo o antropólogo, "*a conversão de baianas do acarajé* às igrejas neopentecostais tentou afastar do famoso bolinho de feijão fradinho os traços afro-religiosos, eliminando os rituais que antecediam sua venda, retirando os símbolos que enfeitavam o tabuleiro e as próprias baianas, mudando o nome africano"[56].

No mesmo sentido, ao explicar a origem da tentativa de substituir o nome de acarajé para bolinho de Jesus, Rita Santos, coordenadora da Associação Nacional das Baianas do Acarajé e Mingau (ABAM), afirma que esse desígnio "tem raiz nas baianas do acarajé que mudaram de religião. Saíram do candomblé, onde essa comida é sagrada e ritual, e se tornaram evangélicas, mas não queriam deixar de vender o acarajé porque tiram daí o seu sustento"[57].

Como fica evidente, longe de qualquer processo de apropriação cultural, os agentes dessas transformações são personagens de dentro da própria comunidade. *Personas non gratas* agora em seu antigo meio, como Raimunda Borges, 65 anos de idade, quarenta à frente do tabuleiro e há dois convertida a uma igreja evangélica[58], ou Maria de Lourdes, outra evangélica que "veste bata somente porque a prefeitura obriga, mas se recusa a usar os colares, característicos das pretas do acarajé e do candomblé"[59].

Trata-se de um claro movimento de expansão desses produtos da cultura afro-brasileira, e de parte de seus produtores, em

---

56 R. William, op. cit., p. 92. (Grifo meu.)
57 C. Moraes, Para Quem Tolera, Acarajé. Baianas Lutam Para Evitar Que Evangélicos Transformem Sua Comida Sagrada em "Bolinho de Jesus", disponível em: <https://brasil.elpais.com>.
58 Ver J.P. Pitombo, Regra Para Baianas do Acarajé Deixa Evangélicas Apreensivas em Salvador, disponível em: <https://www.folha.uol.com.br>.
59 Ver R. Kaz, Relato de uma Guerra, *Revista Piauí – Folha de São Paulo*, ed. 1, disponível em: <https://piaui.folha.uol.com.br>.

direção a um novo mercado que cresce no Brasil. E, mais uma vez, os agentes dessa transformação são os próprios detentores dessas práticas, ou, melhor dizendo, parte deles.

Interpretar esses novos fenômenos como mera apropriação cultural é negar a contradição e heterogeneidade que permeia essas práticas e seus praticantes. Diversos estudos citados ao longo deste livro demonstram que, desde os tempos coloniais, por exemplo, havia capoeiras de diversas matizes e com diversos projetos políticos: monarquistas, republicanos, capangas, letrados, políticos profissionais, pretos, brancos etc. Os evangélicos são mais uma faceta dessa diversidade, que tomou relevância nos últimos anos[60].

Traçando um paralelo, acreditar que a igreja evangélica se apropriou da capoeira é semelhante a crer que a monarquia brasileira se apropriou da capoeiragem no último ano de sua existência, ou que os capoeiras que compunham a Guarda Negra da Redentora – grupo de libertos organizados para defender a monarquia e a abolição – eram alienados e manipulados pela coroa[61]. Pelo contrário, aqueles capoeiras, assim como os atuais ou as pretas do acarajé convertidos tinham/têm um claro projeto político, e para atingi-lo traçam estratégias, elaboram discursos, adaptam suas práticas, costuram alianças com grupos afins. Isso ocorreu no passado e ocorre hoje. Faz parte do processo histórico.

Nesse sentido, o percurso e a transformação da capoeira de uma luta criminalizada ou étnica a símbolo de identidade nacional não deve ser visto como um mero processo de apropriação por parte das elites, do Estado, do capitalismo, da Igreja, ou como algo imposto e acatado passivamente pelos agentes sociais dessa prática. Pelo contrário, as evidências demonstram um incansável agenciamento político-cultural dos capoeiras em sua luta

---

60 Ver, por exemplo, C.E.L. Soares, *A Capoeira Escrava e Outras Tradições Rebeldes no Rio de Janeiro (1808-1850)*; M.R. Assunção, *Capoeira*; A.L.C.S. Pires, *Movimentos da Cultura Afro-Brasileira, 1890-1950*.

61 Após a abolição da escravidão, um número crescente de libertos declarou apoio à Monarquia e se organizou para defendê-la, pois muitos a viam como a responsável pelo fim do regime escravista. Dentre esses novos adeptos, havia um número considerável de capoeiras. A esse respeito e sobre a Guarda Negra da Redentora, ver P. Domingues, Cidadania Por Um Fio: O Associativismo Negro no Rio de Janeiro (1888-1930), *Revista Brasileira de História*, v. 34, n. 67, 2014; sobre a capoeira e a monarquia, e um proeminente capoeira monarquista, ver F.J. de Abreu, *Macaco Beleza e o Massacre do Tabuão*.

PERFORMANCE

por sobrevivência, reconhecimento social e pela legitimação da capoeiragem enquanto símbolo, não apenas de um grupo, dos capoeira, dos negros, mas de toda a nação. O mesmo pode-se afirmar sobre as demais manifestações da cultura negra.

Por outro lado, é incontestável a crítica dos intelectuais antes referidos quanto à marginalização dos artistas negros e negras e quanto ao apagamento das características afro-centradas no processo de assimilação dessas manifestações pelo capitalismo. Parafraseando Paulina Alberto, podemos afirmar que esses foram e são os termos impostos pelo mercado para a aceitação ou "inclusão" da cultura negra e popular.

Essa marginalização/negação dos produtores dessas culturas, como já apontava Canclini, ocorreu no mercado de forma geral, nas mais diversas sociedades. Em outras palavras, "evidências de desigualdades raciais em educação, renda, acesso a empregos e mobilidade social foram reunidas no Brasil desde os estudos da Unesco na década de 1950. Eles foram ainda verificados nos trabalhos pioneiros de Silva (1978) e Hasenbalg (1979), na década de 1970"[62]. A indústria do entretenimento é apenas mais um ramo em que o racismo se apresenta como um forte mecanismo de manutenção da hierarquia sociorracial.

Hertzman, em sua discussão sobre o samba, apresenta diversos casos de artistas negros preteridos diante de brancos, além de apresentar e analisar dados referentes aos discrepantes rendimentos de artistas negros e brancos no mercado fonográfico. Segundo o autor, dentre outros fatores, enquanto a indústria da música permitiu um pequeno grau de fluidez e flexibilidade, o sucesso e visibilidade de um artista estava sempre ligado à cor da pele[63].

O racismo, como obstáculo para a ascensão de artistas negros e negras, mesmo em um mercado em que havia a possibilidade de mobilidade social para esse segmento, como o de entretenimento, obviamente, não é uma peculiaridade da sociedade brasileira. O mesmo ocorreu, por exemplo, no caso americano, como apresenta Perry Hall em seu artigo antes referido.

Essa barreira racial, contudo, não se impôs somente quando o mercado "percebeu uma possibilidade de lucro" da cultura negra,

---

62 G.M.D. da Silva; M. Paixão, Mixed and Unequal: New Perspectives on Brazilian Ethnoracial Relations, em E.E. Telles, *Pigmentocracies*, p. 199.
63 Ver M.A. Hertzman, *Making Samba*, p. 77.

ou "quando os brancos passaram a se interessar" por ela, dando início, a partir daí, a sua apropriação e à substituição dos negros pelos brancos. Pensar desse modo, contraditoriamente, é acreditar que o racismo é episódico e não estrutural. Pelo contrário, o preterimento de artistas negros e negras, desde os primórdios da indústria fonográfica no Brasil, por exemplo, como demonstra Hertzman em seu trabalho citado, evidencia que o racismo não foi algo intermitente em sua história. Trata-se, na verdade, de uma marca estruturante desse mercado, como bem mostra o caso do samba, do ragtime, do blues, do jazz.

5. O MFB, o Estado e as Manifestações da Cultura Negra e Popular

> *A utilização de elementos folclóricos como fonte de desenvolvimento do turismo merece ser estimulada e incentivada.*
>
> CARTA DO FOLCLORE BRASILEIRO, 31 ago. 1951.

A transformação de manifestações cultivadas localmente em pequenas comunidades, cidades ou em alguns pontos de um mesmo estado ou do Brasil em símbolos de identidade desses estados ou da nação esteve diretamente ligada a um complexo e lento processo de disputa política, que envolveu, dentre outras coisas, a seleção e homogeneização dessas práticas sob a denominação de folclore.

A constituição do que viriam a ser os símbolos estaduais e nacionais foi produto de uma longa guerra cultural. Como destaca o antropólogo britânico Peter Wade, ao se referir ao caso da constituição da música costenha como música nacional da Colômbia, a construção da identidade nacional envolve um complexo diálogo entre uma necessidade de consolidação de uma homogeneidade nacional, em meio a uma heterogeneidade perpassada por relações de raça, classe e território.

Para Wade, "a tentativa de apresentar a nação como um todo homogêneo unificado entra em choque diretamente com a manutenção de hierarquias de classe e cultura – e seus corolários frequentes, região e raça – buscadas por aqueles que estão localizados nos escalões mais altos dessas hierarquias". Esse, ainda em suas palavras, é "um dos paradoxos centrais do nacionalismo"[1].

---

1 P. Wade, *Music, Race, and Nation*, p. 5.

No mesmo sentido, conforme explica Michael Billig: "a batalha pela nacionalidade é uma batalha pela hegemonia, pela qual uma parte afirma falar por toda a nação e representar a essência nacional. Às vezes, metonimicamente, o nome da parte passa a representar o todo nacional"[2].

A construção de uma "unidade" ou de uma "homogeneidade" nacional, ocorrida no longo prazo, em meio a disputas entre diferentes grupos econômicos, políticos e étnicos, habitantes de espaços geográficos muitas vezes completamente distintos, particularmente em um país continental como o Brasil, está estreitamente relacionado ao que Billig ainda chama de "nacionalismo banal".

Segundo o autor, o nacionalismo banal

compreende os hábitos ideológicos que permitem que as nações ocidentais sejam reproduzidas [...] esses hábitos não são removidos da vida cotidiana, como alguns observadores supõem. Diariamente, a nação é evidenciada, ou "sinalizada", na vida de seus cidadãos. O nacionalismo, longe de ser um estado de espírito intermitente nas nações estabelecidas, é a condição endêmica[3].

Em outras palavras, o nacionalismo e seus símbolos são produzidos e reproduzidos no cotidiano, em hábitos imperceptíveis, repetidos, corriqueiros, por meios diversos e, em geral, aparentemente destituídos de qualquer conotação política, como ouvir uma música, assistir a uma luta ou ir ao teatro ver um espetáculo.

No Brasil, ao longo do século XX, um dos elementos por meio do qual geralmente se expressava e se cultivava esse nacionalismo do dia a dia, apontado por Billig, era o folclore. Cultivar o folclore nacional significava manter vivos os símbolos, lendas, mitos nacionais. A valorização e divulgação do folclore, envolvendo desde ações do cotidiano junto aos seus portadores até a intermediação junto ao Estado, ganhou corpo a partir dos anos 1930 e, nos anos 1940, deu um salto em termos organizacionais ao se institucionalizar oficialmente com a criação da Comissão Nacional do Folclore (CNFL), em 1947, e pouco mais de dez anos depois, em 1958, a Campanha de Defesa do Folclore Brasileiro (CDFB).

---

2 M. Billig, *Banal Nationalism*, p. 27.
3 Ibidem, p. 6.

A CNFL, reunindo estudiosos do folclore brasileiro de norte a sul do país, surgiu por recomendação da Organização das Nações Unidas para a Educação, a Ciência e a Cultura (Unesco) e se vinculou ao Instituto Brasileiro de Educação, Ciência e Cultura (IBECC). A CDFB, um desdobramento das atividades da primeira, foi criada no governo Juscelino Kubitschek (1956-1961). Resumidamente, as duas tinham como objetivo promover, em âmbito nacional, o estudo, a pesquisa, a divulgação e a defesa do folclore brasileiro[4].

Nesse período, o Movimento Folclórico Brasileiro, como se tornaria conhecido, foi um dos principais agentes sociais a intervir nessa disputa política em torno da identidade nacional. Podemos afirmar que, "nas décadas de 1940 e 1950, *o movimento folclórico forneceu o enquadramento predominante de pensamento e de ação sobre um conjunto de fatos culturais atribuídos a segmentos do povo brasileiro, então denominados por folclore*"[5].

A despeito da carência de trabalhos focados em políticas culturais no Brasil em diálogo com as culturas populares[6], tentarei demonstrar que o reconhecimento e a incorporação às políticas do Estado, a partir da década de 1950, de uma série de manifestações da cultura negra e popular deve-se, sobretudo, à intermediação pioneira, enquanto instituição, do Movimento Folclórico Brasileiro.

Esse movimento, encarnado pela CNFL, comissões estaduais e CDFB, encampou uma estratégia de discussão, elaboração e proposição para o Estado de um plano para a cultura popular, representada por essas diversas manifestações[7].

Com essa afirmação não pretendo negar ou diminuir a participação fundamental de uma série de intelectuais e artistas, apontados

---

4   Para uma análise da trajetória do CNFL e CDFB, ver L.R. Vilhena, *Projeto e Missão*.
5   R. de S. Gonçalves, Edison Carneiro e o Samba: Reflexões Sobre Folclore, Ciências Sociais e Preservação Cultural, *Anuário Antropológico*, v. 38, n. 1, p. 244. (Grifo meu.)
6   Ver A.L. Soares, *Folclore e Políticas Culturais no Brasil nas Décadas de 1960/1970*, p. 1, disponível em: <http://culturadigital.br>.
7   Em conformidade com Alexandre Barbalho, ao tratar de política cultural, refiro-me não somente a ações concretas, mas a disputas no campo da produção e circulação de ideias, lutas institucionais, assim como ações criativas e propositivas, que produzem discursos e detêm poder simbólico. Ver A. Barbalho, Políticas Culturais no Brasil: Identidade e Diversidade Sem Diferença, em A.A.C. Rubim; A. Barbalho (orgs.), *Políticas Culturais no Brasil*, p. 37-60.

por diversos autores, importantíssimos principalmente para a construção de uma nova representação dessas manifestações para um público mais amplo. Todavia, observando mais atentamente, percebe-se que, nesse período, boa parte dos intelectuais e artistas envolvidos de alguma forma com cultura popular e negra, se não estavam integrados formalmente ao MFB, como Edison Carneiro, que aderiu à CNFL logo em 1947, atuavam em sintonia com ele, como Jorge Amado, pois comungavam de uma concepção que vislumbrava uma peculiar "autenticidade" à cultura negra e popular, algo que se tornou característica do pensamento social da época[8].

Neste livro, sustento, como será discutido adiante, que as raízes da incorporação de tais manifestações da cultura negra e popular ao patrimônio local e nacional ou às identidades locais e nacional vinculadas ao turismo remontam aos anos 1950 e estão diretamente ligadas à atuação do MFB e ao sucesso que essas manifestações já vinham conquistando nacional e internacionalmente a partir de sua performance em espetáculos nos palcos à época.

Seria ingênuo, contudo, afirmar que a defesa de tais manifestações e de sua integração ao rol de símbolos de identidade local e nacional se iniciou nos anos 1950. Como discutido, a capoeira, por exemplo, é apontada enquanto símbolo de identidade nacional desde o fim do século XIX, o samba, por sua vez, foi reconhecido enquanto símbolo de identidade nacional pelo Estado desde os anos 1930.

O que advogo é que, a partir da década de 1950, com a entrada em ação do MFB e o sucesso dessas diversas manifestações nos palcos, dá-se um salto de qualidade. Parte dessas práticas começa a ser lentamente reconhecida pelo Estado – representado inicialmente por prefeituras municipais – como componentes importantes da cultura/identidade local e incentivadas por ele, mesmo que timidamente.

---

8 O MFB estimulava intelectuais e artistas de renome a se integrarem a ele. É o que se depreende de uma carta convite de Renato Almeida à Raquel de Queiroz, reproduzida por Ana Soares. Na carta, Almeida tenta sensibilizar a escritora afirmando: "Temos feito um longo e penoso trabalho, mas com esperança de conseguir algum êxito [...]. *Tenho certeza de que você está de acordo cem por cento conosco e por isso venho pedir seu apoio, unindo sua voz prestigiada à nossa* [...] estimaria muito que você assistisse ao nosso Congresso e dele participasse." A.L. Soares, op. cit., p. 9. Fica evidente que o apelo à participação não se restringia ao Congresso. (Grifo meu.)

O incentivo se traduziu, por exemplo, através de financiamento de viagens de grupos folclóricos para a participação em eventos em outros estados, apoio à realização de grandes eventos folclóricos, promoção de concursos, inserção do folclore nos programas curriculares das escolas etc., assim como pelo início da incorporação dessas manifestações ao nascente mercado turístico.

Nesse contexto, o MFB se destaca mais ainda se levarmos em conta, conforme esclarece Durval Muniz Albuquerque Júnior, que

os governos que se sucederam [de 1945] até o golpe militar de 1964, quando volta a existir uma preocupação em formular políticas de Estado para a cultura, acompanhada da censura e da repressão, possuem políticas episódicas e setoriais para o fomento e o apoio às manifestações culturais das diferentes camadas da sociedade. [...] *Da inoperância do setor público de cultura e da falta de políticas culturais é que advém a emergência de uma série de movimentos culturais que passam ao largo do Estado e oxigenam a produção cultural brasileira entre os anos 40 e 60*[9].

Diante dessa lacuna referente ao agenciamento do Estado, e em consonância com a análise desenvolvida por Luís Rodolfo Vilhena em seu livro *Projeto e Missão*, sustento que o Movimento Folclórico Brasileiro foi peça fundamental, mas não somente no sentido de uma atuação no campo, digamos, das ideias, ao promover uma ampla organização da pesquisa, debate e incentivar a valorização, preservação e construção de uma representação positiva dessas diversas práticas.

Muito além disso, sua intervenção nesse período teve outros desdobramentos concretos, pois o MFB foi um dos atores principais, se não o principal à época, na intermediação entre o Estado e os agentes dessas diversas manifestações da cultura de matriz africana e popular de norte a sul do Brasil, costurando um elo oficial para que os anseios, desejos e reivindicações dos agentes dessas práticas chegassem até os governantes e, por conseguinte, se transformassem em políticas estatais de apoio, possibilitando, além disso, dentre outras coisas, a incorporação de elementos da cultura negra e popular ao rol de símbolos de identidade local e nacional.

---

9   D.M. de Albuquerque Jr., Gestão ou Gestação Pública da Cultura: Algumas Reflexões Sobre o Papel do Estado na Produção Cultural Contemporânea, em A.A.C. Rubim; A. Barbalho (orgs.), op. cit., p. 70. (Grifo meu.)

Desse modo, aprofundando a proposição geral apontada por Vilhena, que elenca e analisa as estratégias utilizadas pelo MFB em defesa das manifestações populares, pretendo demonstrar como tais estratégias se efetivaram na prática, ou seja, de que modo a atuação do movimento foi fundamental para a idealização, elaboração e apresentação de propostas ao Estado em defesa dessas manifestações, muitas das quais posteriormente implementadas de forma progressiva como políticas oficiais, a partir de meados dos anos 1950.

RECONFIGURANDO A ATUAÇÃO DO ESTADO

Entre as décadas de 1950 e 1960, o Movimento Folclórico Brasileiro "acalentava grandes interesses políticos, que foram perseguidos a partir de um movimento intelectual de sensibilização das autoridades oficiais e da sociedade civil para a necessidade de proteção e promoção do folclore e das tradições populares"[10].

O MFB, como apontado pioneiramente por Vilhena, organizou uma rede nacional de pesquisadores, criou e difundiu inúmeras publicações, algumas regulares, divulgando suas pesquisas e essas manifestações, organizou eventos amplamente cobertos pela mídia, instituiu políticas próprias para a coleta de dados e preservação dessas diversas práticas.

Levou ainda essas manifestações para seus eventos, a maioria dos quais com a participação de intelectuais, artistas e cientistas prestigiados, além de autoridades (locais, estaduais, nacionais e internacionais) e, fundamentalmente, com a presença em destaque dos seus agentes produtores, dando visibilidade, abrindo espaços e atribuindo valor a muitas práticas ainda amplamente recriminadas pela sociedade à época.

Indo além, a Comissão Nacional do Folclore propôs estratégias de busca de apoio, valorização e aproximação dessas diversas manifestações folclóricas com o Estado, impulsionando o posterior incentivo a essas práticas citadas, mesmo que tímido ou localizado, assim como promovendo/referendando a sua incorporação ao prestigiado *status* de símbolos de identidade de estados e do país.

---

10 E.P.M. Alves, O Movimento Folclórico Brasileiro: Guerras Intelectuais e Militância Cultural Entre os Anos 50 e 60, *Desigualdade & Diversidade*, n. 12, p. 137.

O MFB, O ESTADO E AS MANIFESTAÇÕES DA CULTURA NEGRA E POPULAR   131

A organização nacional criada pelo Movimento Folclórico compreendia uma estrutura ramificada, subdividida em "comissões estaduais que, por sua vez, procuravam atrair correspondentes em cidades do interior de seus respectivos estados, produzindo uma rede espalhada por grande parte do território nacional"[11]. Tais comissões estaduais "atuavam no sentido de criar as condições políticas e oficiais junto aos governos e entidades da sociedade civil dos estados-sede para pesquisa, promoção e defesa do folclore regional e nacional"[12].

Ratificando essa perspectiva, em relatório apresentado por Renato Almeida, à época secretário-geral da Comissão Nacional do Folclore, ao IBECC, sobre o período 1949-1950, o item "A Proteção dos Folclores Populares" destacava que

desde o início de suas atividades, observou esta Comissão que uma das causas da regressão do fator tradicional nas nossas artes populares vinha do descaso, quando não da perseguição que sofriam os nossos folguedos populares. Notou-se então que vários deles deixavam de exibir-se porque as suas demonstrações, nas ruas, embora gratuitas, eram oneradas com pesados impostos, alguns proibitivos, porque prefeitos julgavam serem as mesmas menos honrosas para seus municípios. A princípio fizemos apelo geral, e depois, quer direta quer indiretamente, temos procurado providenciar para remediar esta situação[13].

Desse modo, com o objetivo de solucionar tais problemas, Almeida informava a respeito da adoção de medidas entre o governo de Pernambuco e municípios desse estado para isentar de impostos e auxiliar material e moralmente as diversões populares, assim como registrava atitude semelhante por parte da prefeitura de Vitória, Espírito Santo. Indo além, registrava que, por solicitação da CNFL, no I Congresso Nacional de Municípios Brasileiros, fora aprovada uma recomendação de "incentivo aos festejos populares, promovidos por grupos organizados ou que venham a organizar-se, para a realização em público e gratuitamente dos folguedos tradicionais do folclore regional, inclusive com a concessão de facilidades e dispensa de pagamento de tributos"[14].

11   L.R. Vilhena, op. cit., p. 177.
12   E.P.M. Alves, op. cit., p. 141.
13   R. Almeida, *Relatório Apresentado pelo Senhor Renato Almeida, Secretário-Geral da Comissão Nacional de Folclore, ao Senhor Doutor Levi Carneiro, Presidente do Instituto Brasileiro de Educação, Ciência e Cultura, Relativo ao Exercício de 1949 - 1950*, 1º jul. 1950.
14   Ibidem.

As fontes indicam, como veremos, que a intervenção direta do MFB nesse evento – frise-se – de âmbito nacional, com mandatários de prefeituras de norte a sul do país, trouxe resultados positivos e conquistas reais para o movimento e para as mais diversas manifestações negras e populares.

Uma correspondência emitida pela CNFL em 30 de junho de 1951, por exemplo, revela que o Distrito Federal foi o pioneiro a seguir a recomendação dos folcloristas e a incorporar manifestações folclóricas às atividades promovidas pela prefeitura. No referido documento, Renato Almeida louvava o Diretor de Turismo da prefeitura do Distrito Federal "pela feliz iniciativa que teve de promover, nas festas juninas, a apresentação de folguedos folclóricos brasileiros", e em seguida afirmava que a atitude do Diretor de Turismo serviria "como estímulo para as outras prefeituras". Almeida concluía destacando que a decisão da prefeitura cumpria "o voto do I Congresso Brasileiro de Municípios, reunido em Quitandinha, ano passado"[15].

É notório que, a partir desse momento, começam a surgir pequenas ações por parte de diversos governos, muitos dos quais prefeituras, em apoio às manifestações negras e populares, enquadradas no rol do folclore.

Ao destacar a crescente busca de apoio por parte dos pequenos blocos e afoxés de Salvador, em 1952, o historiador Scott Ickes afirma, por exemplo, que "se não está claro o que exatamente motivou o gabinete do prefeito a apoiar a disseminação de núcleos de Carnaval em bairros periféricos", tal medida se desdobrava concretamente no crescimento da "importância das práticas afro-baianas no contexto de uma experiência mais ampla e da associação do Carnaval à cultura afro-baiana"[16].

Ao tentar explicar o que estava por trás do incentivo do Estado, o autor afirma que teria sido motivado, talvez, por pressão da mídia, impulso popular, busca de influência por parte do governo ou busca de incrementar os negócios. Sem descartar tais fatores, podemos acrescentar que certamente teve como pano de fundo, se não como fator principal, os desdobramentos das conexões estabelecidas entre o MFB e as prefeituras, pois, como veremos adiante, diversas outras prefeituras nesse período

15 IBECC, *Série Correspondências, Assuntos Gerais: Expedidas 1947-1959*, 30 jun. 1951.
16 S. Ickes, *African-Brazilian Culture and Regional Identity in Bahia, Brazil*, p. 184.

O MFB, O ESTADO E AS MANIFESTAÇÕES DA CULTURA NEGRA E POPULAR   133

também implementaram a política proposta pelos folcloristas no encontro das municipalidades.

Para compreender a crescente atenção e suporte a tais manifestações a partir desse período, é importante destacar ainda, conforme explica Vilhena, que "o momento de fundação da CNFL é o de transição entre o período dominado pelos estudos de folclore musical e aquele em que os folguedos se firmaram como foco dessas pesquisas"[17].

Segundo Elder Alves, "Rossini Tavares de Lima, um dos nomes mais proeminentes do movimento folclorista, sugeriu a aplicação do conceito de *folguedos populares* para exprimir a diversidade de expressões e manifestações que poderiam estar condensadas em um único evento ou auto". Ainda segundo o autor,

não havia uma distinção clara entre os conceitos de *folclore* e *cultura popular* por parte do movimento [...]. De toda sorte, a partir da cunhagem do conceito de *folguedos populares*, o tônus da pesquisa e das ações de proteção passaram a se concentrar nas formas de expressão e celebração (danças, cantos, rituais religiosos de morte e nascimento, artes gráficas em geral, entre outras)[18].

Essa mudança no direcionamento da atenção dos folcloristas trouxe para o centro do palco e das discussões as diversas manifestações da cultura negra e popular. A partir daí, a ação dos folcloristas não se limitaria a coletar reminiscências de literatura oral camponesa ou canções, mas buscar e interagir com uma cultura que resistia secularmente nos mais diversos rincões do país; tinha como agentes parcelas marginalizadas da sociedade, em sua maioria negra e pobre, e que já vinha sendo apresentada desde o fim do século XIX por intelectuais, isoladamente, como constituinte do que a nação tinha de mais "autêntico".

Além disso, de forma semelhante ao que ocorrera no II Congresso Afro-Brasileiro, em que se abriu um novo espaço para a atuação dos agentes sociais das manifestações, possibilitando a sua intervenção direta nos debates do evento, o MFB ampliou o campo de atuação dessas personagens. Em seus eventos, de dimensão local, estadual, nacional e internacional, o MFB possibilitou

17   L.R. Vilhena, op. cit., p. 187.
18   E.P.M. Alves, op. cit., p. 143.

não apenas a exibição de tais práticas em espaços privilegiados, mas, em muitas ocasiões, deu voz aos seus agentes.

Para se ter dimensão da importância da atuação do MFB, mobilizando intelectuais de norte a sul do país, assim como agentes sociais do folclore, chamando a atenção da sociedade e do Estado e intervindo junto a ele através desse imenso movimento coletivo em busca de apoio às manifestações folclóricas, poucos anos após a criação da CNFL, o I Congresso Brasileiro de Folclore, ocorrido em 1951, no Rio de Janeiro, teve como presidente de honra o próprio Getúlio Vargas.

O presidente recebera membros do I Congresso no Palácio do Catete. Na ocasião, Renato Almeida, em nome do Congresso, afirmou que os folcloristas esperavam que o "governo não apenas lhes favorecesse os meios de trabalho, pesquisa e estudo, como ainda protegesse as artes populares, tornando-se não apenas o patrono do Congresso, mas também o patrono do folclore brasileiro"[19].

A partir da articulação do movimento, Vargas compareceu ao festival promovido pelo Congresso, assistiu a diversas apresentações e os folcloristas terminaram os trabalhos com uma avaliação extremamente positiva, afirmando em carta enviada a todos os governadores terem recebido o mais decidido apoio do presidente, além de terem lhe apresentado os seus planos[20].

Note-se a perspicácia dos dirigentes do movimento ao comprometer o presidente, envolvendo-o diretamente com as manifestações, das quais seria a partir dali "patrono", além de, ato contínuo, comunicarem às demais autoridades do país inteiro tal comprometimento do chefe da nação, insinuando que tal postura, como se depreende nas entrelinhas, seria a esperada da parte deles.

Alguns anos depois, em 1957, no III Congresso, em Salvador, seria Juscelino Kubitschek o presidente a atender aos apelos do MFB. Em discurso enviado por ele ao evento, o presidente "anunciava a formação de um grupo de trabalho para elaborar um

---

19 Prossegue o I Congresso Brasileiro de Folclore, *Correio da Manhã*, 26 ago. 1951.
20 Ver L.R. Vilhena, op. cit., p. 104. A imprensa registrou a chegada de Vargas e uma comitiva de ministros, secretários e outras autoridades ao evento, ocorrido na Quinta da Boa Vista, no Rio de Janeiro. Segundo o relato, houve diversas apresentações folclóricas trazidas de São Paulo, do próprio Distrito Federal, da Bahia e do Rio Grande do Sul. Dentre elas, houve a apresentação dos "capoeiristas baianos, com demonstrações ritmadas de Capoeira Angola". Homenageados Pelo Prefeito os Delegados ao I Congresso Brasileiro de Folclore, *Diário de Notícias*, 28 ago. 1951.

projeto para um plano em favor da proteção das artes populares", que culminaria, no ano seguinte, na criação da Campanha de Defesa do Folclore Brasileiro[21].

Esse nível de organização, mobilização e capacidade de aproximação com o Estado atingido pelo MFB, envolvendo a intelectualidade e agentes sociais das mais diversas manifestações, percorrendo trâmites legais, chamando a atenção para práticas culturais em grande parte ainda desconhecidas, recriminadas, algumas saídas há pouco do código penal, como a capoeira[22], manifestações produzidas em sua grande maioria pela população negra e pobre, moradoras das periferias e dos morros de norte a sul do país, e apresentando planos e proposições concretas para defesa e preservação dessas práticas em âmbito nacional era algo novo na história do país.

A organização e mobilização dos agentes produtores dessas manifestações, que antecedeu o surgimento do MFB, corria em conjunto com a articulação legal e burocrática da intelectualidade do movimento, ou seja, não se tratava de um movimento meramente da intelectualidade, apesar de dirigido por ela e com uma perspectiva completamente paternalista de sua parte em relação aos portadores do folclore.

O papel do MFB nesse processo e nesse momento foi o de proporcionar a esses agentes culturais que vinham atuando há tempos de forma isolada em seus estados e sem uma coordenação ou direção nacionalmente centralizada, uma organização coletiva, nacional, reconhecida pelo Estado e capaz de estabelecer uma ponte entre eles a burocracia estatal.

Com o crescimento de sua organização e o prestígio cada vez maior, os folcloristas intensificaram a intermediação em prefeituras, governos estaduais e governo federal no sentido de, primeiramente, cessar a repressão a tais manifestações e conseguir incentivo, inclusive material, a estas e seus agentes, pois compreendiam, conforme discurso de um de seus mais ilustres dirigentes, Renato Almeida, que a tarefa de "proteger o folclore" era fundamentalmente uma obrigação do Estado[23].

---

21 Ibidem, p. 105.
22 Acerca das proibições a batuques, tambores e sambas, ver R.A. Pereira, *Poetas do Tambor*, em particular o capítulo 7.
23 Ver L.R. Vilhena, op. cit., p. 103.

Desse modo, "os folcloristas, apresentando-se como especialistas no estudo científico das manifestações folclóricas, *postulam assim sua precedência na orientação da ação dos governos em relação a essas manifestações*"[24]. Para eles, "atingir as autoridades governamentais era essencial porque, supunham eles, [...] das instâncias de governo por elas ocupadas – viriam os recursos para o apoio de suas atividades em favor do folclore"[25].

Valendo-se de estratégias para concretizar o suporte esperado por parte do Estado e aumentar o apoio financeiro de governos locais, haja vista que as verbas da CNFL eram escassas, a direção do movimento decidiu introduzir representantes de prefeitos e governadores nas comissões estaduais, assim como valorizar folcloristas que dispunham de relações com essas autoridades[26].

Como consequência dessa interação entre o movimento folclórico, os governos estaduais e as prefeituras municipais, eram realizadas discussões, debates, reuniões com representantes do Estado, quando, em geral, eram apresentadas propostas pelo MFB; era também solicitado o apoio e empenho das autoridades em prol do folclore. Assim, mesmo que lentamente, foram surgindo resultados.

Nesse contexto, é importante destacar o caso particular da Bahia, de certo modo beneficiada duplamente, pois, entre os principais, mais ativos e respeitados dirigentes do MFB, constava nada menos que dois baianos: Edison Carneiro e Renato Almeida. Além disso, a Comissão Baiana de Folclore, nesse movimento, era considerada uma das mais ativas.

Como exemplo dessa intensa atividade em prol do folclore baiano, o jornal *Diário de Notícias* (RJ), de 8 de fevereiro 1953, informava em uma nota que "dando cumprimento à cláusula do convênio folclórico, assinado entre o governo da Bahia e o IBECC, o secretário de Educação do Estado dirigiu uma circular

---

24 Ibidem, p. 188. (Grifo meu.)
25 Ibidem, p. 201.
26 Ibidem, p. 201-202. Tal prática de buscar "apadrinhamento" junto a autoridades, intelectuais ou pessoas das camadas sociais abastadas, não por acaso quase sempre brancas, era uma antiga estratégia amplamente utilizada pelos próprios praticantes de diversas manifestações, como o candomblé e a capoeira, para ficar em dois exemplos. Para uma análise desse tipo de conexão por parte do candomblé baiano, ver S. Ickes, op. cit.; para o caso da capoeira, ver J.M.H. Acuña, *A Ginga da Nação*.

O MFB, O ESTADO E AS MANIFESTAÇÕES DA CULTURA NEGRA E POPULAR 137

ao professorado estadual recomendando o levantamento dos folguedos populares baianos, em colaboração com a Comissão Baiana de Folclore". A mesma nota informava ainda que providência idêntica havia sido adotada pela Secretaria de Educação do Espírito Santo[27].

No final do mesmo ano, o *Jornal do Brasil* publicava uma extensa nota informando a respeito da assinatura de um "Convênio de Proteção ao Folclore da Bahia", firmado dessa vez entre o prefeito de Salvador, Osvaldo Gordilho e representantes do IBECC "onde ficam estabelecidas as bases do estreito trabalho da prefeitura e da Comissão Baiana de Folclore"[28].

Em 1954, quando da assinatura do mesmo convênio de proteção ao folclore, agora com o governo do Rio Grande do Sul, o *Diário de Notícias* (RJ) deixava mais claro os termos desses acordos. O periódico informava que o governo gaúcho reconhecia

a Comissão de Folclore local como órgão capacitado para as atividades folclóricas, comprometendo-se a auxiliar seu trabalho, bem como a encaminhar *os problemas de ensino do folclore, a promover a defesa econômica dos artistas populares e a salvaguardar a sobrevivência dos folguedos folclóricos.*

O *Diário de Notícias* informava ainda, na mesma nota, dando dimensão da amplitude de atuação do MFB, que

este Convênio *resultado do I Congresso Brasileiro de Folclore,* realizado nesta capital em 1951, já foi firmado pelos seguintes estados: Ceará – Rio Grande do Norte – Pernambuco – Alagoas – Sergipe – Bahia – Espírito Santo – estado do Rio de Janeiro – Paraná – Santa Catarina e Minas Gerais, assim como pela municipalidade de Salvador, Bahia[29].

---

27 Ver Folclore e Professorado, *Diário de Notícias,* 8 fev. 1953. Como afirma Marshall Eakin: "A escola pública tem sido um dos meios mais importantes para promover a visão do Estado sobre a identidade nacional e, a partir de 1930, os gestores culturais e intelectuais da burocracia do Estado fizeram uso efetivo da formação de professores e das escolas públicas em seus esforços para comunicar o que estou chamando o mito freyriano da mestiçagem". M.C. Eakin, *Becoming Brazilians,* p. 82. Não custa lembrar que o uso da educação formal para a difusão do folclore – geralmente referido como a contribuição dos "três povos formadores", branco, negro e índio – estava em plena sintonia com o mito freyriano da mestiçagem, em plena difusão na época.

28 Convênio de Proteção ao Folclore da Bahia, *Jornal do Brasil,* 24 nov. 1953.

29 Proteção ao Folclore no Rio Grande do Sul, *Diário de Notícias,* 15 jul. 1954. (Grifo meu.)

138

Em pouco mais de quatro anos de atividade, o MFB conseguiu comprometer, pelo menos formalmente, com a causa do folclore, quase metade dos estados brasileiros. É importante perceber que a assinatura desses convênios muda oficialmente o *status* de práticas marginalizadas dessas diversas manifestações à "protegidas" legalmente em diversos estados.

Note-se ainda que a intermediação promovida pela CNFL incorporava já nessa época, pioneiramente, uma proposta de reconhecimento da importância dessas manifestações produzidas por "artistas populares", seus "folguedos" e a necessidade de sua salvaguarda, além da defesa de apoio econômico de seus agentes sociais produtores, algo somente colocado em pauta para discussão pelo órgão oficial de defesa do patrimônio histórico e artístico nacional, SPHAN, mais de duas décadas depois, quando de sua guinada em direção à cultura popular, nos anos 1970[30].

Três anos depois, o mesmo periódico trazia em destaque na sua edição de 14 de julho de 1957, no canto superior de uma página inteira dedicada às comemorações da tomada da Bastilha pelos franceses, uma nota com um chamado de atenção aos rio-grandenses-do-norte. O texto fazia referência ao III Congresso Brasileiro de Folclore ocorrido em Salvador naquele mês, mas, ao invés de traçar um relato ou balanço, fazia considerações importantes para compreendermos hoje as relações que estavam sendo costuradas entre o Estado e as diversas manifestações folclóricas, com a intermediação do MFB.

Reproduzindo a fala do então prefeito de Natal, Djalma Maranhão, no Congresso, o jornalista registrava que, segundo o mandatário, "a maior dificuldade que temos enfrentado para o

---

30 O I Congresso Brasileiro de Folclore havia instituído na Carta do Folclore Brasileiro, em seu artigo VI, inciso I: "a conveniência de assegurar-se o mais completo amparo às artes populares, ao artesanato e à indústria doméstica, auxiliando-se as iniciativas que digam respeito ao desenvolvimento e à proteção dos artistas populares". No inciso 3 do mesmo artigo, havia ainda um apelo aos "governos regionais" para que, conjuntamente com os "órgãos regionais de folclore", atuassem nesse sentido. Mathias Assunção e Martha Abreu apontam acertadamente que os folcloristas em geral, assim como os "folcloristas brasileiros, preocuparam-se muito mais com as expressões populares, seus objetos, canções, danças e festas, do que com os sujeitos sociais construtores desses patrimônios". Como se observa, o I Congresso e a Carta do Folclore apontam para uma mudança, pelo menos documental, nesse padrão. M. Abreu; M.R. Assunção, Da Cultura Popular à Cultura Negra, em M. Abreu et al. (orgs.), *Cultura Negra*, v. 2, p. 17. Ver, ainda, CNFL; IBECC, *Carta do Folclore Brasileiro*, 31 ago. 1951.

O MFB, O ESTADO E AS MANIFESTAÇÕES DA CULTURA NEGRA E POPULAR 139

crescente desenvolvimento dos folguedos tradicionais tem sido a ação da polícia, extorquindo taxas e prendendo em algumas ocasiões os homens e mulheres que deles participam". Na sequência, o jornalista deu voz a Edison Carneiro, que, em consonância com o que afirmava o prefeito, questionava: "Por que a polícia do Rio Grande do Norte, como a do Rio e de outros estados, têm a mania de liquidar com os nossos folguedos folclóricos?" Em seguida, defendia a "liberdade e respeito pelas nossas festas populares".

Em uma nota claramente elogiosa em relação ao prefeito potiguar, o jornalista elenca uma série de medidas já conquistadas naquela administração em benefício do folclore. Note-se que a cidade de Natal era morada de um dos mais eminentes e prestigiados folcloristas do Brasil, Câmara Cascudo. Segundo o jornalista, a prefeitura de Natal

criou um Museu de Arte Popular, restaurou a Diretoria de Documentação e Cultura, *instalou o Conselho Municipal de Turismo* e descobriu (com a ajuda de Cascudo e outros folcloristas locais) uma dezena de danças semidesaparecidas, organizou uma entidade chamada "Araruma, Sociedade de Danças Antigas", que tem se exibido em teatros e clubes daquela cidade[31].

Como se percebe, a estratégia de aproximação do MFB com autoridades estatais com o intuito de conquistar o apoio para a sua causa estava sendo colocada em prática e começava a dar frutos. Todavia, como apontado pela própria fala do prefeito, as diversas formas de repressão às manifestações populares ainda eram um problema comum. Desse modo, uma das questões fundamentais levantadas pelo movimento se referia a extinguir tais práticas estatais.

Como explica Vilhena,

de início a ação dos folcloristas é de reagir a perseguições, tentando "oficializar" as manifestações populares; os folcloristas da CNFL aparecem como aqueles que podem dar a chancela de que certa manifestação é "folclórica" e, como tal, não merecia ser reprimida pelas autoridades, devendo, ao invés, receber seu apoio[32].

Nesse sentido, o MFB, tendo à frente as Comissões de Folclore locais, intervieram contra a perseguição aos folguedos,

---

31 Atenção Rio-Grandenses-do-Norte!, *Diário de Notícias*, 14 jul. 1957. (Grifo meu.)
32 L.R. Vilhena, op. cit., p. 188.

representada pela ameaça policial ou de outras instâncias administrativas. Em 1953, por exemplo, os jornais denunciavam uma tentativa, "por parte da Saúde Pública e da Fiscalização Municipal" de Salvador, de obrigar as "pretas do acarajé" a substituírem seus trajes típicos por guarda-pó e um gorro branco, alegando falta de higiene.

Diante de tal ameaça, a Comissão Baiana de Folclore prontamente enviou uma carta aos jornais protestando contra esse "crime contra as nossas tradições, uma das mais caras e poéticas do baiano". Ainda conforme a carta, além de ser um atrativo turístico, haja vista que "a 'baiana' faz parte do pitoresco da cidade", sua indumentária aludia, antes de tudo, a um aspecto religioso, o que nas entrelinhas demonstrava também a sintonia do movimento com outra manifestação afro-baiana, o candomblé.

Além disso, depreende-se claramente desse episódio que, antes mesmo de a Administração Municipal perceber o apelo ou "atrativo turístico" de tais manifestações, o Movimento Folclórico já o fazia e chamava a atenção da prefeitura para tal fato. Ao fim, a nota informava que as próprias baianas compareceriam aos jornais para pedir apoio nos dias seguintes[33].

Ainda em referência a esse episódio, consta nos arquivos da CNFL uma carta de protesto enviada pela renomada folclorista Dulce Martins Lamas ao então presidente daquela Comissão, lamentando que "as Autoridades, ao invés de estimular a conservação dos costumes típicos, procurem destruir umas das mais belas e arraigadas de nossas tradições". Lamas conclui a missiva rogando a Renato Almeida que – assim como a CNFL – fizesse ouvir a sua "voz autorizada", no sentido de "defender as nossas queridas 'pretas do acarajé'"[34].

Por outro lado, uma "Comunicação da Professora Mariza Lira, Secretária da Sociedade de Folclore do Rio de Janeiro" demonstra que a preocupação do movimento pela questão do traje das baianas não era fortuita. O breve texto, referenciado em autores como Nina Rodrigues e Manuel Querino, discutia, cinco anos antes da ofensiva

---

33 Ver Perseguição à "Preta do Acarajé", *Diário da Noite*, 8 abr. 1953; Campanha da Saúde Pública Contra o Traje Típico da "Preta do Acarajé", *O Jornal*, 8 abr. 1953. No ano seguinte, as baianas do acarajé sofreram a mesma perseguição, pelos mesmos motivos, por parte da prefeitura do Rio de Janeiro. Ver C.D. de Andrade, Imagens da Calçada – Baianas, *Correio da Manhã*, 3 dez. 1954.

34 Ver CNFL, *Assuntos Gerais*, 9 abr. 1953.

O MFB, O ESTADO E AS MANIFESTAÇÕES DA CULTURA NEGRA E POPULAR   141

municipal contra as pretas do acarajé, "o problema da origem do traje de baianas" e concluía sugerindo "um estudo completo"[35].

No mesmo período em que a prefeitura atentava contra as pretas do acarajé, a Comunidade dos Terreiros, segmento mais amplo da comunidade afro-baiana que as incluía, travava um duro e longo embate com as autoridades eclesiásticas por conta de sucessivas proibições da Lavagem da Igreja do Nosso Senhor do Bonfim por parte de integrantes da cúpula da Igreja Católica.

Em seu estudo já referido, Ickes demonstra como ao longo de anos a comunidade do candomblé, à frente da cerimônia, resistiu às proibições lavando as escadas, quando lhes era vedado o acesso ao interior da igreja, transpondo barreiras, quando o entorno da igreja era cercado para impedir-lhes o acesso às escadas, enfrentando a polícia, quando qualquer um que se aproximasse do pátio para a Lavagem estava sob o risco de prisão, assim como estabelecendo relações amistosas com autoridades, intelectuais e membros da elite no intuito de contornar as proibições eclesiásticas.

Ainda segundo o autor, nesse processo, além do protagonismo das baianas, um dos principais atores na consolidação da Lavagem do Bonfim depois da Segunda Guerra Mundial foi o folclorista e *ogan* Antônio Monteiro, ativo membro da Sub-Comissão Baiana de Folclore.

Ao analisar a atuação de Monteiro, descrita por Ickes, na "consolidação", note-se, da Lavagem do Bonfim, percebe-se claramente, a partir da tática utilizada por ele, a ação do MFB, pois Monteiro, além de integrado a comunidade do candomblé, mobilizou autoridades de diversos segmentos da sociedade e do Estado, como governador, prefeito, comandantes da polícia, convocou esposas dessas autoridades para serem madrinhas das baianas, envolvendo diretamente setores das elites na festividade da Lavagem, assim como buscou apoio da imprensa e de outros intelectuais[36].

Monteiro, como membro da CBFL, esteve também envolvido na defesa das pretas do acarajé. O *Diário da Noite* (RJ) repercutiu a notícia da perseguição às baianas, na qual reproduz uma carta do folclorista denunciando o "crime contra as nossas tradições, uma das mais caras e poéticas do baiano"[37].

---

35   Ver CNFL; IBECC, *Doc. 6*, 18 mar. 1948.
36   Ver S. Ickes, op. cit., p. 116-123; 197-202.
37   Perseguição..., *Diário da Noite*, 8 abr. 1953.

Assim como esses, outros episódios revelam mais claramente o resultado concreto da atuação do MFB em conjunto com os próprios agentes das manifestações. "No Pará, por exemplo, estavam proibidos pela polícia os 'boi- bumbás'. A Comissão de Folclore local restabeleceu-os, eles tornaram a ser legais e mais: foram ressuscitados havendo concursos com prêmios aos melhores"[38].

Consoante a essa informação do periódico carioca, o jornal *O Liberal* (PA), cinco anos antes, anunciava em uma pequena nota a realização

amanhã, em Paracuri (Nossa Senhora do Livramento), [de] um concurso entre "bumbás", em disputa de uma linda taça de simpatia. O "bumbá" Brilho da Noite é o mais cotado para levantar a palma da vitória, *desde que no último concurso realizado na cidade de Icoaracy, sob o patrocínio do subprefeito*, não se conformou com o resultado[39].

Como se observa, a política de incentivo aos "folguedos" estimulada pelo MFB e adotada, nesse caso, pela prefeitura de Belém e subprefeituras, alavancou a atuação dos agentes sociais dos bumbás do Pará, que há décadas resistiam com sua prática restringida às periferias das cidades[40].

Como reconhecimento ao apoio das autoridades locais, em ofício enviado em 6 de junho de 1951 ao então prefeito de Belém, o secretário-geral da CNFL, Renato Almeida, congratulava-o por ter atendido ao apelo feito por essa Comissão aos prefeitos reunidos no Congresso Brasileiro de Municipalidades, referido anteriormente e, consequentemente, por ter baixado uma "portaria permitindo a saída à rua de folguedos folclóricos – Boi-Bumbá e Pássaros – e decidido premiar os que melhor se apresentassem"[41].

Além deles, em meio à documentação arquivada no Museu do Folclore, encontram-se ofícios enviados pela CNFL solicitando a intervenção tanto de governadores como de prefeitos contra a repressão policial e cobrança abusiva de taxas por parte da polícia.

38 Corre Água, Nasce Frô, *Diário de Notícias*, 15 set. 1957.
39 Concurso de Bumbas, *O Liberal*, 7 jul. 1951. (Grifo meu.)
40 Para um panorama do Boi-Bumbá na periferia de Belém, ver J. do E.S. Dias Jr., *Cultura Popular no Guamá*. O autor destaca como um dos fatores para o reflorescimento dos bumbás em Belém, por volta dos anos 1950, a atuação da Comissão de Folclore do Pará, e aponta a existência dos concursos referidos – e festivais – promovidos pelo Departamento de Turismo do município de Belém, até a década de 1980.
41 IBECC, *Série Correspondências, Assuntos Gerais: Expedidas 1947-1959*, 30 jun. 1951.

O MFB, O ESTADO E AS MANIFESTAÇÕES DA CULTURA NEGRA E POPULAR   143

Alguns desses documentos foram remetidos diretamente à própria polícia com vistas a cessar tal prática. A cobrança do fim daquela atuação repressiva se fundamentava no convênio assinado pelas autoridades estaduais ou municipais em defesa do folclore.

Em 24 de dezembro de 1957, por exemplo, a CNFL expediu um ofício ao então governador do estado do Rio de Janeiro, solicitando, em face do convênio assinado pelo governo objetivando a proteção do folclore fluminense, que tomasse providências a fim de que fosse evitada a cobrança exorbitante que estava sendo feita pela polícia, assim como a censura, em Nova Iguaçu, da saída à rua da Folias Reis[42].

Diante do exposto, percebe-se que, para além de um mero movimento da intelectualidade, restrito ao campo das ideias ou das pesquisas, o Movimento Folclórico buscou não apenas sensibilizar, mas transformar a atuação dos gestores públicos e do aparato repressivo com o objetivo garantir concretamente a sobrevivência das manifestações populares e negras.

Esses diversos casos observados em pontos distantes do país, cujas evidências sobreviveram ao tempo, são exemplos da contribuição fundamental e da concretude da atuação do MFB em defesa da cultura negra e popular. Todavia, não pretendemos atribuir a progressiva diminuição da repressão policial somente à atuação do MFB e suas comissões estaduais, muito menos afirmar que houve uma mudança de tratamento do Estado e de seu aparato repressivo para com as manifestações de forma uniforme em todo o país.

Tal perspectiva, além de ingênua, incorreria no erro de apagar a histórica resistência dos agentes sociais dessas diversas práticas que, a despeito de toda repressão, vinham secularmente preservando a existência de suas manifestações e conseguindo mantê-las vivas até então, como o fazem até os dias de hoje.

Em muitos casos, é necessário frisar, apesar da interpelação do movimento junto ao Estado, a repressão e a cobrança abusiva de taxas continuaram existindo, o que corrobora a perspectiva de que a conquista de respeito e a elevação de elementos da cultura negra e popular ao patamar de símbolos de identidades estaduais ou nacionais foi um processo longo, complexo, entremeado por disputas envolvendo diversos segmentos sociais e teve, ao longo de seu percurso, avanços e recuos.

---

42   Ibidem. Na referida pasta constam ainda ofícios remetidos diretamente à polícia e ao prefeito.

O caso das pretas do acarajé é exemplar. Como analisa Scott Ickes, essa personagem da paisagem cultural da Bahia vinha ganhando espaço desde os anos 1930, pelo menos, ou seja, bem antes da constituição do MFB. Na década de 1940, as baianas já eram figuras destacadas pela cobertura jornalística dos principais festivais populares da Bahia, como o da Nossa Senhora da Conceição da Praia, figurando em fotos, dando entrevistas e até participando de concursos de baiana melhor estilizada.

Em outras palavras, tratava-se de uma personagem étnica em pleno processo de transformação em símbolo de identidade estadual e até nacional, como reivindicavam alguns intelectuais à época. Note-se, por exemplo, que Carmen Miranda, com sua personagem mais famosa, a de baiana, deu projeção nacional e internacional às baianas no fim dos anos 1930, assim como as músicas "O Que é Que a Baiana Tem", de Dorival Caymmi e "No Tabuleiro da Baiana", de Ary Barroso, gravadas no mesmo período[43]. A despeito de toda essa projeção, que extrapolava as fronteiras da Bahia e mesmo do Brasil nos anos 1950, em Salvador e no Rio de Janeiro as pretas do acarajé ainda eram vítimas de perseguição por parte das prefeituras.

Esses avanços e recuos são ratificados ao se analisar o que ocorria em outros estados. Na capital do Maranhão, por exemplo, no fim dos anos 1950, depois de quase uma década da instituição e atuação da CNFL, a política em relação ao bumba meu boi – manifestação há décadas apresentada por segmentos da intelectualidade local como símbolo de identidade maranhense – ainda oscilava entre o apoio e a repressão, como apontam diversos estudos[44].

O MFB E A GÊNESE DA INSTITUCIONALIZAÇÃO DAS POLÍTICAS CULTURAIS NO BRASIL

O sociólogo Elder Alves insere o MFB entre os maiores atores do que ele chama de processo de incorporação e potencialização de manifestações e expressões artístico-populares ao universo

---

43 A esse respeito, ver S. Ickes, op. cit., p. 137-140.
44 Ver A.E.A. Barros, *O Processo de Formação de "Identidade Maranhense" em Meados do Século XX*; H.M.M Corrêa, *São Luís em Festa*; C.C. de S. Martins, *Bumba Meu Boi e Festas Populares na Ilha do Maranhão*.

da unificação sociossimbólica nacional. Em suas palavras: "no Brasil pode-se destacar principalmente o movimento folclórico, entre os anos quarenta e sessenta, os intelectuais reunidos em torno do Instituto Social de Estudos Brasileiros (ISEB), os Centros Populares de Cultura (CPCS), da União Nacional dos Estudantes (UNE), o Teatro de Arena e o Cinema Novo"[45]. E, em se tratando de manifestações da cultura afro-baiana, tal referência ao MFB deve ser acentuada.

Portanto, além da intensa atuação no campo da pesquisa, coleta de dados, organização de eventos com a apresentação de manifestações folclóricas – o que era mais visível tanto pelos agentes sociais dessas manifestações como pelas populações locais diretamente atingidas por tais eventos-espetáculos –, é necessário ressaltar a importância do Movimento Folclórico Brasileiro em meio ao que Alves ainda denomina de "gênese do processo de institucionalização das políticas culturais no Brasil".

Dentre outras coisas, o MFB interveio diretamente a partir da formulação e proposição de políticas a serem adotadas e implementadas pelo Estado brasileiro, nas três esferas, em relação a essas práticas. Nesse sentido, a Carta do Folclore Brasileiro, antes referida, é um dos documentos-chave no norteamento da atuação do movimento e de intervenção por parte dele junto ao Estado em âmbito nacional, estadual e municipal.

Em seu parágrafo de abertura, a carta tornava públicos os princípios fundamentais, as normas de trabalho e as diretrizes que deveriam orientar as atividades do folclore brasileiro. Um de seus artigos principais formulava, por exemplo, "encarecido apelo ao Exmo. Sr. Presidente da República no sentido de que promova, pelos meios julgados mais convenientes aos interesses da administração pública, a criação de um organismo, de caráter nacional, que se destine à defesa do patrimônio folclórico do Brasil e à proteção das artes populares".

O mesmo artigo, em inciso posterior, sugeria que tal órgão deveria ser "autárquico, com plena autonomia técnica e autonomia administrativa indispensável à própria natureza de seus encargos"[46].

---

45   E.P.M. Alves, op. cit., p. 134.
46   Ver CNFL; IBECC, *Carta do Folclore Brasileiro*, 31 ago. 1951, em especial, artigo IX, incisos I e II.

Esse apelo por uma organização estruturada e com amplos poderes de intervenção sobre o "patrimônio folclórico e a proteção das artes populares" revela, não custa reafirmar, a falta de políticas institucionais por parte do órgão oficial do Estado responsável pela defesa do patrimônio histórico e artístico nacional. Note-se a semelhança clara entre o caráter de tal instituição proposta, em termos organizacionais, e o SPHAN.

O artigo XIX da carta, por sua vez, elencava uma recomendação que interferiu diretamente no desenvolvimento posterior das mais diversas manifestações negras e populares, pois autorizava – digamos, pois a proposta partia de uma instância oficialmente reconhecida como competente para tanto, o I Congresso Folclórico Brasileiro, realizado sob a tutela do IBECC – a incorporação dessas manifestações ao rol de atividades a serem exploradas pelo turismo, sob a supervisão do Estado.

O artigo em questão recomendava que

a *utilização de elementos folclóricos como fonte de desenvolvimento do turismo merece ser estimulada e incentivada*, devendo, nesse sentido, os órgãos da Comissão Nacional de Folclore manterem-se em entendimento constante com o Conselho Nacional de Turismo a fim de que, num regime de estreita e proveitosa cooperação, *possa ser incrementada a aplicação do Folclore ao turismo*[47].

Alguns anos antes, o IBECC, já revelando a importância que daria ao tema, entrou em contato com a Secretaria Nacional de Informações, Cultura Popular e Turismo para comunicar que

decidiu criar a Comissão Nacional do Folclore, destinada a promover e incentivar os trabalhos folclóricos no país e a representar, como entidade nacional, os folcloristas brasileiros nas suas relações com o estrangeiro, desenvolvendo igualmente o intercâmbio com centros de estudos e pesquisas de outros países[48].

Afirmou, em seguida, que esperava contar com a colaboração da Pasta.

Importante lembrar, ainda no que se refere ao I Congresso, de sua intervenção junto ao próprio presidente Getúlio Vargas e da

47 Ibidem. (Grifo meu.)
48 IBECC, Ao Excelentíssimo Senhor Secretário Nacional de Informações, Cultura Popular e Turismo, *Série Correspondências, Assuntos Gerais: Expedidas 1947-1959*, 2 jan. 1948.

entrega a ele do plano dos folcloristas para as manifestações populares. Levando-se isso em conta, podemos afirmar que essa proposta de integração do folclore ao turismo foi uma das apresentadas a Vargas.

A partir dessas observações, sustento que o MFB esteve entre um dos pioneiros a propor ao Estado a incorporação de tais manifestações, ainda em grande parte reprimidas e marginalizadas, ao seu rol de produtos turísticos. Desse modo, o movimento chamou a atenção, ainda no início dos anos 1950, quando diversos desses "folguedos" eram amplamente desconhecidos ou conhecidos apenas em âmbito local, para o seu potencial de atrativo econômico e abriu caminho para uma posterior exploração de tais manifestações folclóricas por parte do mercado[49].

É necessário destacar, além disso, para situar o leitor naquela conjuntura, que nos anos 1950 começava a se desenvolver de forma embrionária o turismo no Brasil, como resultado do crescimento e urbanização das cidades, do comércio, de vias de transporte e do crescimento de uma classe média com poder aquisitivo para viajar, somados a uma interferência direta do Estado. E, nesse contexto, a cidade de Salvador esteve entre as capitais que estiveram à frente desse movimento. Em outras palavras,

o turismo começou, efetivamente, com os primeiros sinais de uma ação mais ampla e sistemática, durante a década de 1950. A intervenção estatal se fez sentir tanto na criação de órgãos e instituições normativas e executivas, quanto na produção do espaço. Em 1953, as prefeituras de Belo Horizonte, Recife e Salvador criaram seus órgãos municipais de turismo[50].

A despeito desses pequenos avanços e suportes locais, somente em 1958, por exemplo, foi criada a "Combratur – Comissão Brasileira

---

49 É necessário observar, contudo, que para o MFB tais manifestações deveriam ser incentivadas, porém, sem qualquer tipo de interferência externa que viesse a "corromper" a sua "essência" ou "autenticidade". Essa concepção causou diversos conflitos entre os folcloristas e alguns representantes do Estado que começaram a promover tais práticas, sob a óptica dos folcloristas, com um "sentido puramente turístico", em "busca de lucro financeiro" ou com interesses "políticos". L.R. Vilhena, op. cit., p. 189. Na verdade, a intenção dos folcloristas de ter sob seu estrito controle a promoção do folclore por meio do turismo não se efetivou. A partir daquela mesma década de 1950, cada vez mais, como discutirei a seguir, essas diversas práticas e praticantes foram assimilados pelo mercado de entretenimento e de turismo, adaptando-se e se transformando nesse processo, o que para os folcloristas era um atentado contra o caráter "autêntico" e "tradicional" do folclore.

50 D. Müller et al., O Despertar do Turismo no Brasil: A Década de 1970, Book of Proceedings, p. 695.

de Turismo –, vinculada à Presidência da República. Essa pode ser considerada a *primeira política pública do Estado a serviço do turismo brasileiro*"[51]. Tais dados revelam, por sua vez, que a atuação do MFB e, em particular, suas proposições referentes a políticas visando a incorporação do folclore ao turismo estiveram na gênese do próprio desenvolvimento de uma política nacional para o turismo no Brasil.

Em meio a isso, é possível compreender o posicionamento de Edison Carneiro ao afirmar que a revitalização dos folguedos na maioria dos estados passava por multiplicar as oportunidades de apresentação, na cidade[52]. Tal recomendação, que visava concretizar um dos principais objetivos do movimento, seria facilitada ou possibilitada com a incorporação dessas práticas ao turismo, com apoio do Estado.

Nesse sentido, o caso de diversas manifestações da cultura afro-baiana, como o samba de roda, o candomblé, o maculelê[53], a capoeira, dentre outras – incorporadas lentamente a partir desse período à atividades promovidas pelo Estado (prefeitura de Salvador), que transitava da posição de agente repressor a promotor – reforça a hipótese de que a atuação do MFB teve papel central no desenvolvimento que tomariam essas práticas a partir da década de 1950, em particular no que se refere a sua incorporação ao turismo promovido pelo Estado.

Isso nos leva a reafirmar que, para além da influência de diversos intelectuais e artistas de renome de forma isolada, fundamentalmente, a partir dos anos 1950, o Estado elaborou o seu

51 Ibidem, p. 695. (Grifo meu.)
52 Ver E. Carneiro, *A Sabedoria Popular*, p. 28.
53 A *Revista Brasileira de Folcloro* definia o maculelê, nos anos, 1960 como "um auto popular típico dos africanos e que vem passando de geração em geração". Trata-se de "um folguedo místico profano, talvez com raízes nas 'festas das colheitas', comuns na África quando as safras eram fartas [...]. Os comparsas do maculelê executam, nas suas danças, passos de Capoeira e de samba [...]. O traje atual é composto de calças brancas, compridas e de bocas largas; camisa de meia de mangas curtas, geralmente listradas no sentido horizontal [...]. A orquestra que anima e acompanha o grupo é composta de uma série de atabaques, de alguns pandeiros, duas ou três violas de doze cordas. Cada um dos participantes – cantores e dançadores – está munida de um par de bastões de mais ou menos 60 centímetros cada. O 'chefe' ou 'macota' [...] só usa um bastão". P. de Almeida, Pequena História do Maculelê, *Revista Brasileira de Folclore*, 1966, p. 258-260. Naturalmente, o maculelê sofreu, dos anos 1960 para os dias de hoje, diversas modificações. A designação de "macota" para o "chefe" caiu em desuso, por exemplo, assim como o uso das violas na orquestra.

O MFB, O ESTADO E AS MANIFESTAÇÕES DA CULTURA NEGRA E POPULAR   149

projeto para a cultura popular brasileira – o que incluía a cultura negra – em interação direta com o MFB, representado por suas diversas instâncias (CNFL, Comissões Estaduais de Folclore, CDFB).

Conforme citado anteriormente, a então capital Federal foi pioneira em incorporar manifestações populares às atividades promovidas pelas prefeituras, tendo sido parabenizada por Renato Almeida por tal iniciativa, ainda em junho de 1951.

No mesmo período, pouco mais de um ano após o convênio assinado entre a Comissão Baiana de Folclore e a prefeitura de Salvador, em novembro de 1953, começam a surgir pequenas notas informando a presença de capoeira, samba de roda, maculelê e do candomblé, dentre outras manifestações da cultura afro-baiana, em eventos apoiados pela administração municipal.

Endossando essa perspectiva, O *Jornal do Brasil* de 22 de agosto de 1955, por exemplo, informava que, em comemoração ao dia do folclore, a Comissão Baiana promoveria em Salvador, além de uma sessão no prestigiado Instituto Histórico e Geográfico local, uma "apresentação da dança afro-brasileira Maculelê, *demonstrações feitas com o apoio da prefeitura de Salvador*"[54].

O caso do maculelê é exemplar para percebermos a efetividade da política de resgate, preservação e divulgação dessas práticas, empreendida pelo MFB, a intermediação encampada pelo movimento entre os praticantes e o Estado e a sua vinculação ao nascente mercado turístico.

Se considerarmos o registro feito em uma coluna assinada por Heráclito Salles, no jornal *Diário de Notícias* do Rio de Janeiro, em 7 de outubro de 1954, essa manifestação da cultura afro-baiana, por exemplo, era até então uma prática desconhecida até mesmo por um dos maiores estudiosos do folclore do Brasil, Câmara Cascudo, que, em seu recém-lançado *Dicionário do Folclore Brasileiro*, sequer o citara.

O completo desconhecimento do maculelê é confirmado por uma comunicação feita à CNFL por Gracita de Miranda, da Comissão Paulista de Folclore, em 12 de junho de 1956. Após assistir a uma exibição oferecida aos delegados do III Congresso Nacional de Turismo e "ao povo", pelo Departamento Municipal de Turismo de Salvador, na capital baiana, a folclorista registrou

54 *Jornal do Brasil*, 22 ago. 1955. (Grifo meu.)

que "raramente essa dança é realizada fora de Santo Amaro. E é tão pouco conhecida que nada encontramos a respeito nos livros dos mais abalizados conhecedores do folclore afro-brasileiro"[55].

Ainda no documento, Gracita afirmava, temerosa diante do futuro incerto do maculelê: "é lamentável perder essas joias do nosso folclore, legítimas relíquias de nossa história, que deveriam ser avaramente preservadas, como respeito à tradição e à arte popular"[56].

Ainda segundo o relato ufanista e estereotipado de Salles, que conhecera em sua infância o mais antigo guardião da prática, vivo à época, Paulino Aluisio de Andrade (1876-1968), o mestre Popó, "um rei africano exilado no massapê de Santo Amaro", o maculelê era uma "dança bárbara, monopolizada por uma família de pretos que permaneceu pura na cor, no sangue e nos costumes", sendo desse modo, até aquela época, só realizada "pela família de Popó, desde o seu bisavô até o príncipe, seu filho, que já está sendo preparado para tomar a chefia"[57].

De uma prática em vias de desaparecimento, restrita a uma única família residente em uma minúscula cidade do interior do recôncavo baiano, o maculelê no ano seguinte começaria a despontar, como registrado nos jornais, nos mais diversos eventos, desde os pioneiramente promovidos pelo MFB, visando à preservação da prática, até os da prefeitura de Salvador, que passara a incorporá-lo como espetáculo ao seu mercado turístico em desenvolvimento.

Ainda em 1955, por exemplo, o Diretor de Turismo da cidade de Salvador, Waldemar Angelim, segundo o jornal *Diário Carioca* do dia 2 de outubro, estava na então capital federal fazendo acertos referentes ao III Congresso Nacional de Turismo que se realizaria na capital baiana no mês seguinte.

No programa oferecido aos congressistas constavam, dentre outras atrações, "muitas exibições de candomblés, maculelê,

---

55 CNFL, *Série Documentos, Comissão Nacional de Folclore, 1948-1964.*
56 Ibidem.
57 O maculelê foi uma das manifestações incorporadas aos espetáculos produzidos pelos praticantes de capoeira quando de sua expansão a partir da década de 1960. A coluna do *Diário de Notícias* traz ainda uma descrição do maculelê, registra a sua presença na festa da padroeira da cidade de Santo Amaro da Purificação, em 2 de fevereiro, cita trechos de cânticos e aponta ainda o mestre Popó como exímio capoeira. Ver Maculelê, *Diário de Notícias*, 7 out. 1954.

O MFB, O ESTADO E AS MANIFESTAÇÕES DA CULTURA NEGRA E POPULAR 151

chegança, capoeiras e outros interessantes costumes baianos de longa tradição"[58]. Note-se a já plena integração dessas diversas práticas da cultura afro-baiana ao rol de produtos promovidos pelo Departamento de Turismo da prefeitura de Salvador.

Como se percebe pelas notas citadas, a capoeira também já estava sendo incorporada ao mercado turístico de Salvador que começava a se organizar. No caso específico dessa prática, é notório, por exemplo, que desde os anos 1930 os capoeiras do estilo angola vinham sendo escolhidos, por sua suposta "autenticidade", para fazer exibições, em particular, em eventos promovidos por parte da intelectualidade baiana; o que foi retomado e intensificado no final dos anos 1940 e início dos 1950, com a edição dos eventos promovidos pela CNFL e suas sessões.

Com o início da organização da pasta de turismo por parte da prefeitura de Salvador, esse mesmo segmento da capoeiragem, apoiado pelo MFB, não por acaso, foi privilegiado, firmando contratos, consolidando-se localmente, adquirindo prestígio, e, além disso, tendo a partir de então a possibilidade de exibir-se tanto na Bahia, quanto em outros estados do Brasil. Exatamente como recomendava a Carta do Folclore, quando afirmava que deveria ser "incrementada a aplicação do Folclore ao turismo".

Outro ponto a destacar nessa discussão é que, analisando a trajetória desse movimento, percebemos que a partir da criação da CNFL, em 1947, os intelectuais a ela ligados começavam a construir na prática um importante e coletivo mecanismo institucional hábil para tentar completar a lacuna na política de preservação do SPHAN, no que se refere ao apoio aos bens relacionados à cultura popular.

A falta de interesse do SPHAN pelas manifestações da cultura de matriz africana e popular pode ser entrevista em um documento enviado à CNFL, em 8 de abril de 1948, pelo presidente daquela instituição por décadas, Rodrigo M.F. de Andrade. Ao recusar educadamente o convite a sua afiliação à CNFL, Rodrigo de Andrade afirma ser "em verdade, completamente leigo na matéria que é objeto das atividades dessa Comissão"[59].

---

58 D.A.C. Brandão, Turismo – No Rio, o Diretor de Turismo da Bahia, *Diário Carioca*, 2 out. 1955.

59 IBECC, *Série Correspondências, Assuntos Gerais: Recebidas 1947-1959 – Carta de Rodrigo M.F. de Andrade a Renato Almeida*, 8 abr. 1948.

Ampliando o arco de análise e partindo do pressuposto advogado por Renato Ortiz de que "a identidade nacional está profundamente ligada a uma reinterpretação do popular pelos grupos sociais e à própria construção do Estado brasileiro"[60], podemos afirmar que, muito além de levantar a discussão específica em torno da preservação e defesa da cultura negra e popular, o MFB – atuando como um dos principais protagonistas no campo da intelectualidade, nesse período – teve papel de destaque em meio à disputa em torno dos projetos de identidade nacional para o Brasil, atuando, nesse sentido, como um dos principais responsáveis pela defesa da incorporação de manifestações da cultura negra e popular ao *status* de símbolos de identidade estaduais e nacionais.

Conforme afirma Elder Alves,

no momento de maior expansão do mercado de bens simbólicos nacionais, compreendido entre os anos cinquenta e setenta, os grupos e as gerações de intelectuais-artistas brasileiros manejaram e remanejaram a categoria *cultura popular* de acordo com seus interesses e motivações. Importa perceber que as posturas, formulações e práticas discursivas desses grupos ocorreram em meio às guerras culturais nas quais estavam envolvidos. Nessas guerras, ao filtrar certos aspectos da categoria *cultura popular*, tais grupos estavam disputando o estatuto de voz autorizada sobre o *popular* e, por conseguinte, sobre a *identidade nacional*[61].

Dentre esses diversos grupos, o que se arvorava mais autorizado a certificar a autenticidade ou não da cultura popular, como discutido, era o MFB. Nesse sentido, grande parte da política cultural adotada pelos governos municipais, estaduais e pelo governo federal a partir dos anos 1950 teve como ponto de partida o plano para a cultura popular que vinha sendo construído pelo MFB, assim como boa parte do que foi implementado pelo Estado foi elaborado em colaboração e a partir das proposições apresentadas por esse movimento.

Sua atuação política foi ainda fundamental para conferir a essas manifestações um caráter de brasilidade – sobrepondo a anterior configuração étnica e local a elas atribuída – e, por conseguinte, contribuiu para fortalecer em seus agentes um sentimento de pertencimento à nação, como será discutido a seguir.

---

60 R. Ortiz, *Cultura Brasileira e Identidade Nacional*, p. 8.
61 E.P.M. Alves, op. cit., p. 135.

6. "A Descoberta do Negro"

Agenciamento Cultural, Performance e Entretenimento ou Celebrando a Cultura Negra Como Cultura Nacional

> *Ninguém sabe bem porque o elemento negro esteve tanto tempo afastado de nossos espetáculos musicais. Excetuando-se a intervenção isolada de um ou outro artista, o homem de cor vivia sua arte segregado nas escolas de samba que se espalham pelos morros cariocas. Nem mesmo o relativo sucesso alcançado pelos grupos organizados com objetivos folclóricos animava nossos empresários, que continuavam inteiramente alheios a esta fabulosa reserva de valores artísticos, totalmente inexplorada.*
>
> A DESCOBERTA DO NEGRO,
> *Correio da Manhã*, 8 jan. 1956.

Entre a segunda metade dos anos 1940 e a década de 1950, ocorreu uma verdadeira transformação no que concerne à presença de artistas negros e de manifestações da cultura negra no ramo do entretenimento na então capital cultural e política do Brasil, o Rio de Janeiro. De um cenário onde se contava um ou outro artista "de cor", o autor anônimo da coluna do *Correio da Manhã*, que abre este capítulo, celebrava, já em 1956, uma "invasão [dos negros e negras] que ameaçava transformar-se em monopólio".

"Desprezados injustamente anos a fio", prosseguia, "reclusos com sua arte simples, espontânea e inigualável nos barracos e abas de morro eles descem, agora aos magotes, simples em sua vitória e popularidade" e conquistam os palcos, onde brilhavam em espetáculos músico-teatrais[1]. O que explica tal mudança de ventos?

Antes de adentrar na difícil e tortuosa questão, para a qual não tenho a pretensão de alcançar resposta conclusiva, cabe uma crítica ao trecho do prognóstico do cronista, segundo o qual: "Ninguém sabe bem porque o elemento negro esteve tanto tempo afastado de nossos espetáculos musicais." Desde a década de 1940, o intelectual e ativista Abdias do Nascimento, com a criação do

---

1 Ver Teatro – A Descoberta do Negro, *Correio da Manhã*, 8 jan. 1956.

Teatro Experimental do Negro (TEN), denunciava veementemente que a barreira imposta aos negros e negras nos palcos
era racial[2]. Quando eram admitidos, o racismo impunha a eles
papéis caricatos, marginais e subalternos, como já discutido em
diversos trabalhos[3].

Até mesmo para uma bailarina concursada e talentosa como
Mercedes Baptista, aprovada em 1948 como a primeira bailarina negra do Teatro Municipal, tais barreiras eram imensas.
Sua entrada no Municipal, por exemplo, não se traduziu em uma
pronta aceitação e inserção nos espetáculos do prestigiado Teatro. Segundo a própria bailarina, ativa combatente do racismo,
em entrevista ao jornal *O Globo*, em 25 de janeiro de 1981, após
sua aprovação, fora "excluída de tudo, e nem que pusesse um
capacho cobrindo meu rosto me deixavam pisar em cena. Só
uma vez atravessei o palco usando sapatilhas de pontas e, ainda
assim, lá no fundo"[4].

Apesar dos inúmeros obstáculos enfrentados pelos artistas negros e negras, como revela a fala de Mercedes Baptista,
a década de 1950, como se deduz ainda do trecho do *Correio da
Manhã*, marca a definitiva conquista de espaço desse segmento
social no já consolidado e crescente mercado de entretenimento
do Rio de Janeiro, com ramificações em São Paulo e além Brasil,
como discutiremos neste capítulo.

A localização espacial do início dessa transformação em curso
no eixo Rio-São Paulo não é um mero detalhe. As evidências
indicam, como também veremos, que as manifestações da cultura negra e popular – dentre as quais as afro-baianas – primeiro
conquistaram o mercado de entretenimento nessa região do país,
para somente depois conquistarem certo espaço em um emergente mercado de entretenimento, geralmente ligado ao turismo,
em seus lugares de origem. Isso ocorreu, por exemplo, com a

---

2   Sobre Abdias do Nascimento, ver F. dos S. Gomes et al., *Enciclopédia Negra*,
    p. 427.
3   Ver, por exemplo, P. Domingues, Os Descendentes de Africanos Vão à Luta
    em Terra "Brasilis": Frente Negra Brasileira (1931-37) e Teatro Experimental do
    Negro (1944-68), *Projeto História*, v. 33; A. do Nascimento, Teatro Experimen-
    tal do Negro: Trajetória e Reflexões, *Estudos Avançados*, v. 18, n. 50; M. Abreu,
    Da Senzala ao Palco.
4   Apud P.M. da Silva Júnior, *Mercedes Baptista*, p. 21. Sobre Mercedes Baptista,
    ver F. dos S. Gomes et al., op. cit., p. 427.

"A DESCOBERTA DO NEGRO"

exploração mais intensa de diversas dessas manifestações na Bahia e no Maranhão, a partir da década de 1960.

A explicação para tal diferença temporal entre uma região e outra está relacionada, dentre outros fatores, ao próprio desenvolvimento urbano e do mercado de entretenimento nas diferentes partes do Brasil. Nos anos 1950, o eixo Rio-São Paulo, além de centro econômico da nação, concentrava a capital cultural e política do país e era polo atrativo para imigrantes de outros estados.

Salvador, por sua vez, apesar de atravessar no mesmo período um crescimento urbano e populacional, ainda era um dos principais polos de expulsão de mão de obra para o sudeste[5]. São Luís, por outro lado, até o fim da década de 1960 ainda contava com péssimos índices de habitação, renda, saneamento básico, dependendo, portanto, fundamentalmente do Estado para qualquer investimento ou exploração das referidas manifestações[6].

Todavia, somente a existência ou o desenvolvimento de um mercado de entretenimento no Rio de Janeiro não explica a abertura para as manifestações da cultura negra e popular. O mercado, na verdade, já existia. A novidade foi a assimilação cada vez maior e com novo formato da mão de obra artística negra e de suas manifestações culturais. Para compreender esse processo, dentre outros fatores, devemos considerar alguns acontecimentos marcantes daquela conjuntura. Um deles, digamos, subjetivo e relacionado ao ativismo negro da época, foi a criação e a experiência do Teatro Experimental do Negro, tema já de diversos estudos[7].

A transformação impulsionada pelo grupo dirigido por Abdias do Nascimento marcou uma mudança qualitativa em relação à presença negra nos palcos, movendo esses artistas de um lugar secundário, subalterno e caricato a uma nova posição de protagonistas, tanto no elenco como na direção dos espetáculos teatrais. Possibilitou ainda a eles próprios – e não mais apenas a artistas brancos como Carmen Miranda ou Eros Volúsia[8], por exemplo – representarem nesses espetáculos as diversas

---

5 Ver I.M.M. de Carvalho; G.C. Pereira, *Como Anda Salvador e Sua Região Metropolitana*.

6 Ver M. de L.L. Lacroix, *São Luís do Maranhão, Corpo e Alma*, v. II.

7 Sobre o TEN, ver, por exemplo, P.J. Domingues, op. cit.; A. do Nascimento, op. cit.

8 Dançarina brasileira, uma das pioneiras da inserção do "folclore" nos palcos. Ver R.G. Britto; L.C. Tardock, Noite na Macumba: As Religiões Afro-Brasileiras e o Bailado de Eros Volusia, *Plura*, v. 6, n. 2.

manifestações da cultura negra, que ganhariam destaque dali em diante[9].

De acordo com o historiador Petrônio Domingues,

devido à sua relativa representatividade, o TEN serviu de modelo para outros grupos. Em São Paulo, Geraldo Campos criou, em 1946, o equivalente do grupo carioca, adotando o mesmo nome. Em Porto Alegre, Heitor Nunes Fraga fundou um grupo de "Teatro do Negro". Em Santa Catarina, também se cogitou a possibilidade de se fundar um grupo nos moldes do grupo carioca[10].

A despeito do estímulo ao surgimento de grupos semelhantes, o TEN não obteve grande sucesso ou apelo popular se comparado com outras companhias teatrais da época, inclusive negras. Ainda na década de 1950, contraditoriamente, no momento em que crescia a participação negra e de manifestações da cultura negra nos palcos, segundo Domingues, "o TEN deu os primeiros sinais de crise, não conseguindo montar os espetáculos com regularidade. Com pouco espaço na cena teatral carioca, o grupo resolveu se transferir para São Paulo"[11].

Apesar da crise, a sua experiência está relacionada ainda a um segundo fator venal para as transformações no cenário cultural daquele período, pois o grupo está diretamente ligado ao surgimento de um outro grupo teatral que, embora pouco conhecido ou, pelo menos, não reconhecido à altura nos dias de hoje, marcou de forma indelével, como será analisado, o cenário cultural e político brasileiro da segunda metade do século XX: o Grupo dos Novos, renomeado Teatro Folclórico Brasileiro e, por fim, mundialmente conhecido como Brasiliana.

Além desses, outro aspecto que merece ser levado em conta ao se tentar compreender o que motivou a abertura de mercado para as manifestações da cultura negra e popular e seus agentes é o contexto político de crescente nacionalismo e valorização do folclore – guarda-chuva sob o qual se abrigavam essas práticas e interviam esses agentes –, visto, apresentado e defendido por

---

9 Ver A. do Nascimento, op. cit. Para uma análise panorâmica da trajetória da presença negra nos palcos entre as últimas décadas do século XIX e primeiras do XX, ver M. Abreu, op. cit.

10 P. Domingues, *A Cor na Ribalta*, p. 53.

11 Ibidem, p. 54.

"A DESCOBERTA DO NEGRO" 157

algumas autoridades, setores da intelectualidade e da imprensa como reminiscência da alma nacional e, logo, diretamente relacionado com a identidade do país.

BRASILIANA:
"UM GRUPO DE ENTUSIASTAS DAS COISAS BRASILEIRAS"

O Teatro Folclórico Brasileiro/Brasiliana é paradigmático como ponto de partida para analisarmos essa questão. O grupo foi criado em 1949, a partir de uma dissidência do TEN. O que marcou a trajetória de parte do elenco que veio a dar origem ao TFB/Brasiliana foi a participação na peça *Aruanda*, escrita especialmente para o TEN, pelo então renomado folclorista Joaquim Ribeiro e dirigida por Abdias do Nascimento.

A peça retratava o drama do casal Rosa Mulata e Quelé, envolvidos em um triângulo amoroso com uma personagem do panteão do candomblé, Ganga Zuma, entidade que incorporava em Quelé para possuir Rosa Mulata. Em meio ao drama, a peça dava vazão à entrada em cena de diversas manifestações negras como o candomblé, frevo, maracatu etc. Tais manifestações ganharam destaque e chamaram a atenção do público e da crítica, secundarizando o drama.

Segundo Pereira, tudo leva a crer que *Aruanda*

foi um ponto de virada na história das artes cênicas no Brasil, algo ainda não registrado e debatido pela historiografia. Sua importância e singularidade se devem ao fato de ter sido, ainda conforme a crítica de Edmundo Moniz, "a primeira tentativa [exitosa pelo menos] de aproveitamento de temas folclóricos bem brasileiros numa peça de categoria artística". Em outras palavras, se antes o folclore já estava inserido nos palcos, a partir de Aruanda, ele se torna um elemento venal de um gênero que passava a ser visto como caracteristicamente nacional[12].

Ainda conforme o autor, a peça "talvez, seja o marco inicial do surgimento do que se convencionou chamar de Teatro Folclórico no Brasil", e a partir dela surgiu o grupo que se tornou, se não

---

12 R.A.A. Pereira, Teatro Folclórico Brasileiro/Brasiliana: Teatro Negro e Identidade Nacional, *Revista TransVersos*, n. 20, p. 220.

o pioneiro, um dos mais exitosos grupos folclóricos do Brasil: o antes referido Grupo dos Novos/TFB/Brasiliana[13].

Após Aruanda, o TEN, diferente de seus dissidentes, não investiu no teatro folclórico, mas no dramático, o que era seu objetivo desde o princípio. Para Abdias do Nascimento, o folclore era um acessório e não o elemento fundamental de seus espetáculos[14].

Apesar de as manifestações negras e populares já serem velhas conhecidas dos palcos, o surgimento de um grupo negro composto, dentre outros, por artistas oriundos de terreiros de candomblés, de maracatus, capoeiras, baianas etc., voltado diretamente para resgatar, preservar e valorizar tais práticas, por meio de espetáculos teatrais, foi uma novidade, vista como algo que trazia a marca da "autenticidade". Desse modo, naquele contexto nacionalista e de crescente apoio ao folclore, o TFB/Brasiliana caiu nas graças de setores da intelectualidade, da imprensa e, posteriormente, do mercado.

Mas a que se propunha o grupo? Uma nota publicada pelo *Correio da Manhã*, em 19 janeiro de 1950, informava aos leitores:

está em organização nessa cidade o Teatro Folclórico Brasileiro. É uma iniciativa que se deve a um grupo de entusiastas das coisas brasileiras e que entende ser urgente salvar do esquecimento o nosso patrimônio popular de festas, músicas e danças. A congada, o maracatu, o bumba meu boi, os reisados e tantas outras danças populares – tão intensamente belas e fascinantes – realizam-se apenas episodicamente, com repercussão cada vez menor e mais restrita. Entenderam, por isso, os organizadores do Teatro Folclórico Brasileiro, que era preciso apresentar ao grande público, em espetáculos teatrais, as danças e lendas brasileiras. Para tal fim, com auxílio de especialistas e baseados nos estudos realizados por Artur Ramos, Nina Rodrigues, Roger Bastide, Gilberto Freyre, Pedroso Júnior, Mario de Andrade, Edison Carneiro – para citar apenas alguns de nossos grandes folcloristas, os organizadores estão fazendo um levantamento que abrange os mais diversos temas, já tendo sido programado o primeiro espetáculo que se compõe dos seguintes números: frevo, maracatu, macumba, congada, coco, brejeiro, samba, navio negreiro, funeral do rei nagô e baião[15].

Um elenco negro, afinado com o discurso folclorista/culturalista/nacionalista, propunha-se a encarnar esse discurso nos palcos,

---

13 Ibidem, p. 219.
14 Ibidem.
15 Teatro Folclórico Brasileiro, *Correio da Manhã*, 19 jan. 1950.

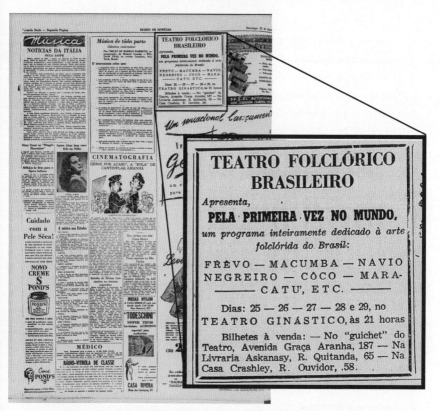

FIG. 12: *Teatro Folclórico Brasileiro, "pela primeira vez no mundo". Anúncio de estreia do Teatro Folclórico Brasileiro. Além de apresentar a cultura negra como cultura nacional, em consonância com o discurso folclorista/culturalista/freyriano, note-se, pelo destaque dado, em negrito, que o espetáculo é apontado como inédito. Fonte: Diário de Notícias, 22 jan. 1950.*

em forma de espetáculos/performances, e entrar em cena na intensa disputa travada naquele momento entre diversos setores da sociedade em torno da identidade nacional brasileira, dando destaque, notoriamente, a manifestações da cultura negra.

Com o surgimento do TFB/Brasiliana, além dos textos e artigos nas páginas dos jornais e revistas, geralmente restritos a setores mais alfabetizados da sociedade, a performance se tornaria um dos maiores veículos de difusão dessas manifestações e do discurso folclorista/culturalista/nacionalista.

Concordo com Bishop-Sanchez, para quem a performance não é meramente um reflexo da sociedade, mas um recurso político, um veículo capaz, por exemplo, de questionar concepções de nação e nacionalidade. Em alguns casos, como o das performances aqui discutidas, poderíamos até afirmar, em concordância ainda com a autora, que a performance cria retratos ideais ou utópicos da nacionalidade[16].

Longe de mera exibição e divertimento, a performance levada aos palcos pelo grupo carioca, ao apresentar, como pertencentes à nação, manifestações ainda recriminadas e vistas como étnicas, como a macumba ou o maracatu, de um lado questionava uma ideia ainda vigente de nação/civilização eurocêntrica afinada com o pensamento colonial e, de outro, se alinhava com uma nova ideia que vinha ganhando força desde a década de 1930.

Os folcloristas, que se organizavam naquele momento no MFB/CNFL, assim como setores da intelectualidade e da imprensa que vinham há anos propondo uma visão culturalista do Brasil ganhavam, desse modo, em um palco privilegiado, um importante aliado em sua luta. Além desses, fundamentalmente, ganhavam também os incontáveis portadores de cultura de norte a sul do Brasil, que há tempos resistiam nas ruas, praças, terreiros, preservando tais práticas.

Ainda em seu primeiro ano de existência, o TFB/Brasiliana se apresentou nos mais prestigiados e importantes Teatros do Brasil, o Municipal do Rio e de São Paulo (Fig. 13), assim como para autoridades nacionais e internacionais, como os presidentes Eurico Gaspar Dutra e Getúlio Vargas.

Nas duas décadas seguintes ao seu lançamento, o grupo negro despontou no cenário nacional e internacional como uma grande revelação, deu palco privilegiado às diversas manifestações da cultura negra e popular, consolidando de vez a presença dessas práticas no mundo dos espetáculos – não mais de maneira caricata e preconceituosa, como antes –, influenciou o surgimento de outros grupos e, fundamentalmente, contribuiu para dar destaque ao debate em torno da cultura negra e identidade nacional[17].

Somente nesse curto período de seu primeiro ano, foram

dezenas de notícias – anúncios de shows, críticas, entrevistas, notas, matérias etc. – sobre o TFB, divulgadas em jornais e revistas [...], o que impulsionou a discussão em torno da identidade nacional brasileira e sua relação

16 Ver K. Bishop-Sanchez, On the (Im)possibility of Performing Brazil, em S.J. Albuquerque; K. Bishop-Sanchez, *Performing Brazil*, p. 20.
17 Ver R.A.A. Pereira, op. cit.

"A DESCOBERTA DO NEGRO" 161

FIG. 13: *No Teatro Municipal do Rio de Janeiro. Anúncio do espetáculo do* TFB *no Teatro Municipal do Rio, antes de sua primeira turnê internacional. Além da estilização dos desenhos, note-se, na lateral, os quadros apresentados.* Fonte: Correio da Manhã, 21 jul. 1951.

com a cultura negra e popular, pois a performance do TFB ia muito além do espetáculo em si. A partir dele, o grupo trazia as manifestações negras e populares para o centro do debate, pautava os principais veículos de comunicação do país, que discutiam a peça e o grupo, criticavam os quadros, informavam aos leitores sobre "macumba", "coco", "samba-capoeira", "a morte do rei nagô" etc., manifestações ou temas pouco conhecidos, principalmente nos centros urbanos do país[18].

Os espetáculos do TFB/Brasiliana, como pretendiam os seus integrantes, ampliaram o arco de público dessas manifestações,

18 Ibidem, p. 227.

suscitando, se não a sua difusão enquanto prática, o interesse e reconhecimento social delas enquanto manifestações culturais não apenas importantes, mas características da brasilidade. Note-se, por exemplo, que o grupo foi um dos pioneiros a cruzar as fronteiras nacionais e exibir um amplo conjunto de manifestações da cultura negra e popular – apresentadas em seu espetáculo como símbolos "legítimos" da identidade nacional brasileira – em mais de duas dezenas de países distribuídos em três continentes, por quatro anos ininterruptos[19].

O sucesso de público e crítica alcançado pelo TFB/Brasiliana revelou que havia um mercado ainda pouco explorado e promissor – em algumas capitais pelo menos, como o Rio de Janeiro e São Paulo, assim como no exterior – no emergente ramo do entretenimento, para as diversas manifestações da cultura popular e negra – não só afro-baianas. Note-se, por exemplo, a presença do frevo, maracatu, bumba meu boi, dentre outras.

Conforme elogiosa crítica publicada no *Jornal do Brasil*, em janeiro de 1951, "desde o aparecimento do TFB, a maioria das companhias teatrais de revista voltaram os olhos para o grande manancial folclórico de nossa terra [...] até então atirado no mais torpe esquecimento"[20]. Nos anos que se seguiram ao seu surgimento, diversos produtores e companhias teatrais cariocas inseriram em seus espetáculos várias dessas manifestações ou criaram espetáculos seguindo o modelo de sucesso inaugurado pelo grupo.

A performance do grupo negro era um misto de pequenas encenações dramáticas em meio a uma intensa exploração da musicalidade e dança características das manifestações negras e populares. Em 1955, quando de seu retorno ao Brasil, após sua primeira turnê internacional, o *Correio da Manhã*, em uma extensa matéria, apresentou uma síntese do show que conquistava plateias pelo mundo:

Brasiliana é aberta por "Canta Brasil" e, na primeira parte, oferece um "lundu" e dois quadros intitulados "Como Nasce o Samba" e "No Cafezal". Há ainda uma apresentação do cantor Nelson Ferraz em "Terra Seca". Na segunda parte, a "Macumba de Exu", "Funeral de um Rei Nagô", "Ritmos

---

19 Ibidem.
20 *Jornal do Brasil*, 12 jan. 1951.

"A DESCOBERTA DO NEGRO" 163

Brasileiros", o quadro "Na Praia", outra apresentação de Nelson Ferraz e finalmente, fechando o espetáculo, o "Carnaval no Rio".[21]

Compreender minimamente o modelo de teatro folclórico desenvolvido pelo TFB/Brasiliana é necessário para percebermos as notórias semelhanças apresentadas pelos diversos espetáculos que fizeram sucesso pouco depois – e por algumas décadas, pelo menos[22] – da saída do grupo para sua exitosa turnê internacional, assim como para analisarmos o desenvolvimento desse mercado emergente e sua relação com a cultura negra e popular.

Como mencionado, o pontapé inicial dado alguns anos antes pelo TEN e a subsequente exitosa temporada do TFB/Brasiliana no Rio de Janeiro e em São Paulo foram cruciais para a ampliação e consolidação de um mercado para a cultura negra no ramo do entretenimento. Deve-se somar a isso, ainda, a confluência de interesses entre a intelectualidade ligada ao MFB, promotora da representação da cultura popular – o que incluía a cultura negra – como cultura nacional, e a atuação de incontáveis agentes produtores da cultura negra e popular, responsáveis pela sobrevivência dessas práticas nos mais diversos lugares do país.

Nesse meio, contam-se também os artistas, diretores, produtores – mediadores culturais, como o próprio TFB/Brasiliana – que traduziam ou adaptavam essas manifestações para o palco, interagiam com o público, acessavam os jornais, rádio, cinema e TV, proporcionando uma maior visibilidade e aceitação social a essas manifestações. Muitos desses mediadores estavam intimamente ligados a essas diversas práticas, pois eram originalmente praticantes de candomblé, capoeira, brincantes de bumba meu boi, frevo ou maracatu etc.

Em outras palavras, uma ampla rede de agentes sociais ligados direta ou indiretamente a essas diversas manifestações foram os responsáveis diretos por fornecer mão de obra especializada para que o produto final, o espetáculo/performance, do verbo se fizesse carne.

---

21 A Grande Aventura da Brasiliana, *Correio da Manhã*, 29 maio 1955.
22 Somente o Brasiliana, por exemplo, realizou turnês pela Europa por três décadas seguidas. Na década de 1960, na Bahia, como será discutido, surgiram diversos grupos folclóricos que rodaram o mundo levando o mesmo modelo de espetáculo desenvolvido pelo Brasiliana.

164

O "REI DA NOITE":
DA INFLUÊNCIA FRANCESA À CELEBRAÇÃO
DO "AUTÊNTICO" FOLCLORE NACIONAL

Como havia afirmado, o impulso dado pelo TFB/Brasiliana provocou um maior interesse por parte do público e, consequentemente, de produtores culturais que viram naquele modelo de espetáculo um filão a ser explorado comercialmente. Dentre esses diversos empresários/produtores, um dos que mais atuou explorando em seus espetáculos a mão de obra e manifestações da cultura negra e popular foi o gaúcho radicado no Rio de Janeiro, José Carlos Penafiel Machado (1908-1992), popularmente conhecido no circuito dos espetáculos a partir dos anos 1950 como o Rei da Noite.

Até meados dos anos 1930, Carlos Machado era um ilustre desconhecido no Brasil. Na Europa, no entanto, particularmente na França, onde se radicara nos anos 1920, havia feito uma promissora carreira como bailarino, apresentando-se nos maiores Cassinos de Paris e Revistas, como a Companhia de Revistas de Mistinguette (Jeanne Bourgeois, 1875-1956).

Ao retornar ao Brasil no fim dos anos 1930, iniciou uma exitosa carreira de produtor no ramo dos cassinos, em alta na zona sul do Rio de Janeiro, e, posteriormente, nas mais famosas boates cariocas, como a Monte Carlo, Casablanca, Night and Day, dentre outras, frequentadas pela elite política e econômica do país[23].

Analisando a trajetória dos espetáculos produzidos por Carlos Machado entre as décadas de 1940 e 1950 – que podem ser utilizados como parâmetro do que ocorria no cenário artístico carioca de modo geral, haja vista que eram os mais famosos e badalados da então capital federal – percebemos uma clara mudança de temática e influência.

Nos anos 1940, os espetáculos teatrais, revistas etc., ainda eram marcantemente influenciados pelo modelo parisiense. Ao se referir aos espetáculos produzidos por ele na Montecarlo à época, por exemplo, Machado afirma: "os nomes de meus espetáculos refletiam a influência dos tempos em que trabalhei em Paris e tinham o toque e a malícia parisiense: *Paris c'est comme*

---

23 Para um panorama geral do que ocorria no ramo dos espetáculos no Rio de Janeiro no período, ver R. Castro, *A Noite do Meu Bem*.

"A DESCOBERTA DO NEGRO" 165

ça!, *Carroussel, Bacanal, Burlesque, Cherches la femme, Qu'est ce que tu penses?* e muitos outros"[24].

No mesmo sentido, Ruy Castro, em sua obra sobre a noite carioca dos anos 1940-1950, ao se referir à contratação das artistas Linda Batista e Aracy de Almeida pela luxuosa boate Vogue, em 1948 – vista como uma "aposta" naquele período por serem artistas nacionais –, afirma que "o primeiro a soltar fogos foi o compositor, radialista e colunista do *Diário da Noite* (RJ) Haroldo Barbosa, *feliz com a pausa na 'exaustiva cadeia de francesas* je-m'en-fous *e* la-vie-en-roses' *que infestava a noite carioca*"[25].

Por mais que a influência francesa ou americana nos palcos continuasse, na década de 1950, nota-se uma clara abertura do mercado de entretenimento em direção aos artistas negros e à cultura popular e negra brasileiras. A referida nota, publicada pelo *Correio da Manhã*, em 8 de janeiro de 1956, com a manchete "A Descoberta do Negro", torna transparente a mudança que estava em curso, assim como o papel do grupo negro TFB/ Brasiliana nesse processo.

Após constatar a ausência negra e o papel caricato e marginal reservado ao negro nos palcos, o texto levanta uma das hipóteses corroboradas por esse livro:

foram talvez os primeiros ecos do sucesso internacional da Brasiliana, aliados ao interesse sempre crescente pelas magníficas exibições das escolas de samba, que despertaram desse incompreensível marasmo os produtores até então desinteressados do mercado *colored*. Carlos Machado descobriu a pólvora ao levar o Império Serrano para animar as noites da grã-finagem, com seus ritmos e sua bossa, fazendo com que num abrir de olhos uma legião de artistas desconhecidos invadisse as casas de espetáculo da cidade. Desde então ritmistas, passistas, pastoras, sambistas, humoristas, bailarinos e músicos negros – anônimos artistas da cidade – estão experimentando sua chance e conquistando postos nos cartazes da noite carioca[26].

Machado, citado não por acaso, pois era nesse momento o maior produtor cultural do Brasil, talvez seja o melhor exemplo para compreendermos a transformação em curso apontada pelo periódico. Após incursões pelo universo do samba e do Carnaval, com

---

24 C. Machado; P. de F. Pinho, *Memórias Sem Maquiagem*, p. 156.
25 R. Castro, op. cit., p. 63. (Grifo meu.)
26 Teatro – A Descoberta..., op. cit.

os espetáculos *Clarins em Fá*, resumidamente, uma história do Carnaval, e *Feitiço da Vila*, este em homenagem a Noel Rosa, em 1953, o empresário gaúcho lançou *Acontece Que Eu Sou Baiano*, espetáculo claramente influenciado – para não dizer copiado – pelo modelo desenvolvido pelo TFB/Brasiliana.

O anúncio publicado em vários jornais, parafraseando a música de Dorival Caymmi, trazia a seguinte chamada: "Você já foi à Bahia? Não? Então vá ao Casablanca" (Fig. 13). O público, ainda de acordo com a chamada, teria a oportunidade de "conhecer", dentre outras coisas: "a Bahia antiga e suas lendas", "as festas tradicionais", "as feitiçarias e candomblés" e os "autênticos berimbaus e capoeiras", estes importados de Salvador exclusivamente para o espetáculo.

Com todo esse conjunto de elementos reconhecidamente característicos da Bahia negra, o anúncio, identificando diretamente a cultura negra baiana como a cultura nacional e não apenas étnica, asseverava ao fim se tratar de um grande espetáculo "genuinamente brasileiro"[27].

Afinado com o discurso em voga à época, antes enunciado pelo TFB/Brasiliana/Folcloristas, em entrevista publicada pelo *A Noite*, em setembro de 1953, Carlos Machado afirmara: "não tenho medido esforços para que os shows brasileiros sejam páginas autênticas do nosso folclore, dos nossos costumes. Ainda hoje chegam da Bahia três autênticos 'capoeiras' e três 'berimbaus' para o show de Dorival Caymmi, *Acontece Que Sou Baiano*"[28].

O jornalista Sérgio Porto, mais conhecido por seu codinome Stanislaw Ponte Preta, após assistir ao espetáculo, publicou uma crítica no *Diário Carioca*, naquele mesmo mês, que, entre elogios e queixas, classificou o espetáculo como regular. Um dos problemas, segundo o cronista, era a ausência de microfone para os atores e cantores, o que prejudicava a audição e fazia com que a plateia "não chegasse a entender as belas letras das canções de Caymmi, assim como as dos sambas de roda e capoeira". Ainda assim, o crítico classificou o show do Casablanca como "o melhor da cidade"[29].

Ainda em 1953, em um de seus shows, *Esta Vida É um Carnaval*, Machado levou "pela primeira vez a um palco de uma

27 Ver Teatro – A Macumba de Mercedes, *A Noite*, 12 out. 1953.
28 Uma Entrevista com Carlos Machado, *A Noite*, 10 set. 1953.
29 O Rio Se Diverte, *Diário Carioca*, 24 set. 1953.

FIG. 14: *"Acontece Que Sou Baiano"*. Anúncio do espetáculo Acontece Que Sou Baiano, na prestigiada boate carioca Casablanca. Fonte: Última Hora, 23 set. 1953.

boate" uma escola de samba, "o Império Serrano, tricampeão da avenida, com seus passistas, mestres-salas, porta-estandartes, baianas e ritmistas"[30]. Realçando o caráter do samba enquanto símbolo de identidade nacional, o espetáculo levava aos palcos uma síntese encenada do mito da democracia racial. A sinopse publicada nos jornais dizia:

o Carnaval é a própria vida de um povo sincero, modesto e bom, que sofre e trabalha o ano todo e só encontra três dias para ser feliz. Essa é a história melancólica, porém maravilhosa e humana, do Carnaval carioca, cavalgada irresistível de sons, cores e ritmos, que nasce nos morros, domina as ruas, praças e salões da cidade, nivelando as classes e igualando as raças[31].

30 R. Castro, op. cit., p. 240.
31 C. Machado; P. de F. Pinho, op. cit., p. 167.

No mesmo parágrafo, Machado, crente confesso no referido mito, demonstra, por um lado, inconscientemente, a aceitação da cultura negra, celebrada nos palcos como sendo a cultura nacional; e, por outro, as claras barreiras raciais impostas à população negra, representada nesse caso pela ojeriza aos seus produtores.

Ao se referir ao show, o produtor afirma em seu livro de memórias:

> para realizar esse espetáculo eu ia levar, pela primeira vez, para o palco de uma casa sofisticada, um grande número de pretos e mulatos – gente que representa tão bem o nosso povo e que, por motivos estranhos [e negados por ele, diga-se], ainda não alcança livre trânsito nos musicais. Nos inesquecíveis espetáculos da Urca e do Copacabana e nas Revistas de Jardel Jercolis, Geisa Bôscoli e Zildo Ribeiro, uma Deo Maia era exceção. Até o simples ingresso de gente de cor nos cassinos não era bem aceito[32].

Embalado pela maré de sucesso proporcionado pela aceitação crescente da cultura negra e popular nos palcos no período, Carlos Machado pouco depois produziu um grande espetáculo tendo como parte do elenco o próprio grupo Brasiliana. A agora renomada companhia de teatro estava de volta de sua primeira turnê internacional e foi recepcionada de forma entusiástica pela imprensa brasileira[33].

O show "trazia de volta ao palco da boate [Night and Day] da Cinelândia a revivência dos antigos tempos coloniais, do negro, seus lamentos e suas canções. Trazia a música de sua gente, origem que foi do nosso folclore"[34]. A revista *Mundo Ilustrado* publicou, à época do lançamento do espetáculo, uma matéria de duas páginas com fotografias. Em seu texto afirmava que *Banzo-Aiê*, nome do show, era "uma justa homenagem à raça negra, que, como as demais, também tem seu lugar na história universal"[35].

O próprio Carlos Machado, em um tom nacionalista, reproduzia o discurso em voga, apresentando mais uma vez um espetáculo onde a cultura negra era exibida nos palcos e nos jornais como cultura nacional. Em suas palavras, reproduzidas pelo *Diário Carioca*, em novembro de 1955, o produtor afirmava:

---

32 Ibidem, p. 167. Déo Maia foi uma atriz, cantora e vedete do Teatro de Revista. Pelo que se deduz do trecho, tratava-se de uma artista negra.

33 A esse respeito, ver R.A.A. Pereira, op. cit.

34 L. Aguiar, Nos Áureos Tempos – Uma Vedeta Diferente, *Luta Democrática*, 13 ago. 1967.

35 Banzo-Aiê, *Mundo Ilustrado*, ano III, n. 44, 28 nov. 1955.

"A DESCOBERTA DO NEGRO"

o maior show que venho produzindo em longos anos de trabalho no *Montecarlo, Casablanca e Night and Day*. Este ano, quando o Rio de Janeiro assistiu a grandes espetáculos, como *Lido* de Paris e *Porgy and Bess* de Nova York, julguei que deveria apresentar algo de profundamente brasileiro, capaz de rivalizar, em arte e beleza, com aquelas magníficas produções internacionais.

Ainda segundo o periódico, o show abordava o tema da música negra em todo o mundo, levando para os palcos o batuque africano, a conga cubana, o jazz americano e o "samba nacional a disputarem a primazia de suas músicas". O show contava, além desses, com números de frevo, representando o Carnaval pernambucano e quadros como "O Morro Carioca", "O Engenho", "Festa na Casa-Grande"[36].

Como se percebe, a cultura e a idealização da vida e da história negras estavam em alta, pelo menos nos palcos e espetáculos produzidos para a *high society* carioca. Como afirmava a nota do *Correio da Manhã*, referida no início deste capítulo, desenrolava-se a olhos vistos "a entrada e triunfo definitivo do negro brasileiro no mundo do *show business*"[37].

A carreira ascendente de Carlos Machado como produtor cultural, por sua vez, o transformou no Rei da Noite. Não só a cultura negra e popular foi responsável pelo sucesso de seus espetáculos, há de se dizer, mas o conjunto da obra. Para Ruy Castro, o empresário gaúcho tinha uma receita perfeita: "grande música, duas ou três estrelas no elenco, texto esperto e vivo, cenários de luxo e as incomparáveis mulheres que ele, Machado, tinha sob contrato"[38].

Produzindo espetáculos ininterruptamente ao longo dos anos 1950, mais de um por ano, por vezes, "as casas de Machado viviam lotadas. Espetáculos como *Feitiço da Vila* e *Essa Vida é um Carnaval* tinham duas representações diárias, às onze da noite e às duas da manhã, seis noites por semana, e matinês às quintas, sextas e sábados"[39].

Com essa fórmula, em 1960, o Rei da Noite chegou ao ápice de sua carreira, contribuindo para projetar internacionalmente, além de seu nome, a cultura negra e popular, apresentadas em

---

36 Notícias – Carlos Machado Fala-nos de Banzo-Aiê, *Diário Carioca*, 17 nov. 1955.
37 Teatro – A Descoberta..., op. cit.
38 R. Castro, op. cit., p. 240.
39 Ibidem, p. 241-242.

seus espetáculos como brasileiras. Naquele ano, Carlos Machado assinara um contrato para "apresentar um *show* brasileiro, pela primeira e única vez, na mais famosa casa de espetáculos do mundo – Radio City Music, de New York"[40]. Com essa proeza, ele, que já havia realizado outras apresentações fora do Brasil, inclusive nos Estados Unidos, somava-se ao trabalho já realizado internacionalmente pelo Brasiliana há exatamente uma década.

O sucesso da cultura negra e popular nos palcos, ou do folclore brasileiro, como era comumente chamado à época, após uma década ininterrupta de espetáculos nas mais famosas boates, teatros e casas de espetáculo do Brasil e do exterior, finalmente chegava a um dos espaços mais badalados e cobiçados por produtores culturais do mundo, a alguns quarteirões da Times Square e da Broadway.

Referimo-nos ao sucesso da cultura negra e popular em particular porque, ao observar o que chamara a atenção dos produtores americanos, por exemplo, nota-se que não foram as belas vozes dos cantores e cantoras brasileiras, nem mesmo a erotização das mulheres exibidas nos shows de Machado simplesmente, algo que não faltava também nos espetáculos alhures, mas o que havia de particular em seus shows: o "folclore" do Brasil.

A ideia de um show "brasileiro" na renomada casa teria surgido de Sarah Kubitschek. Após assistir a uma exibição de *Música e Canções da Suíça*, em 1959, a primeira dama brasileira teria sugerido a Russell Downing, presidente do teatro, uma apresentação semelhante com motivos brasileiros. No ano seguinte, Leon Leonidoff, diretor artístico/produtor da casa, passou um mês inteiro no Brasil, consultando artistas e colhendo sugestões para a produção. Ou seja, o interesse inicial não era especificamente o show produzido por Carlos Machado[41].

Leonidoff, "uma das maiores figuras do teatro norte americano, diretor do Radio City estava vindo ao Brasil [...] *conhecer de perto o folclore brasileiro*, para depois montar um espetáculo sobre o Brasil" na referida casa de shows nova-iorquina. Em sua estada pelo país, o compositor Heckel Tavares, que seria seu cicerone, iria mostrar-lhe "o que de mais importante existe entre nós em matéria de ritmo, melodia, figurino e, sobretudo, passos de

---

40 C. Machado; P. de F. Pinho, op. cit., p. 198.
41 Ver Nova Iorque Verá um Musical Brasileiro, *Diário Carioca*, 13 out. 1960.

danças". Para tanto, Tavares pretendia levar o diretor americano "ao Nordeste, à Bahia, Pernambuco e Alagoas"[42].

Em 1960, não custa lembrar, chegava ao auge a Campanha em Defesa do Folclore Brasileiro (CDFB), tendo como um dos patronos o então presidente Juscelino Kubitschek, portanto, não era improvável o incentivo por parte da Primeira Dama a um espetáculo desse modelo, pelo contrário.

Assinados os contratos e definidos os detalhes do show, a imprensa nacional celebrou de forma eufórica a ida de um grupo de artistas brasileiros para representar o país nos Estados Unidos. Diversas notícias, reportagens, notas e matérias inteiras em revistas, como em *O Cruzeiro*, foram veiculadas celebrando o novo feito do Rei da Noite.

FIG. 15: *Elenco de "Brasil" chegando aos Estados Unidos. Nas escadas do avião, artistas vestidas de baianas, sambistas com pandeiro e cuíca, capoeiras e cantores. Ao centro, de terno preto, Nelson Rodrigues, uma das estrelas do espetáculo, e no canto esquerdo, olhando para a câmera, o mestre Artur Emídio, integrante de diversos espetáculos produzidos no Brasil e exterior. Fonte: Arquivo particular do mestre Artur Emídio.*

Em *Mundo Ilustrado*, o jornalista Ibraim Sued informava que "no Radio City, onde diariamente vinte mil pessoas comparecem

---

42   Na Hora H. Espetáculo Brasileiro na Radio City, *Última Hora*, 19 jul. 1960. (Grifo meu.)

as suas três sessões diárias, *um show bem brasileiro* – cantado, falado e readaptado ao gosto dos americanos – *está fazendo a propaganda do Brasil*". Na matéria de duas páginas inteiras com imagens do espetáculo, Sued ainda afirmava que as famosas Rockettes, a companhia de dança do Radio City,

> por incrível que pareça, estão dançando o samba e o frevo numa espetacular marcação. O conjunto Farroupilha, Nelson Gonçalves, Russo do Pandeiro e sua batucada, Jonas Moura, o Rei do Frevo (o mais aplaudido), Salomé Parísio, os capoeiristas Sérgio Martins e Artur Emídio de Oliveira e muitos outros mostram nossa arte popular com classe e entusiasmo, fazendo uma grande promoção turística do Brasil.

Além do café, tema norteador do espetáculo, a matéria informava que – como não poderia faltar em um show coproduzido por Carlos Machado – a Bahia estava "devidamente apresentada nos vários quadros do show" e "quatro meninas bonitas, fantasiadas de baianas, recebem os espectadores com lembranças e folhetos sobre o Brasil"[43].

A revista *O Cruzeiro* também dedicou ao espetáculo uma longa reportagem ilustrada em sua edição de 5 de novembro: "o samba brasileiro, com cuícas, pandeiros e tamborins, invadiu o palco do Radio City Music Hall, dominando a mais famosa casa de espetáculos do mundo. Meio milhão de espectadores aplaudirão *Brasil*, o grande show que Carlos Machado levou a New York".

Ainda segundo a revista, aquela era "uma das maiores promoções brasileiras já realizadas no *show business* internacional". Após projeções de imagens da bandeira do Brasil tremulando, Santos Dumont e do Rio de Janeiro, o frevo aparece em primeiro lugar tendo como dançarinos

> um grupo de endiabrados pernambucanos acompanhados pelo corpo de baile das famosas Rockettes. A sala eletrizada estoura em aplausos [...]. Mas os quadros se sucedem numa orgia de músicas e cores. Vem a batucada de Russo do Pandeiro, violenta e agressiva, dando aos passistas, oportunidades para "letras" e "meneios" espetaculares.

A vedete Salomé Parísio encarnava uma baiana toda de rendas e cantava "Bahia" e "Teleco Teco" com os Farroupilhas. Em

---

43 I. Sued, Todo Mundo Samba no "Rockefeller Center", *Mundo Ilustrado*. (Grifo meu.)

"A DESCOBERTA DO NEGRO" 173

seguida, entravam os capoeiras Sérgio Vieira e Artur Emídio de Oliveira, e, por fim, imperava o samba carioca. "Simbolizando as nossas Escolas de Samba, as 34 garotas gingam em meneios graciosos, como autênticas cariocas dos morros e dos subúrbios"[44]. O espetáculo, segundo Carlos Machado, ficou em cartaz por seis semanas seguidas[45].

Samba, frevo, batucada, baianas, capoeira, quadros da Bahia, um verdadeiro espetáculo "afro-brasileiro" era apresentado – talvez pela primeira vez a grande parte do público americano – como uma imagem do Brasil, ou como o próprio *Brasil*, como sugeria o título do espetáculo.

Além da ampla utilização da imprensa escrita, da TV que surgia no Brasil, do cinema e do rádio, esses espetáculos/performances, dos anos 1950 em diante, construíram uma imagem do Brasil dentro e fora do país e contribuíram para construir uma "comunidade imaginada" brasileira que, dentre outras coisas, era fortemente marcada pela cultura negra.

Conforme afirma Bishop-Sanchez, fundamentando-se em Benedict Anderson, nos tempos modernos a performance oferece um meio para representar a comunidade imaginada comparável ao papel desempenhado pelo romance e imprensa no século XVIII[46]. A visibilidade dessa performance, diga-se, era potencializada pelos diversos meios de comunicação citados acima, chegando a um público imensamente maior.

O Rei da Noite, todavia, não era uma exceção. Naquele período, ele talvez tenha sido o produtor cultural que alcançou mais sucesso no Brasil com a exploração de espetáculos que faziam largo uso de manifestações da cultura negra e popular. Note-se que o Brasiliana havia privilegiado uma movimentada carreira internacional, com passagens intercaladas pelo Rio de Janeiro.

Seguindo esse modelo de espetáculo que já havia se mostrado deveras exitoso, diversas outras personagens contribuíram de forma incomensurável para tornar a década de 1950 um marco para o sucesso das manifestações da cultura negra e de negros e negras nos palcos. Dentre outros, podemos destacar a bailarina, coreografa e diretora Mercedes Baptista e o grupo Oxumaré.

---

44 A. Netto, Brasil no Cartaz do Radio City, *O Cruzeiro*, ano XXXIII, n. 45.
45 Ver C. Machado; P. de F. Pinho, op. cit., p. 199.
46 Ver K. Bishop-Sanchez, op. cit., p. 22.

O BALÉ FOLCLÓRICO MERCEDES BAPTISTA
E A COMPANHIA OXUMARÉ

Mercedes Baptista entrou para o corpo de baile do Teatro Municipal do Rio de Janeiro por meio de concurso público, em 1948. Passou os anos de 1950 e 1951 nos Estados Unidos, em um intercâmbio na escola de dança da renomada bailarina e coreógrafa negra Katherine Dunham. No fim desse ano, retornou ao Brasil. Ao longo de 1952, iniciou pesquisas sobre religião e danças de matriz africana do Brasil, culminando com a criação do Ballet Folclórico Mercedes Baptista, em 1953[47].

A trajetória dessa precursora da dança negra brasileira, embora relativamente conhecida, ainda não foi objeto de um estudo mais profundo e rigoroso no campo da historiografia. Paulo Melgaço Silva Júnior, em sua obra ricamente ilustrada sobre a trajetória da bailarina, aponta, dentre outras coisas, as dificuldades enfrentadas por ela após seu retorno ao Brasil, o racismo institucional que prejudicou sua ascensão no Municipal, e refere-se à decisão da bailarina de criar seu próprio corpo de baile, traçando um percurso por fora daquele Teatro.

Ao criar seu próprio grupo, a primeira barreira a superar era a necessidade de adaptar o aprendido com Dunham à realidade da dança e dos palcos brasileiros. Interessada na musicalidade e dança de matriz africana, Baptista encontrou apoio junto ao Babalorixá baiano Joãozinho da Gomeia (1914-1971) e a outros para construir o seu espetáculo[48].

As primeiras notícias veiculadas na imprensa sobre o Balé Folclórico de Mercedes Baptista começam a aparecer no fim de 1953. Uma pequena nota publicada pelo *Última Hora* informava acerca de um "Festival Folclórico" no Teatro da República, promovido por Edison Carneiro, à época já destacado dirigente do MFB.

Além do "coco alagoano", exibido pelo grupo de Solano Trindade – outro personagem muito ativo e envolvido com a promoção da cultura negra à época –, haveria ainda no festival a exibição do "magnífico candomblé" de Mercedes Baptista. O mesmo periódico ainda publicou rasgados elogios ao referido quadro e citou

---

47 Ver P.M. da Silva Jr., op. cit., capítulos II e III.
48 Ibidem, p. 40. Sobre Joãozinho da Gomeia, ver F. dos S. Gomes et al., op. cit., p. 299.

"A DESCOBERTA DO NEGRO" 175

o interesse de empresários de Boate e de teatro de Revista em incorporá-lo em seus shows[49].

Após a criação do seu grupo, a bailarina negra foi lentamente conquistando espaço no mercado de entretenimento ascendente do Rio de Janeiro, atuando como coreógrafa, bailarina e diretora. Um dos primeiros espetáculos à frente de seu grupo, em 1955, ocorreu no Teatro Carlos Gomes, no centro do Rio de Janeiro, e constava no programa exibições de maracatu, candomblé, capoeira baiana e Folia de Reis[50].

Associando-se com estudiosos da temática, como Carneiro, construindo seus espetáculos a partir de estudos de campo, como os realizados por ela no Terreiro de Joãozinho da Gomeia e levando aos palcos manifestações da cultura negra ainda pouco conhecidas fora de seus locais de origem, é desnecessário afirmar que o Balé Folclórico Mercedes Baptista estava, de forma literal, retomando o modelo de espetáculo inicialmente apresentado pelo Brasiliana.

Por outro lado, diferentemente de Carlos Machado, que não tinha qualquer relação com a cultura negra e popular, mas, como empresário perspicaz, percebeu a abertura do mercado e a oportunidade de lucrar ao explorá-la, Baptista, além de mulher negra, foi também integrante da primeira formação do grupo TFB/Brasiliana. Como tal, conheceu a partir de dentro suas dificuldades e seu sucesso inicial e certamente acompanhou, mesmo que de longe, a trajetória ascendente do seus antigos companheiros e companheiras.

E do mesmo modo que Carlos Machado não copiou simplesmente o modelo de espetáculo do Brasiliana, Mercedes Baptista, por sua vez, ao criar seu grupo, incorporou a experiência adquirida

---

49 Festival Folclórico, *Última Hora*, 23 nov. 1953. Ver, ainda, Teatro – A Macumba..., op. cit.; Ronda da Meia-Noite, Candomblé, *Última Hora*, 21 out. 1953. Francisco Solano Trindade (1908-1974), artista, poeta, dramaturgo negro, teve uma larga trajetória no ramo das artes. O teatro foi um dos meios utilizados por ele para atuar em defesa da causa negra. Antes de fundar, em 1950, o Teatro Popular Brasileiro (TPB) juntamente sua companheira Margarida Trindade e Edison Carneiro, teve uma importante passagem pelo Teatro Folclórico Brasileiro. O seu grupo teatral seguia o mesmo modelo do TFB e, certamente, foi inspirado nele. Segundo Maria do Carmo Gregório, Solano, que era comunista, saíra do TFB por discordar do viés comercial que o grupo tomara. Ver M. do C. Gregório, A Trajetória de Francisco Solano Trindade e o Teatro Popular Brasileiro, em M. Abreu et al. (orgs.), *Cultura Negra*. Ver, ainda, F. dos S. Gomes et al., op. cit., p. 427.

50 Ver *Última Hora*, 10 dez. 1955.

FIG. 16: *Mercedes Baptista e seu Balé Folclórico. Mercedes Baptista, à esquerda, em anúncio de mais um de seus espetáculos. As imagens ocupam uma página quase inteira do jornal. Fonte: Última Hora, 2 maio 1956.*

como bailarina clássica, o aprendizado acumulado a partir de sua passagem pelo TEN, TFB/Brasiliana, assim como pela escola de Katherine Dunham.

Essas marcas acrescentadas por ela já haviam sido notadas logo quando do surgimento de seu grupo. O *Última Hora*, em 12 de outubro de 1953, ao se referir ao quadro "macumba", além da beleza do espetáculo, acrescentava: "bailarina, coreógrafa e ensaiadora, Mercedes conseguiu introduzir no conjunto a segurança e controle de movimentos que somente se pode conseguir através de trabalho bem orientado e de bons ensinamentos de *ballet*, coisa que falta faz nos conjuntos folclóricos brasileiros que têm se apresentado em nossos palcos"[51].

51 Teatro – A Macumba..., op. cit.

"A DESCOBERTA DO NEGRO" 177

O espetáculo de Carlos Gomes não foi uma exceção na trajetória do Balé Folclórico Mercedes Baptista, pelo contrário, foi o modelo explorado, com sucesso, pelo grupo por anos e décadas seguintes, tornando o conjunto uma nova referência de grupo folclórico negro. Ainda em 1955, por exemplo, quando Carlos Machado pensou em "montar um espetáculo à base da história do negro no Brasil e de suas influências na vida social, econômica e, principalmente, musical brasileira", procurou Mercedes Baptista.

Machado estava interessado nos quadros "macumba" e "maracatu" encenados por seu grupo. O espetáculo, que não chegou a ser produzido da forma como foi pensado, contaria com um "'preto velho' que narraria os sofrimentos e as alegrias do negro desde que aportou em navios negreiros em terras brasileiras" e teria Mercedes Baptista como coreógrafa[52].

Na segunda metade dos anos 1950, a presença de artistas negros e de manifestações da cultura negra e popular nos palcos da capital do país, pelo menos, já estavam consolidados, como demonstram o sucesso dos espetáculos de Carlos Machado, sempre com casas lotadas, e a aceitação e conquista de espaço pelo Balé Folclórico Mercedes Baptista.

Essa crescente aceitação talvez tenha sido o estímulo para o surgimento daquele que provavelmente foi o primeiro grupo folclórico surgido na Bahia de todos os santos. Essa pelo menos era a percepção exposta pelo jornalista Ibiapaba Martins.

Segundo o cronista de *Última Hora*, que mais de uma vez escreveu sobre as coisas da Bahia naquele período, "certo cidadão baiano, o sr. Sérgio Maia, notando o interesse paulistano sobre as coisas da 'Boa Terra', apressadamente formou um conjunto a que deu o nome de 'Companhia Baiana de Folclore Oxumaré' e se fez de malas para o sul"[53].

---

52 Ver Carlos Machado Projeta Seu Novo Espetáculo, *Última Hora*, 13 jun. 1955. Mercedes Baptista não chegou a encenar o espetáculo nos palcos, pois Carlos Machado decidiu, de última hora, desfazer o contrato e contratar, no lugar de seu grupo, o Brasiliana recém-chegado ao Brasil. O espetáculo – discutido anteriormente –, pensado inicialmente com o título de *Alma de Uma Raça*, estreou com o nome de *Banzo-Aiê*. Ver, a esse respeito, Em Foco – Mercedes Batista, *Última Hora*, 17 jun. 1955; N. Machado, Askanasy Responde à Bailarina Mercedes Batista, *A Noite*, 18 nov. 1955; Mercedes Batista Desmente Askanasy, *A Noite*, 23 nov. 1955.

53 I. Martins, Berimbau e Capoeira na Redação de *Última Hora* – Negam-se a Voltar à Bahia Sem Ensinar o Paulista a Brigar, *Última Hora*, 28 nov. 1953.

FIG. 17: *A cultura negra conquista os palcos. Anúncio de três shows protagonizados por elenco, temática e manifestações da cultura negra ao mesmo tempo e no mesmo local. Note-se, além da presença de Brasiliana, que Banzo-Aiê já estava no sexto mês de exibição.* Fonte: Correio da Manhã, 3 abr. 1956.

Como se percebe, não apenas no Rio de Janeiro, e também não somente o empresário Carlos Machado atentou à época para o mercado que se abria para as manifestações da cultura negra e popular.

As informações sobre Sérgio Maia são escassas. Além empresário e diretor do grupo, alguns jornais o apresentam como coreógrafo e bailarino. De mala pronta e com um grupo formado por cerca de dez pessoas, entre diretor, bailarinos, bailarinas, cantoras e dois capoeiras, o grupo estreou no dia 2 de outubro de 1953, no Teatro Cultura Artística, no centro de São Paulo[54].

O pequeno cartaz publicado em alguns jornais paulistanos na semana do espetáculo trazia mais detalhes aos interessados em assistir ao show. A primeira informação que chama a atenção

---

54 Ver *Correio Paulistano*, 29 set. 1953.

"A DESCOBERTA DO NEGRO" 179

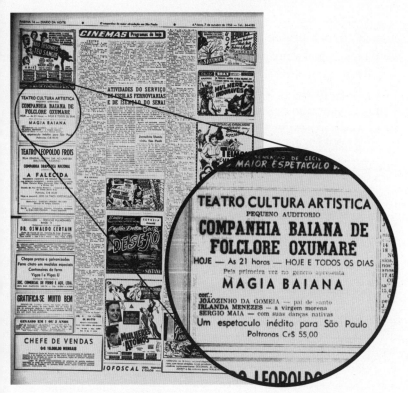

FIG. 18: *Oxumaré*. A Companhia Oxumaré, integrada pelo babalorixá Joãozinho da Gomeia, provavelmente foi o primeiro grupo folclórico baiano. Fonte: Diário da Noite, 13 out. 1953.

é o desenho de um orixá. A imagem, lida em conjunto com as demais informações, revela o que certamente era o foco da apresentação: o candomblé, ou "magia baiana", encenada nos palcos por Joãozinho da Gomeia.

O babalorixá baiano, apresentado em alguns jornais como primeiro bailarino do grupo, desde os anos 1940, radicara-se no Rio de Janeiro e, na segunda metade daquela década, tinha uma ativa vida cultural, trabalhando como dançarino – exímio dançarino, segundo diversas fontes – e coreógrafo no Teatro João Caetano e no Cassino da Urca. À época do espetáculo, já era um personagem conhecido e polêmico no cenário nacional[55].

55 Ver A.L. Chevitarese; R. Pereira, O Desvelar do Candomblé: A Trajetória de Joãozinho da Gomeia Como Meio de Afirmação dos Cultos Afro-Brasileiros no Rio de Janeiro, *Revista Brasileira de História das Religiões*, ano IX, n. 26.

Ibiapaba Martins, em outra matéria sobre o grupo, chamou atenção para a presença do notório "pai de santo" e discorreu com mais vagar sobre a capoeira e suas vertentes angola e regional. Dentre outras coisas, o texto de Martins destaca o caráter de atração em que se transformara a cultura afro-baiana em São Paulo. O subtítulo de sua matéria afirmava: "tornou-se material de exportação o fato folclórico baiano". Segundo o cronista, havia "uma febre baiana em São Paulo, tudo que se refira a coisas da boa terra encontra ressonância sob a garoa paulista"[56].

O interesse pelo folclore baiano certamente foi também o motivo da ida do Oxumaré para a televisão. Após quase um mês de apresentações, o *Diário da Noite* (SP), de 29 de outubro, informava que "A Companhia Oxumaré, sob direção de Sérgio Maia, vai apresentar-se pela primeira vez na TV em São Paulo", com um elenco completo, trazendo filhas de santo, tocadores de atabaque e berimbau[57].

Todavia, ao que parece, o sucesso do grupo não correspondeu às expectativas de Maia, que decidiu desfazê-lo e voltar para a Bahia. Segundo Ibiapaba Martins, "enquanto a Companhia Baiana Folclórica Oxumaré atuou em São Paulo, o Teatro Cultura Artística se apresentou mais ou menos vazio", o que motivara a desistência do seu diretor.

Contra a decisão de Maia, contudo, os capoeiras integrantes do grupo folclórico, "Jonas, Adão, Evaristo e Ananias", decidiram ficar na terra da garoa e estavam dispostos a trazer a capoeira para São Paulo, sugerindo – os próprios capoeiras – que, se não tiveram tanto sucesso nos palcos, "as academias de box, jiu-jitsu ou luta livre poderiam incluir nossa arte nos seus programas". "E é assim", continuava o jornalista, "que a capoeira principia a tornar-se mais um dos artigos de exportação da Bahia. Evaristo Martins, especialista em cabeçadas e rasteiras, quer trabalhar nessa exportação". Decididos a se radicar na capital paulista, o jornal informava ainda que Evaristo Martins e Ananias, "a gosto

---

56 I. Martins, Coreografia de Angola Sob a Garoa de São Paulo, *Correio Paulistano*, 13 out. 1953.

57 Ver Folclore Baiano na TV (Canal 3), *Diário da Noite*, 29 out. 1953. O TFB/Brasiliana foi certamente o primeiro grupo a apresentar esse formato de espetáculo na TV. Logo quando surgiu a TV no Brasil, o grupo, em temporada em São Paulo, realizou uma exibição na TV Tupi, em 6 de dezembro de 1950. Ver R.A.A. Pereira, op. cit., p. 229.

"A DESCOBERTA DO NEGRO"

do freguês [...] ensinarão os diversos métodos de capoeiragem",
ou seja, angola, regional e uma terceira, nominada "Capoeira de
São Bento"[58].

O capoeira Evaristo Martins, apontado como líder do grupo
de capoeiras e aluno do mestre Waldemar da Paixão (1916-1990),
conhecido mestre de capoeira baiano, perdeu-se nas páginas
mortas dos jornais dos anos 1950, não tendo seu nome lembrado
e associado ao ressurgimento da capoeira em São Paulo. Entretanto, um dos capoeiras do grupo Oxumaré se tornou um dos
pioneiros na "exportação" da capoeira baiana para a terra da
garoa, sendo mundialmente conhecido como mestre Ananias
Ferreira (1924-2016).

O "FATO FOLCLÓRICO BAIANO TORNOU-SE MATERIAL DE EXPORTAÇÃO"

O fracasso do Oxumaré, contudo, não significa que o mercado
para esse tipo de espetáculo havia se esgotado. Naquele mesmo
fim do ano de 1953, a revista O Cruzeiro estampava de forma fes-
tiva em suas páginas notícias do sucesso internacional do grupo
Brasiliana, então de passagem pela Inglaterra: "quando a cor-
tina fechou, metade da assistência dançava nos corredores, todo
o teatro saracoteava ao ritmo das palmas e nos camarotes, nas
passagens, nas saídas, cantava-se em altos brados, escreveu Bor-
nerman, crítico do Melody Maker de Londres".

Após a descrição da excepcional euforia do "frio público
inglês", a revista traçou para os seus leitores uma pequena história do grupo, destacando a origem humilde da maioria de seus
membros, o grande esforço e dedicação de todos, as primeiras
reuniões, a passagem por São Paulo, Montevidéu, Buenos Aires
e toda a América do Sul, para em seguida afirmar que o grupo
estava "dando seu sangue para tornar o Brasil mais conhecido
por aí"[59].

O cenário do espetáculo, retratado nas páginas de O Cruzeiro,
trazia o fundo pintado com a imagem de um morro carioca à la

---

58 I. Martins, Berimbau..., Última Hora, 28 nov. 1953.
59 J. Medeiros; M. Duncan, Teatro Folclórico Triunfa em Londres, O Cruzeiro, ano
XXVI, n. 728, p. 95. (Grifo meu.)

Tarsila do Amaral e era completado com um elenco todo negro. O Brasil apresentado pelo TFB/Brasiliana ao público londrino e internacional era, em suma: samba, capoeira, Carnaval, candomblé, frevo, distribuídos em quadros, como o "Funeral de um Rei Nagô", o mesmo show com o qual estrearam poucos anos antes no Rio de Janeiro.

O retorno do grupo ao Brasil, em 1955, e a repercussão nos meios de comunicação do sucesso de sua turnê internacional demonstrou a existência de um amplo mercado internacional para as manifestações da cultura negra e popular brasileiras. De acordo com Pereira,

quando voltou de sua primeira turnê internacional de quatro anos, segundo diversos periódicos, o TFB havia percorrido três continentes, 25 países, 350 cidades e realizado um total de 2.000 espetáculos. O jornal *A Noite*, por exemplo, em sua edição de 25 de outubro de 1955, se referia a este feito como a "maior *touenée* já realizada por um grupo de artistas fora de sua pátria", e caracterizou o TFB como "a maior embaixada artística que já deixou o Brasil[60].

Um ano antes do seu retorno, por exemplo, novamente a revista *O Cruzeiro* publicou uma reportagem de quatro páginas com diversas fotografias festejando a conquista, agora de Paris, pelo grupo negro. O título, dando destaque à religião de matriz africana encenada nos palcos, era sugestivo: "macumba na Torre Eiffel". No alto da primeira página da matéria, em negrito, *O Cruzeiro* destacava que 'a macumba foi a Paris e abafou'".

Sob o título, uma sinopse do percurso internacional do grupo:

repetindo os sucessos alcançados em Londres, Espanha e Portugal, o *Ballet* Brasiliano [*sic*] (Teatro Folclórico Brasileiro) fez vibrar, com os *nossos ritmos*, as plateias parisienses – Brilhante participação no Festival de Bugges [*sic*] na Bélgica – Não tiveram a ajuda prometida do governo brasileiro, mas mesmo assim, permanecerão na Europa até 1955[61].

Uma grande fotografia tendo como fundo a Torre Eiffel destacava em primeiro plano os bailarinos negros do Brasiliana com vestes de praticantes de candomblé executando uma coreografia

---

60 R.A.A. Pereira, op. cit., p. 234.
61 J. Medeiros et al., Macumba na Torre Eiffel, *O Cruzeiro*, ano XXVI, n. 42, p. 14. (Grifo meu.)

"A DESCOBERTA DO NEGRO" 183

FIG. 19: *Brasiliana na Dinamarca*. Atores e atrizes do Brasiliana em destaque no cartaz de divulgação de seu espetáculo, em Aarhus, na Dinamarca, enviado ao jornal A Noite. Note-se o interesse do grupo em manter o público brasileiro informado acerca de sua exitosa trajetória internacional. Fonte: A Noite, 14 nov. 1957.

giratória típica da religião afro-brasileira, realçando com a dança as guias que ornamentavam os seus pescoços. Uma foto menor captava Gilberto Brea, "primeiro bailarino do *Ballet* Brasiliano", que incorporava para o espetáculo um "pai de santo". A exibição foi realizada no pátio do Palais de Chaillot.

Ainda segundo a revista, "durante quatorze semanas, repetindo os sucessos alcançados em Londres que foi um verdadeiro delírio, na Itália, Espanha e Portugal, no Théâtre de l'Étoile de Paris, cada noite os jovens componentes apresentavam-se para uma casa lotada, que vibrava com *nossos ritmos*"[62].

Apesar das dificuldades enfrentadas pelo grupo ao longo dos anos na estrada e da falta de patrocínio oficial, a aceitação internacional do Brasiliana foi bastante positiva, como se depreende

62 Ibidem, p. 16.

da reportagem de *O Cruzeiro*. Após alargar as portas do mercado nacional de entretenimento para as manifestações da cultura negra e popular, o desbravamento de mercados fora do Brasil pelo grupo deixou também as portas abertas para que outras companhias de espetáculos à sua semelhança se aventurassem em terras estrangeiras.

Pouco tempo depois, Mercedes Baptista também iria começar a explorar o mercado internacional com o seu Balé Folclórico negro. Em novembro de 1956, a coluna Teatro, do jornal *A Noite*, informava em uma pequena manchete que, após uma longa temporada no Teatro João Caetano, no centro do Rio de Janeiro, o Balé Folclórico Mercedes Baptista seguiu para Buenos Aires[63].

Em uma carta endereçada ao jornal *Correio da Manhã*, Baptista falava aos leitores em um tom suavemente nacionalista: "aqui estamos trabalhando bastante *para elevar o bom nome do Brasil*. Graças a Deus nossa temporada está ótima... Já fizemos seis programas na TV"[64]. Ainda segundo o periódico, além da Boate King's, TV, e Cine Metro, na capital, os espetáculos ocorreram também nas cidades de Rosário e Córdoba, assim como se estenderam a várias cidades uruguaias[65].

Pouco mais de dois anos depois, Mercedes Baptista e seu grupo retornaram para Buenos Aires com um espetáculo "muito elogioso da parte dos críticos dos jornais da capital argentina", como informava novamente o *Correio da Manhã*. O periódico reproduziu críticas positivas do *La Nación, La Razón, El Nacional* e *Noticias Gráficas*.

O primeiro destacava o caráter "eclético" do espetáculo, que se estendia do Brasil à África, passando pelo Harlem. O *El Nacional* também destacava a "agradável incursão por temas populares negros" e o *Noticias Gráficas* associou mais diretamente o espetáculo, eminentemente negro, como se percebe, a uma imagem do Brasil. Para o periódico, "Mercedes Batista consegue apresentar uma viva amostra de como baila o Brasil, tanto em suas selvas (sic) como em suas cidades. O espetáculo é autêntico retrato de um povo são e vital de suas expressões musicais"[66].

---

63 Ver N. Machado, Mercedes Batista na Argentina, *A Noite*, 1º nov. 1956.
64 Música Brasileira no Exterior, *Correio da Manhã*, 31 out. 1956. (Grifo meu.)
65 Ver Ballet Folclórico de Mercedes Batista, *Correio da Manhã*, 26 nov. 1958.
66 Companhia de Mercedes Batista em Buenos Aires, *Correio da Manhã*, 13 jan. 1959.

"A DESCOBERTA DO NEGRO"

Consoante ao que afirmara o jornalista Ibiapaba Martins, o "fato folclórico baiano" havia definitivamente se tornado material de exportação, completemos, nacional e internacional. Na verdade, a cultura negra, pois, além das manifestações da cultura afro-baiana, outros "folguedos" como o frevo, maracatu, coco, oriundas de outras partes do Brasil, especialmente do Nordeste, vinham sendo apresentadas como caracteristicamente brasileiras desde o primeiro espetáculo do TFB, no Teatro Ginástico, ainda em 1949.

Cabe destacar que, dos anos 1940 ao início dos anos 1960, essas diversas manifestações – ainda mal vistas nas ruas e associadas a grupos étnicos e não a símbolos do Brasil ou da brasilidade, como apresentadas nos palcos – consolidaram-se em um mercado que já movimentava milhões.

Em 1953, antes do histórico reajuste de 100% de salário do governo Getúlio Vargas, o mínimo valia mil e duzentos cruzeiros (Cr$ 1.200,00). Naquele ano, a confiar nos dados fornecidos por Carlos Machado em entrevista concedida ao *A Noite*, seus custos somente com elenco eram quinhentos mil cruzeiros mensais (Cr$ 500.000,00), obviamente divididos em cachês maiores para as estrelas e menores para os demais integrantes do espetáculo[67].

O espetáculo *Brazil* do Radio City Music Hall foi orçado em cem mil dólares ($ 100.000,00). Para termos dimensão melhor do que movimentava aquele emergente mercado de entretenimento, em agosto de 1961, um apartamento na Avenida Atlântica, em frente ao Posto 6, com vista para o mar, três quartos, duas salas e "dependência de empregado" era anunciado no *Correio da Manhã* daquele mesmo mês pelo valor de Cr$ 4.000.000,00 (quatro milhões de cruzeiros)[68].

Dois meses depois, Carlos Machado comentava que o custo da montagem do show *Skindô*, produzido pelo empresário Abraão Medina, seu novo concorrente no ramo de espetáculos, estava orçado em vinte cinco milhões de cruzeiros (Cr$ 25.000.000,00), valor que daria para comprar quatro apartamentos idênticos ao citado e ainda sobraria um milhão (Cr$ 1.000.000,00)[69].

---

67 Ver Uma Entrevista..., *A Noite*, 10 set. 1953.
68 Ver Na Hora H. Espetáculo Brasileiro em Nova Iorque, *Última Hora*, 22 ago. 1960; *Correio da Manhã*, 27 ago. 1960.
69 Ver *Última Hora*, 17 out. 1961.

O ingresso (*couver* mais o consumo mínimo) cobrado para assistir ao show *Skindô*, apresentado de segunda a sexta no "Golden Room" do Copacabana Palace, custava mil e novecentos cruzeiros (Cr$ 1.900,00), quase vinte por cento do salário mínimo pago em junho de 1960, que custava nove mil e seiscentos cruzeiros (Cr$ 9.600,00)[70].

Pelo valor dos ingressos e custo da produção, é possível depreender que o espetáculo, protagonizado também por muitos artistas negros e moradores da periferia do Rio de Janeiro, além das celebridades, era direcionado para "fina flor" da elite carioca e de outros lugares, de passagem pelo Rio. Para se ter uma ideia, Ruy Castro, ao se referir ao público frequentador dos espetáculos do Copacabana Palace, ressalta que "metade da riqueza nacional podia estar reunida de uma só vez nas mesas do Golden Room"[71].

Na estreia do *Skindô*, estiveram presentes, dentre outros, Martha Rocha, eleita Miss Brasil poucos anos antes, os governadores Carlos Lacerda (Guanabara, 1960-1965) e Juracy Magalhães (Bahia, 1959-1963), além do ministro dos Transportes, Virgílio Távora (1961-1962). Dois dias depois, o presidente do Uruguai, Eduardo Victor Haedo (1901-1970), assistiu ao espetáculo[72].

O show, produzido também por estrangeiros, tinha direção musical do maestro americano Bill Hitchcock e foi coreografado pela também americana Sonia Shaw. Mesmo seguindo o modelo adaptado com sucesso por Carlos Machado, colocando como chamariz lindas mulheres e artistas famosos, a cultura negra ganhou destaque nos palcos e nas páginas da imprensa.

A cobertura da estreia no Rio de Janeiro, feita pela revista *Mundo Ilustrado*, trazia na manchete: "Skindô – Samba em Noite de Gala". Segundo a revista, o espetáculo "mostra o Brasil antigo com escravos capoeiras, sinhazinhas tímidas, mostra a lenda do Uirapuru", além de bossa nova e "muito samba bem brasileiro". De modo semelhante ao que ocorrera com outros espetáculos discutidos anteriormente, Skindô partiu do Brasil para o exterior percorrendo Buenos Aires, Montevidéu, Lisboa e Paris[73].

---

70 Acerca do valor do salário no período, ver <https://www.dieese.org.br>.
71 R. Castro, op. cit., p. 6.
72 Ver *Última Hora*, 14 nov. 1961; idem, 16 nov. 1961.
73 Ver P. Borges, Skindô – Samba em Noite de Gala, *Mundo Ilustrado*, ano IV, n. 204.

FIG. 20: Skindô, *no Coliseo, de Buenos Aires*. Skindô: Samba, Capoeira, Baianas, Frevo, Maracatu. *A imprensa divulga o sucesso do espetáculo, pelo mundo.* Fonte: Mundo Ilustrado, *10 fev. 1962.*

No ano seguinte, a mesma revista estampava uma reportagem de três páginas com grandes imagens intitulada: "*Skindô* fez parisiense aglomerar-se na rua para ver batucada de asfalto". Numa tarde quente, na Champs-Élysées, cuícas, pandeiros, surdos, passistas "tomaram conta das ruas".

Segundo a reportagem,

depois de apresentar-se com grande sucesso em Lisboa, *Skindô* veio a Paris mostrar o Carnaval brasileiro, atraindo desde a estreia, no teatro Alhambra, um numeroso público. O show dá uma mostra da música popular brasileira através dos tempos, e ao mesmo tempo fala das lendas e danças do nosso folclore. O samba, o frevo e o maracatu são apresentados de uma maneira graciosa e atraente pelos mais famosos nomes do nosso teatro de revista[74].

No arquivo particular do mestre Artur Emídio de Oliveira consta imagens de sua passagem pela Argentina e Paris. Um recorte de uma página inteira tirado de uma revista de Buenos Aires trazia em destaque uma imagem de dois capoeiras jogando, sendo

[74] S. Ferraz, Skindô Fez Parisiense Aglomerar-se na Rua Para Ver Batucada de Asfalto, *Mundo Ilustrado*, n. 236, n. 236.

FIG. 21: Skindô, *em Paris*. Com o fundo reproduzindo um cenário colonial, o mestre Artur Emídio e seu aluno Djalma Bandeira jogam capoeira no espetáculo Skindô! De Copacabana para o Mundo... em uma roda tipicamente baiana, conformada por berimbaus, pandeiro, atabaque e baianas. Fonte: Arquivo particular do mestre Artur Emídio.

observados atentamente por duas mulheres com trajes de baiana e dois rapazes. No canto, uma pequena legenda afirmava: "Artur Emídio é astro no *Skindô*, mas não pensa em trair a capoeira".

NOS PALCOS, EM MEIO A UMA GUERRA CULTURAL

Como afirma Marshall Eakin,

nas últimas décadas, uma onda inteiramente nova de trabalhos acadêmicos voltou aos projetos de nacionalismo e construção da nação do século dezenove para mostrar que muitos grupos, não apenas as elites, participaram e moldaram os debates, línguas e processos de construção da nação e nacionalismo[75].

Com o foco no século xx, como o trabalho de Eakin, a partir do discutido até o momento e dos dados apresentados, sustento a tese de que esses grupos teatrais negros, artistas, capoeiras e agentes das mais diversas manifestações, assim como esses espetáculos, estavam plenamente inseridos nesse debate nacional. Foram personagens fundamentais no processo de mudança por que passou

[75] M.C. Eakin, *Becoming Brazilians*, p. 10.

"A DESCOBERTA DO NEGRO" 189

a cultura negra e popular na segunda metade do século xx, assim como para a transformação da imagem e da identidade do Brasil.

Sua performance contribuiu de forma *sine qua non* para promover essas diversas manifestações levadas aos palcos do *status* de manifestações étnicas – associadas a setores marginalizados, geralmente negros e pobres, como eram comumente vistas e apresentadas pela imprensa, autoridades e parcela da intelectualidade até a primeira metade do século xx, pelo menos – para o de símbolos de identidade nacional e de símbolo de identidade dos Estados.

Tratava-se de um processo em construção, pois, contraditoriamente, ao mesmo tempo em que essas práticas eram, por um lado, celebradas nos palcos nacionais e internacionais, em revistas e jornais, por outro, ainda enfrentavam muitas barreiras nas ruas, sendo mal vistas, discriminadas e reprimidas, tendo que pagar taxas exorbitantes para se apresentarem etc., como visto em capítulos anteriores.

Apesar desses obstáculos, a reformulação da identidade nacional brasileira, assim como a de muitos estados, passou diretamente por esses diversos agentes, práticas e espetáculos. Tudo isso, é necessário destacar, está relacionado de forma intrínseca ao campo de atuação desses grupos e artistas: o mercado de entretenimento[76].

O mercado de entretenimento, ampliado a partir dos anos 1950, assimilou parte dos artistas negros e negras, assim como diversas manifestações da cultura negra e popular, transformando-se em palco privilegiado de agenciamento político-cultural desse segmento na defesa, preservação e difusão da cultura negra – vista e apresentada como folclore – como integrante e componente central da cultura nacional brasileira.

A título de exemplo, Haroldo Costa, explicando sua saída do TEN, sua adesão ao teatro folclórico e sua visão dessas manifestações como caracteristicamente brasileiras e não apenas étnicas, afirmara:

tinha dentro de mim, mesmo nos tempos em que frequentava o Colégio Pedro II e a faculdade de Filosofia, *a certeza de que poderíamos apresentar ao mundo um tipo de teatro genuinamente brasileiro*, sem procurar

---

76 Conforme Erik Barnouw e Catherine Kirkland, "a definição moderna de entretenimento é qualquer narrativa, performance ou outra experiência que possa ser vendida e desfrutada por grupos extensos e heterogêneos de pessoas". E. Barnouw; C.E. Kirkland, Entertainment, em R. Bauman, *Folklore, Cultural Performances, and Popular Entertainments*, p. 50.

190

mostrar que o negro é também capaz de feitos artísticos, pois isto é um fato mais do que provado[77].

Também com um elenco negro, com quadros, como visto, compostos por candomblé, capoeira baiana e coco, dentre outros, e com um balé folclórico apresentado no Brasil e exterior como um "balé negro", Mercedes Baptista afirmava constantemente estar "trabalhando bastante para elevar o bom nome do Brasil", assim como o da "raça"[78].

O mestre Artur Emídio, por sua vez, que migrou dos ringues para os palcos sempre defendendo a capoeira como a "luta nacional brasileira", também afirmava com frequência:

no dia em que as autoridades brasileiras me apoiarem, mostrarei que não existe esporte mais bonito ou exercício mais perfeito que a nossa capoeira… Se tudo for concretizado, *terei a oportunidade de mostrar ao mundo 'um esporte verdadeiramente brasileiro'*, como disse o presidente Getúlio Vargas[79].

Esse discurso que apresentava manifestações étnicas como brasileiras, advogado pelos folcloristas, setores da intelectualidade e da imprensa, ganhou força e foi catapultado a partir da década de 1950, ao ser abraçado por artistas e grupos teatrais negros, como o TFB/Brasiliana, Balé Folclórico Mercedes Baptista, Companhia Oxumaré, Teatro Popular Brasileiro, dentre outros, e levado aos palcos.

Como afirmam Albuquerque e Bishop-Sanchez, "*performers*, atores ou criadores transformam ideias em práticas corporificadas, às vezes por meio de representações ensaiadas, em outras, por meio de improvisação e encenações espontâneas"[80].

Esses agenciadores político-culturais, frisemos novamente, conseguiram com sua performance materializar o discurso abstrato dos folcloristas e culturalistas, que jazia principalmente nas páginas dos periódicos e revistas desde o fim do século XIX, no caso dos primeiros, atingindo os mais diversos segmentos sociais.

Levaram ainda essas práticas – agora envoltas em um novo discurso culturalista – de volta para as páginas da imprensa, porém

---

77 Pequena História da Brasiliana, *A Noite*, 25 out. 1955. (Grifo meu.)

78 N. Machado, Mercedes…, op. cit.

79 M. Derrico, Mestre no Assunto Afirma: A Capoeira É o Esporte Mais Bonito do Mundo, *Revista do Esporte*, ano 1, n. 30. (Grifo meu.)

80 S.J. Albuquerque; K. Bishop-Sanchez, op. cit., p. 5.

não mais para as seções policiais, onde comumente eram depreciadas, mas para as ilustres colunas sociais dos jornais e revistas, onde negros e negras raramente figuravam. Foram pioneiros, do mesmo modo, no que se refere à exibição dessas manifestações no rádio, na televisão e no cinema, contribuindo para torná-las conhecidas nacionalmente, possibilitando a sua integração à "comunidade imaginada" brasileira.

Além disso, bem antes do surgimento dos grupos folclóricos baianos, apontados como pioneiros, como o Viva Bahia, discutido adiante, esses artistas, grupos e espetáculos atravessaram as fronteiras nacionais cruzando diversos países da América Latina, Caribe, Europa e África apresentando ao público estrangeiro uma imagem do Brasil, se não como um país negro – como temiam muitos –, pelo menos como uma nação fortemente marcada pela cultura negra.

O caso dessas diversas manifestações ora discutidas evidencia que o entretenimento nunca é apenas "mero entretenimento". Como afirmam Barnouw e Kirkland, o termo entretenimento "obscurece o fato de que o entretenimento também tem conteúdo informativo que geralmente cultiva temas e perspectivas convencionais. É por isso que alguns analistas chamam o entretenimento de "informação para quem não busca informação" e o consideram uma poderosa força ideológica em qualquer sociedade"[81].

O ramo em que atuavam esses incontáveis agentes sociais – o das lutas, no caso dos capoeiras, e o dos espetáculos, no caso desta e das demais manifestações –, os colocou em um espaço privilegiado e amplo de agenciamento político-cultural. Ao mesmo tempo em que divertiam o público com suas performances, transformavam as próprias práticas ao adaptá-las ao palco; a imagem delas e de seus praticantes perante o público; e contribuíam para transformar o próprio público e suas concepções acerca dos produtores e das práticas.

Podemos afirmar, ainda, em uma escala mais ampla e de longa duração, que tais grupos, artistas, espetáculos, juntamente com setores aliados da imprensa e da intelectualidade disputavam com outros grupos sociais a representação do que seria ou viria ser a identidade nacional brasileira, pois, longe de mera diversão,

---

81 Ibidem, p. 50.

"todo entretenimento contém mensagens e valores intencionais ou não. Usado deliberadamente, o entretenimento pode ser tão eficaz na realização de objetivos políticos, sociais e econômicos quanto as ferramentas convencionais de persuasão"[82].

A ação desses diversos agentes e grupos era claramente um processo pedagógico. Como discute Victor Melo, o entretenimento está diretamente relacionado, dentre outras coisas, à educação do público, assim como a produção, reprodução e modificação de padrões de comportamento em espaço público. Os espaços de lazer, ainda conforme o renomado historiador, são "fóruns de disputa, nos quais se manifestam iniciativas de enquadramento e controle". Nesse sentido, "todos deveriam aprender a se portar nos espaços de diversão, na mesma medida em que esses espaços difundiam novas formas de se portar"[83].

Ao discutir as transformações provocadas pela implantação do Tivoli, um dos pioneiros parques de diversão na cidade do Rio de Janeiro, em meados do século XIX, Melo analisa como o empreendimento, em seu curto período de existência – dois anos – interferiu naquela sociedade ao: reproduzir hierarquias sociais, selecionar o público através de preços, impor padrões de vestimenta e comportamentos; estabelecer proibição de jogos de azar, de fumar, de entrar de jaqueta ou de dançar de bengala no salão de danças, definindo padrões de etiqueta; e ao estabelecer normas rigorosas que definiam os limites de comportamento a serem adotados no salão, visando a "decência e boa ordem". Em um ambiente em que "muitas famílias seguiam não vendo com bons olhos a participação feminina em atividades públicas", o Tívoli propiciou à parcela das mulheres daquela sociedade um espaço de interação com pessoas do sexo oposto em espaço público, mesmo que de forma controlada[84].

De modo semelhante, as performances aqui discutidas, longe de serem meras apresentações, continham mensagens subliminares e diretas, veiculavam certos valores, questionavam outros, contestavam padrões, imagens, símbolos, apresentavam outros, encarnavam, nesse sentido, parafraseando Barnouw e Kirkland,

---

82 H.D. Fischer; S.R. Melnik, Introduction, *Entertainment*, p. xiv.
83 V.A. de Melo, Educação, Civilização, Entretenimento, *Revista Brasileira de História da Educação*, v. 20, n. 1, p. 4-5.
84 Ibidem, p. 17.

um forte poder ideológico. A própria presença negra nos palcos em papéis não mais subalternos ou caricatos em um contexto ainda marcantemente racista representava um questionamento e um confronto aos padrões sociais ainda hegemônicos.

É necessário frisar que, por mais que às vezes pareça consensual a louvação de setores da imprensa acerca do sucesso dos espetáculos antes discutidos e da apresentação da cultura negra como cultura nacional, havia à época grupos sociais claramente descontentes com essa perspectiva e representação da brasilidade. Não custa lembrar que

na maior parte da América Latina, os projetos de europeização das elites erradicaram, perseguiram e estigmatizaram culturas e povos não europeus. Por sua própria natureza, os projetos foram incapazes de forjar nações unificadas com povos de tradições étnicas, raciais e culturais muito diversas[85].

Até meados do século xx, apesar da ascensão da perspectiva culturalista, os herdeiros das elites coloniais continuavam em plena atividade e atuavam energicamente para exterminar qualquer resquício do que chamavam de africanismos que se colocassem no caminho do Brasil em seu rumo a se tornar um país "civilizado" e branco.

A historiadora Kim Butler, ao discutir o caso baiano das primeiras décadas do século passado, afirma:

os brancos falavam dos africanismos na cultura baiana como uma fonte de profundo embaraço. Para eles, essas características diminuíam seu *status* em relação às sociedades que consideravam 'civilizadas' e aumentavam as disparidades crescentes entre eles e o sul modernizado[86].

A autora transcreve, por exemplo, uma carta publicada em 1903, no Jornal de Notícias, escrita por um professor, após o início do Carnaval daquele ano. Dentre outras coisas, o autor expressava algo comumente veiculado nas páginas dos jornais naquelas décadas: a preocupação com a imagem do país, particularmente aos olhos dos estrangeiros, diante da forte presença da cultura negra. Na carta, o professor afirmava que

---

85 M.C. Eakin, op. cit, p. 12.
86 K.D. Butler, *Freedoms Given, Freedoms Won*, p. 183.

194

se alguém de fora julgasse a Bahia pelo Carnaval, não poderiam deixar de colocá-la em pé de igualdade com a África e, para nossa vergonha, hospeda-se aqui uma comissão de intelectuais austríacos, que naturalmente, de canetas à mão, está registrando esses fatos, para divulgar na culta imprensa europeia as suas impressões da sua visita[87].

Essa queixa está longe de ser um caso isolado, restrito aos primeiros anos do pós-abolição ou ao contexto baiano. Para que se perceba concretamente a abrangência dessa guerra cultural em que atuavam os agentes da cultura negra e popular, podemos recordar a polêmica travada na sociedade quando do anúncio da ida do TFB/Brasiliana a sua primeira turnê internacional, citada na introdução deste livro.

De acordo com Pereira,

no *Jornal do Brasil*, de 20 de julho de 1951, por exemplo, diante da presença marcante e inegável de manifestações da cultura negra no espetáculo do TFB, o crítico musical Renzo Massarani apontava o que, segundo ele, seria um "equívoco inicial que deveria ser eliminado antes que o conjunto se apresentasse em Londres". Qual seja, para Massarani, "bem mais clara e apropriada seria a denominação [do TFB] de 'Teatro Folclórico Afro-Brasileiro'", pois todo o repertório (menos um curto parêntese português no quadro "Guerreiros") é afro-brasileiro. A crítica de Massarani expunha o fato de que o grupo – de forma semelhante ao que fizera a Companhia Negra de Revistas nos anos 1920 – exaltava como "cultura nacional" a "cultura negra". Contudo, a polêmica não se restringiu a meros questionamentos acerca da definição do caráter do grupo. Denúncia publicada em outro periódico registrou o rumor que havia surgido na sociedade diante da viagem do TFB à Europa. A matéria estampada na capa do *Última Hora*, de sua edição do dia 20 de julho de 1951, declarava: "Querem Impedir a Ida a Londres dos Negros do Teatro Folclórico[88].

Como destaca ainda o autor, o mesmo ocorrera quando da turnê internacional do grupo musical Oito Batutas, cerca de duas décadas antes[89]. O temor dos descontentes era de que se pensasse que no Brasil só havia negros[90], ou seja, estava claramente em disputa

87 Apud K.D. Butler, op. cit., p. 183.
88 R.A.A. Pereira, op. cit., p. 231-232.
89 Famoso conjunto musical negro liderado por Alfredo Vianna Filho, o Pixinguinha, em 1919. Ver L.M.B. Martins, *Os Oito Batutas*.
90 Bryan McCann cita uma polêmica semelhante nas páginas da imprensa, ocorrida em 1939, entre o historiador Pedro Calmon e o escritor José Lins do Rego. Tudo começara a partir de um artigo publicado por Calmon sustentando que o ▶

a imagem a ser propagada do país, e o TFB/Brasiliana, naquele momento, estava em posição de destaque, tendo a possibilidade concreta de difundir, para além das fronteiras nacionais, uma imagem do país no exterior que não agradava a um setor da população declaradamente racista.

Não por acaso, no mesmo período, diversos casos de racismo foram tornados públicos e denunciados por ativistas negros, como o famoso episódio de discriminação contra a bailarina negra americana Katherine Dunham, que culminou na edição da lei Afonso Arinos, primeira a criminalizar a discriminação baseada em "raça" ou "cor" no Brasil[91]. Anos depois, quando de volta de sua primeira turnê, o próprio Brasiliana, já um grupo consagrado nacional e internacionalmente, divulgado e festejado pelos maiores jornais e revistas do país, fora vítima novamente de racismo.

Com a pretensão de realizar uma temporada no Teatro Municipal de São Paulo no primeiro semestre de 1956, o grupo teve o parecer negado pelo Departamento de Cultura do Município. Segundo o *Correio da Manhã* de 1º de março daquele ano, o que a princípio se pensou que se tratava de uma demora burocrática, revelou-se "o melhor ranço daquele racismo da rua Direita, negando o Municipal aos artistas negros da Brasiliana, taxados [no parecer] de um 'conjunto selvagem e exótico'"[92].

Além do claro racismo institucional, esse episódio revela por um lado a falta de consenso em torno desses espetáculos e a discordância de setores da sociedade em torno de apresentar essas manifestações como caracteristicamente nacionais, brasileiras, e não apenas como étnicas. Esse consenso não existia nem mesmo entre os diversos segmentos do ativismo negro, pois alguns agrupamentos também viam essas manifestações como símbolos do "atraso" e "barbarismo" de que os negros deveriam se distanciar para conquistar respeitabilidade.

> ▷ sucesso internacional de Carmen Miranda seria prejudicial para a imagem do Brasil, que passaria a ser visto como um país de música vulgar. Diante da resposta de Lins do Rego, em defesa do samba e da cultura popular, Calmon, em sua tréplica, afirmara abertamente, dentre outras coisas, que no exterior iriam nos ter por "negros da Guiné" ou "hotentotes de camisas listradas" em vez de uma "civilização". B. McCann, *Hello, Hello Brazil*, p. 64-65.

91   A esse respeito, ver P.L. Alberto, *Terms of Inclusion*, p. 173-178.

92   Teatro – Racismo e Cultura, *Correio da Manhã*, 1º mar. 1956.

Recuando poucos anos, por exemplo, Paulina Alberto destaca ao se referir ao jornal negro Clarim d'Alvorada e a membros da Frente Negra, nos anos 1930, que "ambos os grupos, compostos por negros paulistanos de classe média, rejeitavam certos tipos de cultura africana no próprio Brasil". A *Voz da Raça*, por sua vez, outro jornal da imprensa negra,

apesar de seu endosso tático às ideias nacionais de mistura racial, não celebrou a marca africana na cultura brasileira à moda do modernismo estético dos anos 1920 ou da *Casa-Grande e Senzala*, de Freyre. Em vez disso, seus artigos direta ou indiretamente reforçavam uma noção de identidade negra brasileira em que o cristianismo e a respeitabilidade andavam de mãos dadas[93].

Modelo semelhante de identidade negra baseado em um misto de "*éthos* burguês" e "aristocrático", advogando critérios de "respeitabilidade", "refinamento" e "autocontenção", distante de tudo que fosse associado a manifestações como o candomblé e o samba, foi proposto nos anos 1950 quando da conformação do clube negro Renascença, em sua fase inicial.

Como destaca Sonia Giacomini,

símbolo e, portanto, síntese de todos esses elementos ameaçadores, opostos ao próprio processo pensado como de refinamento e autocontenção, que garante ao grupo a trabalhosa identidade de negro *distinto* (*de elite*), encontra-se o Carnaval, festa onde se impõem a desordem, o espalhafato, os sinais exteriores da incontinência – inclusive sensual. Compreende-se, pois, que os integrantes desse grupo [o Renascença] fiquem alheios, ou participem muito marginalmente, desta que é reconhecida como a máxima manifestação da cultura negra carioca[94].

E completa, afirmando que, "claramente contrastado ao *éthos* do Carnaval e do samba, o Renascença, nesse período, parece oscilar entre proibir expressamente esse ritmo e ignorá-lo"[95].

Como se percebe, esses diversos artistas, grupos e espetáculos estavam imersos em uma guerra cultural travada por meio dos próprios espetáculos, jornais, revistas, TV, cinema, em que se confrontavam diversos setores sociais, desde clubes, jornais e

---

93 P.L. Alberto, op. cit., p. 141.
94 S.M. Giacomini, *A Alma da Festa*, p. 43.
95 Ibidem, p. 45.

"A DESCOBERTA DO NEGRO" 197

intelectuais negros, até setores brancos herdeiros das ideologias raciais do fim do século XIX.

Nessa guerra, na contracorrente de boa parte dos grupos negros da época, que, em sua busca de integração, rejeitava as tradições negras e a cultura africana, outros grupos tomaram posição e atuaram em defesa da inclusão da cultura negra e popular como parte integrante e componente fundamental da nação, em sintonia com a ascendente perspectiva culturalista/freyriana.

Concretamente, tais agentes, grupos e espetáculos transformaram em arte cênica o discurso dos folcloristas e culturalistas, sintetizado por Freyre na década de 1930, dando destaque para a contribuição negra na formação do Brasil.

Mesmo ainda largamente vistas e apresentadas como negras pelas páginas da imprensa, cultivadas nas periferias e morros do país, e associadas aos segmentos negros, pobres e marginalizados da sociedade, seguindo o referido discurso folclorista/culturalista/freyriano, como visto, essas manifestações eram apresentadas ao público nesses espetáculos como "coisas brasileiras", "danças e lendas brasileiras", "teatro genuinamente brasileiro", "nossos ritmos", "algo profundamente brasileiro"[96].

Nesse sentido, em conformidade com a perspectiva culturalista, a cultura negra, mesmo sendo realçada nas performances, se diluiu no processo de nacionalização tornando-se brasileira, como aponta Paulina Alberto, ao se referir ao caso do samba, ou ao ser apresentada como tal, pelo menos[97].

Por outro lado, o agenciamento político-cultural desses artistas e grupos teatrais negros expressava, mesmo que de forma não consciente ou declarada, uma outra estratégia na busca de inclusão/pertencimento da população negra e de suas manifestações à nação.

Não custa lembrar que a arena cultural proporcionou aos brasileiros oportunidades de participação e pertencimento que não estavam acessíveis no campo político. Pode-se afirmar que o nacionalismo cultural emanado nesses espetáculos e por esses diversos agentes foi uma peça de extrema importância para forjar

---

96 Esses exemplos ilustrativos foram retirados de trechos citados anteriormente. Pela ordem: *Correio da Manhã*, 19 jan. 1950; Pequena História da Brasiliana, op. cit.; J. Medeiros et al., op. cit., p. 14; Notícias – Carlos Machado Fala-nos de Banzo-Aiê, op. cit.

97 Ver P.L. Alberto, op. cit., p. 115.

198

e difundir um crescente senso de pertencimento à nação e a um povo e um sentimento de brasilidade.

Por mais que não estejamos tratando, no caso ora analisado, de ativistas, no sentido tradicionalmente atribuído ao termo – ou seja, uma pessoa ou um grupo de pessoas arregimentadas em torno de uma organização política, em busca de um determinado objetivo –, percebe-se que o agenciamento desses incontáveis detentores/mediadores que, de forma individual ou organizada em grupos, promoviam a partir de performances a cultura negra e popular nos palcos e ringues, assim como nas ruas, praças e outros diversos espaços de lazer, era eminentemente política.

Esses agentes político-culturais, a partir de meios diversos, buscavam, do mesmo modo que os intelectuais negros estudados por Paulina Alberto[98], incluir a herança racial e cultural afro-brasileira no âmago da imagem da nação que se construía, contribuindo para assegurar também o seu pertencimento, como brasileiros, a ela.

Por sua vez, cabe destacar que dos diversos espetáculos e grupos analisados, percebe-se que, por mais que o discurso da contribuição das três raças fosse celebrado, a contribuição dos povos originários não teve qualquer destaque. Na verdade, se não esteve completamente ausente, em certos espetáculos figurou em algum raro quadro, como a lenda do Uirapuru, encenada em *Banzo-Aiê*.

"REDESCOBERTA DA ÁFRICA"?

Enquanto as manifestações da cultura afro-baiana conquistavam os palcos nacionais e internacionais a partir do Rio de Janeiro, rompendo barreiras raciais, conquistando respeito, reconhecimento, reconfigurando a identidade nacional brasileira, na Bahia, a sua presença continuava sendo notada primordialmente nas ruas, nas praças, nos terreiros e nas festas de largo.

Em 1950, um colunista da Tribuna da Imprensa, traçando um interessante panorama das manifestações afro-baianas naquele momento, e chamando a atenção para o seu potencial turístico, destacava:

98 Ibidem.

"A DESCOBERTA DO NEGRO" 199

a melhor época para que se visite a nossa primeira Cidade, a velha Salvador, é sem dúvida a que medeia as suas tradicionais festas de Nossa Senhora da Conceição da Praia e do Senhor do Bonfim. Saem à rua, nessa ocasião as figuras já simbólicas das "baianas", com suas ricas indumentárias, movimenta-se a população negra da Cidade atendendo à tradição de festejar os seus santos prediletos... Nas demonstrações públicas da "Conceição da Praia" e do Bonfim, apresentam os capoeiras mais como finestas [sic] e dançarinos que como lutadores propriamente; e constituem sem dúvida um espetáculo digno de ser visto... se bem que reduzidas a duas por ano, constituem um dos principais elementos (folclóricos) dignos de serem vistos pelos turistas[99].

Nos primeiros anos daquela década, quando o TFB/Brasiliana já estava em sua primeira turnê internacional celebrando em seus espetáculos a cultura negra, em Salvador, as Pretas do Acarajé ainda enfrentavam a perseguição e censura da prefeitura contra os seus trajes, como vimos no capítulo anterior. Em 1953, quando esse mesmo grupo teatral estampou matérias nos principais jornais do Brasil e em revistas como *O Cruzeiro*, ao levar o candomblé para os cobiçados palcos da França, o Povo de Terreiro, na Bahia, ainda era obrigado a pular a cerca de proteção em frente à Igreja do Bonfim para lavar suas escadarias.

Segundo Scott Ickes, contudo, desde o primeiro governo Vargas, autoridades como os interventores federais percebiam a possibilidade de aproveitamento político dos festivais diversos que existiam ao longo do ano em Salvador e a agenda política varguista já incluía uma perspectiva de institucionalização da cultura popular baiana[100].

Mas, concretamente, entre recuos e avanços, apenas em meados da década de 1950 o Estado, representado pela prefeitura de Salvador, voltou-se para essas manifestações, iniciando um tímido investimento no sentido de explorar a cultura afro-baiana, vinculando-a ao nascente turismo, o que se desenvolveria plenamente apenas nos anos 1970.

Uma das diferenças fundamentais entre a experiência baiana, carioca e ludovicense, em relação ao trato com as manifestações

---

99 Ver C. de Sá, A Capoeira na Bahia, *Tribuna da Imprensa*, 17 fev. 1950; idem, A Capoeiragem na Bahia, *Tribuna da Imprensa*, 3 fev. 1950.
100 Ver S. Ickes, *African-Brazilian Culture and Regional Identity in Bahia, Brazil*, p. 100. Sobre a atuação do Povo de Terreiro e as disputas em torno da Lavagem do Bonfim, ver, em particular, p. 60-65.

da cultura negra e popular, relaciona-se aos papéis desempenhados pelo mercado e pelo Estado nas três cidades. Enquanto no Rio de Janeiro, a partir da década de 1950, o mercado de entretenimento começou a assimilar intensamente as manifestações da cultura negra e popular, assim como a mão de obra qualificada de artistas que a produziam, em Salvador e em São Luís esse mercado não se desenvolveu nesse período. Na capital baiana era no máximo pífio, na maranhense, inexistente.

O Estado, por sua vez, nas três capitais, esteve diretamente à frente da repressão a essas práticas, algo que começou lentamente a mudar no cenário nacional a partir da década de 1930, em proporções diferentes em cada lugar. Nas três cidades, desse período em diante, intensificou-se a atuação de setores da intelectualidade e da imprensa no sentido de apresentar tais manifestações como símbolos de identidades local e nacional, assim como persistia a resistência cotidiana dos seus praticantes diante da repressão.

A partir dos anos 1950, pequenas medidas começam a ser adotadas pelo Estado – geralmente prefeituras, com destaque para a de Salvador – em relação a essas práticas, como a realização de concursos de folguedos, contratação de capoeiras, apoio a exibições em eventos e à organização de eventos etc. Tais medidas marcam o início de um lento processo de assimilação diretamente vinculado ao nascente turismo.

A cidade da Bahia, por exemplo, na década de 1950, passou por uma série de transformações estruturais, políticas e econômicas, ao mesmo tempo em que se modificava o tratamento dispensado às manifestações culturais afro-baianas. A provinciana Salvador, a partir dos anos 1950,

começa a mudar de forma acentuada com o aumento vertiginoso da população (de 290 mil habitantes, em 40, para 417 mil, em 50), o crescimento da economia, a expansão urbana e a modificação da vida cultural. Alterações urbanísticas e arquitetônicas dão um novo perfil ao centro de Salvador, local de trabalho de boa parte da população, que passa a dispor de novos serviços, espaços de lazer e de cultura[101].

O crescimento populacional, aliado ao econômico, expandiu as camadas médias da sociedade baiana, ampliando o mercado de

---

101 A.A.C. Rubim et al., Salvador nos Anos 50 e 60: Encontros e Desencontros Com a Cultura, *RUA*, v. 3, n. 1, p. 30.

entretenimento, com o surgimento de "espaços de lazer, cultura e novos serviços". Todavia, isso não se traduziu em uma abertura para a cultura afro-baiana nos moldes do que vinha ocorrendo no Rio de Janeiro. Em outras palavras, a cultura afro-baiana não se tornou objeto de exploração do empresariado baiano, como ocorria na antiga capital federal.

O racismo da elite branca baiana talvez explicasse tal fato, porém a elite carioca não era menos racista. Quiçá o fato de essas manifestações, como a capoeira, o candomblé, ou personagens como as Pretas do Acarajé etc., serem cotidianas no cenário de Salvador explique o desinteresse do capital privado em investir nesse empreendimento que fazia pleno sucesso no centro-sul do país, visando o público soteropolitano.

Conjecturas à parte, diante da inércia do empresariado em investir não apenas nas manifestações da cultura afro-baiana, mas no turismo em si, o investimento nesse setor foi potencializado pelo Estado, representado particular e inicialmente pela prefeitura de Salvador. Em outras palavras, "a gestão turística na Bahia foi marcada, historicamente, pela forte presença do Estado, sobretudo a partir da década de 1970... Ao longo do processo evolutivo do turismo baiano, o Estado, visando fomentar a atividade, decidiu tornar-se ele mesmo um empreendedor privado"[102].

Ao longo de toda a década de 1950, de forma pioneira em nível nacional, a prefeitura de Salvador tomou medidas no sentido de institucionalizar o turismo, que iam desde a criação de um aparato burocrático, com a inicial criação do Conselho Municipal de Turismo e da Diretoria Municipal de Turismo (DMT), em 1953; criação de uma "taxa de turismo", visando arrecadar fundos para a pasta; produção de folhetos promocionais, cursos, congressos; até a criação, em 1959, do Departamento de Turismo e Diversões Públicas (DTDP), apontado como um marco na evolução do turismo no estado e da guinada em direção à cultura afro-baiana[103].

Desde a criação da DMT, em 1953, e ao longo de quase toda a década, como vimos no capítulo anterior, pequenas medidas foram adotadas no sentido de promover as manifestações afro-baianas, como o patrocínio a apresentações de capoeiras ou do maculelê,

---

102 L.M.A de Queiroz, *A Gestão Pública e a Competitividade de Cidades Turísticas*, p. 35-36.
103 Ibidem.

em eventos dentro e fora da Bahia. No entanto, essas medidas estavam longe de beneficiar toda a comunidade da capoeira, de terreiro, do samba de roda etc.; tratou-se, na verdade, de uma tímida política voltada ao nascente mercado turístico e que beneficiou apenas seleta parte dos produtores culturais baianos, contratados pela prefeitura para a realização das performances.

Uma atenção especial à cultura afro-baiana por parte da prefeitura de Salvador só ocorreu a partir do fim dos anos 1950. Certos autores apontam o ano de 1959, quando o escritor Vasconcelos Maia assume o DTDP, como o marco para as mudanças que revolucionaram a política cultural no estado.

Lucia Aquino de Queiroz, por exemplo, ao destacar a inegável guinada ocorrida a partir de sua gestão, aponta Maia como "visionário" e como o "mentor do hoje denominado turismo cultural". A autora aponta uma série de medidas adotadas visando dinamizar e promover o turismo e afirma que, no período, "manifestações populares, folclóricas, religiosas, e o próprio Carnaval podiam contar com essa repartição pública, que inclusive já havia instituído, desde o ano anterior, os concursos de trio elétrico e de decoração dos clubes sociais"[104].

Levando-se em conta que desde a década de 1930, como apontado por Scott Ickes, o potencial turístico da cultura afro-baiana era percebido, discutido e ressaltado por intelectuais e burocratas ligados ao Estado, cabe a pergunta: por que somente na década de 1950, e mais precisamente no fim dessa década em diante, foram tomadas medidas concretas pelo Estado no sentido de explorá--las? Além disso, o que teria provocado a transformação da visão e da atuação do Estado baiano em relação a essas manifestações secularmente controladas por códigos de postura, detratadas pela imprensa, reprimidas pela polícia e associadas de modo depreciativo aos setores negros e pobres daquela sociedade?

O antropólogo Jocélio Teles dos Santos, em um importante trabalho em que discute a transformação na sociedade brasileira entre as décadas de 1960 e 1970, ao colocar em questão quais teriam sido os motivos que deram origem a tais transformações, apresentou uma solução tentadora, porém, sem fundamento diante das evidências deixadas pela história.

---

104 Ibidem, p. 335.

"A DESCOBERTA DO NEGRO"

Ao analisar a diferença de tratamento dada pela imprensa baiana à cultura negra entre as décadas de 1950 e 1960, Santos constata que as elites baianas e as classes médias estavam mudando sua visão sobre essas práticas, assim como mudavam os espaços oficiais e públicos ao mesmo tempo. Tais mudanças refletiam as transformações por que passava a sociedade brasileira, e não apenas a baiana.

Para ilustrar sua assertiva, utilizando os jornais *A Tarde* e o *Diário de Notícias*, o autor enumera 26 matérias publicadas sobre o candomblé na imprensa baiana, entre 1950-1959. Desse total, vinte, ou seja 76,92%, podem ser "classificadas como de conteúdo negativo, pois induzem o leitor a pensar o candomblé por meio de uma associação com crimes, agressões e confusões"[105].

Ao comparar com os anos 1960-1969, destaca que

em primeiro lugar, o espaço que os dois jornais baianos dedicam ao candomblé é mais que o dobro da década anterior [...]. Passa-se de 26 para 56 matérias. Uma outra observação é que se nos anos cinquenta há um predomínio de matérias publicadas pelo *Diário de Notícias*, observa-se um número maior no jornal *A Tarde*. A hipótese é que esse crescimento traduz a importância do candomblé como *trademark* baiano, tendo por consequência uma maior visibilidade nas páginas dos jornais[106].

Ainda segundo Santos,

o mais surpreendente é o número de matérias que não apresentam um conteúdo negativo. Se na década de cinquenta elas são seis (23,08%), no período 1960-1969 elas serão 32 (57,14%). Há uma nítida inversão. Enquanto as matérias discriminatórias decrescem numa ordem de 34,06%, as que classifico como de conteúdo positivo apresentam um substantivo crescimento[107].

Incontestavelmente a cultura afro-baiana, ora representada pelo candomblé, estava ganhando espaço e reconhecimento social. Sintetizando, o autor conclui acertadamente que

o candomblé, que na mentalidade de alguns ainda era considerado uma seita composta por pessoas semianalfabetas e com costumes primitivos,

---

105 J.T. dos Santos, *O Poder da Cultura e a Cultura no Poder*, p. 59.
106 Ibidem, p. 59.
107 Ibidem, p. 64.

204

passava a se constituir em um símbolo, por excelência, de baianidade. Junto com a capoeira e a culinária, ele foi incorporado pela mídia, por órgãos públicos, empresas privadas como uma das marcas registradas da Bahia[108].

A análise precisa de Santos tropeça quando ele busca as raízes de tais transformações. Como explicação, o autor afirma que "essas releituras sobre o candomblé devem ser consideradas em um ambiente sociopolítico e cultural, e através de um quadro de construções discursivas sobre a redescoberta do continente africano no Brasil", ou, em outras palavras, estava relacionado ao que ele denomina de "renascimento africano na sociedade brasileira"[109].

O referido "renascimento", por sua vez, estava relacionado, dentre outras coisas, à atuação do intelectual português Agostinho Santos junto ao governo do então recém-eleito Jânio Quadros. Sua intermediação teria provocado uma guinada na política externa brasileira em direção ao continente africano, além de ter conseguido para a Bahia a criação do Centro de Estudos Afro-Asiáticos (CEAO), da Universidade Federal da Bahia[110].

Para Jocélio dos Santos, essa guinada em direção ao continente africano estaria nas raízes das transformações que estavam em curso no Brasil e na Bahia, assim como da valorização da cultura negra. Nas palavras do próprio autor,

os discursos e práticas estatais conjugados aos textos de intelectuais me levam a argumentar que a ação desencadeada pelo governo Jânio Quadros provocou mudanças significativas na forma de conduzir a política externa, *com consequências na gestão da política cultural tanto no nível da União quanto em âmbito local, mais precisamente, no estado da Bahia*[111].

A proeminência atribuída por Jocélio dos Santos a determinados personagens merece ser repensada com cautela. Por mais que determinadas personalidades na história sejam indispensáveis e inegavelmente importantes, como o professor Agostinho Santos, essa perspectiva de análise, centrada em indivíduos, pode ser perigosa, e, em determinados momentos, pode induzir o leitor

108 Ibidem, p. 65.
109 Ibidem, p. 66.
110 Ibidem, p. 28-29.
111 Ibidem, p. 43-44. (Grifo meu.)

"A DESCOBERTA DO NEGRO" 205

a crer que o processo histórico é conduzido ou determinado por tais personalidades excepcionais ou visionárias, como teria sido, de acordo com a análise discutida, o referido intelectual português exilado no Brasil.

Tal perspectiva, de certo modo, acaba desconsiderando todo um trabalho realizado há décadas pelos mais diversos agentes sociais e movimentos. Além da atuação dos próprios agentes dessas diversas práticas que perpetuaram sua existência a despeito da secular repressão e perseguição, de setores da intelectualidade e da imprensa, nesse caso em particular, é importante observar, no que tange ao panorama interno e burocrático, o papel desempenhado pelo Movimento Folclórico Brasileiro.

Como discutido anteriormente, desde o fim dos anos 1940, o MFB, assim como diversos intelectuais, vinha pesquisando, atuando, organizando, intermediando acordos, assinando convênios e intervindo junto à burocracia estatal – desde prefeitos até o presidente – em defesa das manifestações populares, em particular as de origem afro-brasileira, como o candomblé ou a capoeira.

Tal agenciamento é um dos fatores que colaboraram para construir lentamente um ambiente favorável a uma política direcionada, se não ao continente africano, pelo menos às manifestações afro-brasileiras.

Segundo o próprio Jocélio dos Santos, naqueles anos 1960, pouco se conhecia no Brasil acerca do continente africano e vice-versa. Os órgãos oficiais, a intelectualidade e os jornalistas, em outras palavras, parte da elite pensante brasileira, do mesmo modo, tinha poucas informações sobre o continente negro. Somente a partir dos anos 1960 as notícias sobre a África começaram a ganhar espaço nos jornais diários[112].

Diante desse quadro de distanciamento e desconhecimento mútuo entre o Brasil e o continente africano, de que forma, nesse curto espaço de tempo – pois o autor aponta que as mudanças se iniciam nos anos 1960 –, a África se tornou tão íntima do Brasil, das suas elites, das classes médias e da população, em geral, a ponto de transformar o preconceito secular existente sobre as manifestações da cultura negra, além de enegrecer a própria identidade baiana e brasileira?

---

112 Ibidem, p. 42, 44-45.

Em 1961, quando da eleição de Jânio Quadros, data em que segundo Santos teria começado o "renascimento africano na sociedade brasileira", o candomblé e a cultura afro-baiana em geral já eram festejadas em espetáculos no Brasil e no exterior. No fim dos anos 1950, quando o Estado baiano se voltou para a cultura afro-baiana e percebeu seu potencial mercadológico, essa cultura, capitaneada por empresários brancos como Miecio Askanasy, Carlos Machado e Abraão Medina e, em sua maioria, por artistas negros e negras, já movimentava um amplo e lucrativo mercado nacional e internacional, gerando receitas milionárias, como vimos anteriormente. A Bahia, *locus* de origem de boa parte dessas manifestações, atrasada para a festa, corria o risco de perder o "bonde da história".

No fim da década de 1950, o MFB havia avançado bastante, conquistando apoio de presidentes, governadores, prefeitos. Até mesmo o papa Pio XII havia declarado apoio à valorização do folclore[113]. Burocraticamente, como vimos, diversos convênios haviam sido assinados. Em 1957, dez anos após a criação da Comissão Nacional do Folclore, foi instituída por decreto do presidente Juscelino Kubitschek a Campanha de Defesa do Folclore Brasileiro, dando mais vigor ao movimento. A partir daí, incrementou-se o incentivo à realização de pesquisas, publicações, concursos, cursos. Foram criados Prêmios, como o Silvio Romero, existente até os dias de hoje.

Além disso, no contexto interno baiano, talvez mais importante que os acordos econômicos do governo federal com países do continente africano, tenha sido o surgimento na Bahia, em 1962, do grupo folclórico Viva Bahia, assim como o de diversos outros similares a partir de então. A exemplo do que ocorrera no Rio de Janeiro a partir dos anos 1950, tais grupos impulsionaram a cultura afro-baiana nos palcos baianos, brasileiros e estrangeiros, da década de 1960 em diante, conquistando reconhecimento nacional e internacional, como será discutido à frente.

---

113 Segundo o colunista Manuel Diégues Júnior, na coluna Folclore do *Diário de Notícias*: Pio XII foi "o primeiro papa a se pronunciar sobre o folclore. Foi em 1953, ao receber os participantes do Festival Internacional de Folclore de Nice [...] era o primeiro pronunciamento da Igreja sobre o folclore". Imagine-se o peso e a repercussão de tal ato para manifestações historicamente reprimidas, perseguidas e achincalhadas pelo Estado e pela própria Igreja Católica. M. Diégues Jr., Folclore, *Diário de Notícias*, 19 out. 1958.

"A DESCOBERTA DO NEGRO" 207

Desse modo, a guinada na política cultural baiana a partir do fim da década de 1950, que culminou na transformação da própria identidade da Bahia e do Brasil, para além da atuação de um personagem visionário ou outro, seja ele Vasconcelos Maia, Jânio Quadros ou Agostinho Santos, seria melhor analisada no contexto de grande aceitação e valorização econômica que a cultura negra e popular vinha conquistando a partir de variadas trincheiras[114]. Aceitação e valorização em grande parte produto da performance de incontáveis personagens, muitas das quais baianas, nos inúmeros palcos, praças, ruas, não apenas de Salvador, mas do Rio de Janeiro, São Paulo, Buenos Aires, Montevidéu, Lima, Cidade do México, Lisboa, Londres, Paris e muitas outras cidades ao redor do mundo.

Somado a isso, devemos acrescentar o aproveitamento, por parte dessas diversas personagens, de velhas e novas tecnologias (rádio, imprensa escrita, TV, cinema), que progressivamente ligavam cada vez mais o Brasil para divulgar, nacionalmente e de forma positiva, essas práticas e seu discurso de inclusão na nação, atuando, desse modo, no sentido de construir uma comunidade imaginada baiana e brasileira, nas quais tais práticas não apenas pertenciam, mas eram componente central.

NOS PALCOS DO MOVIMENTO FOLCLÓRICO BRASILEIRO E NAS TELAS DO CINEMA

Por sua vez, o sucesso das manifestações da cultura negra e popular nos palcos cariocas não tinha qualquer relação com patrocínios por parte do Estado, seja em âmbito municipal, estadual ou federal. Carlos Machado, Mercedes Baptista ou o grupo Brasiliana se ressentiam constantemente de estarem elevando a imagem do Brasil, principalmente no exterior, sem qualquer incentivo governamental.

---

114 Além desses, outra personagem merece atenção: Carmen Miranda. A despeito de sua inegável importância como mediadora cultural na projeção da cultura afro-baiana, nacional e internacionalmente, como discute Marshall Eakin, nos parece exagerada a afirmação do autor de que a artista, mesmo que involuntariamente, foi "o veículo de consolidação da cultura afro-baiana, tanto como definidora da identidade de uma região, quanto como elemento central da identidade nacional brasileira". M.C. Eakin, op. cit., p. 116. Como se discutiu, diversos outros fatores e incontáveis personagens estavam também em jogo ao longo deste processo.

O Rei da Noite, por exemplo, em 1965, quando da montagem do espetáculo *Rio de 400 Janeiros*, orçada em 150 milhões de cruzeiros, afirmou declaradamente magoado:

há 25 anos que divirto esta cidade, onde me apresentei em diversas casas, montando cerca de 50 espetáculos. Jamais pedi ou recebi subvenção dos poderes públicos. Se o tivesse recebido seria natural, pois não existe Turismo sem diversões... Não estou cobrando nada. Estou apenas magoado, pois se o Departamento de Turismo não me tem ajudado, até subvencionou alguns outros produtores para montarem em seus teatros peças estrangeiras dentro dos festejos do Quarto Centenário desta Cidade maravilhosa[115].

À primeira vista, tal desimportância poderia soar como um desinteresse da prefeitura do Rio em relação ao turismo. Porém, olhando mais de perto, percebe-se que a atenção do governo, desde a década de 1930, estava voltada para outro tipo de espetáculo: o Carnaval, que no Rio de Janeiro se confunde até os dias de hoje com o samba carioca.

Em uma polêmica reproduzida nos jornais, sobre a abertura de verbas para o Carnaval, em 1951, com vereadores a favor e contra, o *Última Hora* caracterizara esse espetáculo como uma "festa eminentemente popular, cuja fama [já àquela época] corre o mundo, além de ser o maior divertimento do povo; proporciona renda para os cofres da municipalidade, a par de uma excelente propaganda turística no exterior".

Segundo um dos entrevistados pelo jornal, o então vereador Levy Neves, o Carnaval era a "principal festa do calendário turístico da cidade do Rio de Janeiro". O teatrólogo Paschoal Carlos Magno, também vereador naqueles anos, afirmava esperar que o Departamento de Turismo traçasse "um plano para executá-lo, de tal maneira que o mundo inteiro seja informado com antecedência de um ano pelo menos"[116].

Em 1955, a prefeitura do Distrito Federal gastara com o Carnaval um milhão de cruzeiros; dois anos depois, em 1957, onze milhões[117]. Como se percebe, embora não investisse nos espetá-

---

115 Arquivo particular do mestre Artur Emídio.
116 Poucos Vereadores Não São Carnavalescos, *Última Hora*, 16 nov. 1951.
117 Ver *Tribuna da Imprensa*, fev. 1955, p. 26-27; G. Samuel, Um Carnaval Diferente, *Fon Fon*, n. 2.603, 26 mar. 1957.

culos teatrais de Carlos Machado e similares – que encenavam o Carnaval e o samba em seus espetáculos, lembremos –, a prefeitura do Rio, na década de 1950, tinha no Carnaval uma de suas grandes fontes de renda, veículos de propaganda e principal atrativo turístico, despendendo nele um capital que crescia progressivamente.

Em contrapartida, no Rio de Janeiro, as demais manifestações da cultura negra e popular não tinham apoio nem nos palcos nem fora deles. No máximo, a prefeitura patrocinava esporadicamente algum festival ou evento folclórico.

Na Bahia, nos anos 1950, por sua vez, o turismo ainda começava a dar os primeiros passos. O caso do maculelê, discutido no capítulo anterior, é interessante para analisarmos a inserção dessas diversas manifestações no mercado de entretenimento em Salvador daquela década. Diferente da capoeira e do samba de roda, por exemplo, que tinham vida própria nas festas de largo, terreiros e no cotidiano de muitos baianos, o maculelê, praticado por uma única família do recôncavo baiano, foi praticamente ressuscitado a partir das pesquisas do MFB.

Para que ele voltasse a existir, além do apoio inicial dos folcloristas, foi necessário, digamos, criar um circuito de apresentações, que serviram de estímulo tanto para os seus brincantes quanto para suscitar um interesse do público, algo que se retroalimentava. Essas apresentações iniciais, como visto, foram promovidas inicialmente pelo MFB, primeiro na Bahia, em Salvador, e depois em outros estados, geralmente em eventos promovidos pela CNFL, sendo alguns patrocinados pela prefeitura de Salvador.

Nesse período, a possibilidade de exibição pública prestigiosa e remunerada dessas diversas manifestações da cultura afro-baiana em espaços que não a rua, festas de largo, onde secularmente elas se apresentavam, em outras palavras, em espaços socialmente valorizados e que gerasse algum retorno financeiro, foi, se não criado, pelo menos estimulado/suscitado pela intermediação do MFB junto ao poder público.

Óbvio que diversas dessas manifestações já haviam antes se exibido em alguns desses lugares, assim como para autoridades – como já visto – mas se tratava de exibições excepcionais. A partir dos anos 1950, com a organização do MFB, a CNFL sistematicamente procurara intermediar junto ao poder público e a autoridades o reconhecimento, a valorização e, particularmente, a exibição dessas diversas práticas em locais e para autoridades de prestígio, como discutido anteriormente.

Seguindo a política de "rumor", defendida pelo movimento, seus eventos foram ocasiões centrais para a divulgação dessas diversas práticas, não só afro-baianas, mas de diversas partes do país, vistas e apresentadas por eles como símbolos da brasilidade.

Desse modo, diante da ausência de um mercado de entretenimento que as assimilasse, como vinha ocorrendo no Rio de Janeiro, o palco municipal, estadual, nacional e, por vezes, internacional, promovido pelo MFB certamente foi, a partir dos anos 1950, o maior divulgador/promotor dessas práticas e o maior estímulo para a auto-organização de seus praticantes em várias partes do Brasil.

O MFB possibilitou, dentre outras coisas, a circulação nacional de algumas dessas manifestações e de seus praticantes em grandes e pequenos eventos, como apontado por Luiz Rodolfo Vilhena, em seu já citado *Projeto e Missão*. Tais eventos proporcionaram a muitos desses agentes, a partir daquela década, pela primeira vez, deixar sua cidade natal, como fizeram os mestres Pastinha e Canjiquinha, dentre inúmeros outros, para garbosamente se apresentarem em outras cidades e estados, concederem entrevistas a jornais da imprensa escrita, rádio e TV, aparecerem em fotografias de revistas prestigiadas de circulação nacional e internacional, apresentarem-se para autoridades de todos os escalões do poder, algo antes inimaginável. E que só a assimilação pelo mercado de entretenimento havia conseguido fazer, como vimos, em relação ao Rio de Janeiro.

Tal feito, por conseguinte, certamente ampliou a visão e os horizontes de possibilidades de muitos desses brincantes em relação a essas práticas. Note-se que, de pessoas comuns, geralmente trabalhadores braçais não alfabetizados, pobres e, em sua maioria, negros, tais brincantes começaram a ser alçados, pelo MFB, ao patamar de artistas populares, detentores de saberes ancestrais que representavam a alma brasileira.

Nessa década, algumas dessas personagens, pela primeira vez, quiçá, vislumbraram a possibilidade de abandonar os seus ofícios originais de carroceiros, pedreiros, vendedeiras, empregadas domésticas, pescadores etc., e se dedicar integralmente

"A DESCOBERTA DO NEGRO"

ao cultivo daquelas práticas profissionalmente, como também estava ocorrendo no Rio de Janeiro com inúmeros novos artistas negros, particularmente os envolvidos com os espetáculos.

Apesar de todas as suas limitações, principalmente orçamentárias, além dos congressos nacionais e internacionais de folclore, o MFB organizava seminários, semanas, simpósios, ou seja, eventos nos âmbitos municipal e estadual. Nesses eventos, em geral, a grande atração era o festival folclórico, em que as diversas manifestações se apresentavam para o público.

O Congresso Internacional de Folclore, realizado em 1954, em São Paulo, por exemplo, além de chamar a atenção da imprensa, autoridades e intelectuais brasileiros para os folguedos, possibilitou que praticantes de diversas manifestações se exibissem a uma delegação de mais de trinta países. Naquele ano,

desfilaram folguedos de São Paulo, do Rio Grande do Sul, do Espírito Santo, das Alagoas, do estado do Rio, de Santa Catarina e do Distrito Federal [...]. Reisados alagoanos, o Ticumbi capixaba, os Tropeiros da Tradição gaúchos, o Vilão catarinense, o bumba meu boi fluminense, a Escola de samba carioca, sem esquecer os diversos folguedos paulistas[118].

No congresso, a Comissão Baiana de Folclore se empenhou em "tornar o *stand* de seu estado num dos pontos altos da Exposição Interamericana", realizada no Congresso, reconstituindo, além do vestuário e adereços das Pretas do Acarajé, até mesmo "seus ambientes, o familiar, o religioso, o largo da festa baiana". O samba de roda e a "famosa capoeira" seriam destaque também no evento[119].

O III Congresso Brasileiro de Folclore, ocorrido em Salvador, em 1957, por sua vez, teve como temática o próprio folclore da Bahia, e o festival promovido no evento teve demonstrações de

maculelê, Capoeira [os grupos de Pastinha e Bimba], Concurso de tocadores de atabaque em nações Keito, Angola, Congo, Caboclo, Gêge e Ijexá, presente da Mãe d'água, além de outras festividades do folclore baiano. Haverá um almoço típico aos congressistas, *Festa de Acarajé*, que se realizará numa roça de candomblé"[120].

---

118 Folcloristas de Diversos Países Reunidos em São Paulo, *Diário de Notícias*, 29 ago. 1954.
119 Ver As Demonstrações Folclóricas de São Paulo, *A Noite*, 28 jun. 1954.
120 Congresso Brasileiro de Folclore, em Salvador, *Diário de Notícias*, 22 fev. 1957.

Naquela ocasião, a apresentação do maculelê teve à frente o mestre Popó. O grupo se apresentou, segundo o *Diário de Notícias*, "com quinze figurantes, sendo acompanhado de uma orquestra de 3 tambores, 1 caxixi e 1 agogô". O jornal fez ainda uma descrição detalhada da demonstração do candomblé, enumerando os toques realizados, o orixá ao qual estava associado cada toque e o que representava no panteão do candomblé cada um deles[121].

Se a capoeira baiana em forma de espetáculo já excursionara pelo centro sul do país, com o mestre Bimba, ou já tinha lugar nas performances do Brasiliana, Mercedes Baptista, Grupo Oxumaré ou mesmo nos ringues e palcos com o mestre Artur Emídio, dentre outros, os eventos promovidos pelo MFB deram destaque à capoeira angola, particularmente a ligada ao mestre Pastinha, tornando-a conhecida nacionalmente pelas páginas da imprensa e realçando seu *status* de "capoeira autêntica".

E se desde a década de 1930, com o surgimento da Luta Regional Baiana, a capoeira angola vinha tendo sua imagem construída como a capoeira autêntica, nos anos 1950, o MFB, como órgão de referência sobre o assunto do folclore e de sua suposta autenticidade, conferiu legitimidade a tal reivindicação. Muito além da simples divulgação, esses eventos legitimaram o *status* de autenticidade e de brasilidade atribuído a essas diversas manifestações junto ao Estado, autoridades, academia e à intelectualidade nacional e internacional.

Concomitante à atuação do MFB, os agentes culturais dessas diversas práticas na Bahia atuavam em diversas direções no sentido de se inserir no emergente mercado de entretenimento baiano. A partir do levantamento feito por Waldeloir Rego, em seu Capoeira Angola, por exemplo, percebe-se que, em meados da década de 1960, a capoeira já estava plenamente integrada ao mercado turístico em ascensão na cidade de Salvador.

O autor elenca nove academias de capoeira, com sedes, exibições ao público – geralmente turistas, que pagavam ingressos para ter acesso aos shows –, e destaca ainda que os mestres, já sobrevivendo desse trabalho, assinam "contratos para espetáculos, cinema e com entidades carnavalescas para participarem dos seus enredos quando se exige a presença da capoeira"[122].

---

121 Ver Exposições e Demonstrações no II Congresso Brasileiro de Folclore, *Diário de Notícias*, 4 jul. 1957.

122 W. Rego, *Capoeira Angola*, p. 289.

"A DESCOBERTA DO NEGRO" 213

Ratificando essa assertiva, em 1963, trecho de uma matéria publicada pela revista *Quatro Rodas* destacava: "agora atração turística, a capoeira tem locais próprios de apresentação para você assistir. Geralmente cobra-se uma média de Cr$ 200 por pessoa para um belo espetáculo". Referindo-se ao mestre Pastinha, prossegue: "o mestre prontifica-se ainda a ensinar a qualquer turista os principais golpes do jogo em aulas de uma hora. Preço Cr$ 2.000,00 por aula e vale a pena"[123].

Ainda de acordo com Rego – percebendo o potencial de divulgação proporcionado pelo turismo, tão criticado por ele –, a capoeira "arrancou" desse setor "o que de melhor ele podia dar, que foi a promoção e divulgação dentro e fora do território nacional. Olhada como coisa exótica, a capoeira da Bahia passou a ser, ao lado do candomblé, procurada por toda espécie de turista, pelos etnógrafos, artistas e cineastas"[124].

O etnólogo baiano destaca ainda a intensa atividade dos capoeiras no ascendente mercado cinematográfico nacional e estrangeiro da década de 1960, citando sua participação em diversos filmes, alguns dos quais premiados, como *Briga de Galos* (Lázaro Torres, 1965), *Os Bandeirantes* (Marcel Camus, 1960), *O Pagador de Promessas* (Anselmo Duarte,1961), *Barravento* (Glauber Rocha, 1961), *Senhor dos Navegantes* (Aloísio de Carvalho, 1964).

Em 1962, com apoio do Departamento de Turismo da prefeitura de Salvador, foi criado o Primeiro Festival de Cinema da Bahia, tendo como premiação aquele que caminhava para se tornar o símbolo mor da capoeira, o berimbau. No festival, "inúmeros filmes longa e curta metragem, com temática capoeira em determinadas cenas, foram exibidos"[125]. Nesse período, importa lembrar, estava em ascensão o movimento do Cinema Novo. Essa estética cinematográfica endossou a reafirmação da "identidade nacional através dos movimentos da cultura popular", apesar de se pautar "na visão

---

123 Apud P.A. Magalhães Filho, *Jogo de Discursos*, p. 93. Com apenas onze horas de aula ou uma hora para uma turma de onze pessoas, o mestre Pastinha obtinha o valor correspondente ao salário mínimo vigente em 1963, 21 mil cruzeiros. Sobre o salário em 1963, ver Dieese 2011, disponível em: <https://www.dieese. org.br>.

124 W. Rego, op. cit., p. 318-319.

125 Ibidem, p. 320. O berimbau, como instrumento vinculado à capoeira, era amplamente desconhecido fora da Bahia. Sua difusão e sua eleição como símbolo mor da capoeira ocorreu concomitantemente à difusão da capoeira baiana. Trata-se, portanto, podemos afirmar, de mais uma "invenção" baiana.

da cultura popular como sinônimo da alienação e do atraso considerando as relações ideológicas entre o povo e seus líderes"[126].

A presença dessas diversas práticas nas telas do cinema e em películas premiadas mundo afora contribuiu para projetar nacional e internacionalmente não apenas essas manifestações como símbolos da baianidade e da brasilidade, mas uma imagem negra da Bahia e do Brasil.

Dentre os diversos filmes do período que exploraram a temática da cultura negra e popular em algum momento de seu enredo, merece destaque diante do sucesso internacional e da projeção proporcionada pelo cinema a essas práticas, visto que eram práticas locais, *O Pagador de Promessas*, ambientado na Bahia. O filme conquistou a "Palma de Ouro no Festival de Cannes, a indicação ao Oscar de melhor filme estrangeiro, dada pela primeira vez a um filme brasileiro, e mais cinco prêmios internacionais"[127].

Pouco antes, em 1959, no Rio de Janeiro, o mestre baiano Artur Emídio foi contratado para participar do filme *Massagista de Madame*, dirigido pelo cineasta Victor Lima. Produzido pela empresa Herbert Richers, e protagonizado pelas estrelas da época, Zé Trindade, Oscarito e Dercy Gonçalves,

a participação da capoeira nesta "comédia musical" ganhou notoriedade na imprensa. O *Jornal dos Sports*, por exemplo, anunciava em sua parte superior, em letras garrafais, entre o elenco principal do filme, "a Escola de Capoeira de Artur Emídio". Para se ter dimensão da publicidade que o filme proporcionou à capoeira, mesmo que indiretamente, segundo a *Revista Radiolândia*, Massagista de Madame bateu todos os recordes do cinema nacional[128].

Ainda no cenário carioca, *Orfeu Negro*, de Marcel Camus (1959), está no mesmo patamar de *O Pagador de Promessas*. O filme, ambientado no Rio de Janeiro, entre o morro e o asfalto, em pleno Carnaval, é protagonizado eminentemente por artistas negros e pelas mesmas manifestações que àquele tempo já haviam estourado nos palcos do Brasil e do exterior (samba, Carnaval e candomblé).

---

126 L.V. Castro Jr., *Campos de Visibilidade da Capoeira Baiana*, p. 107. Essa obra é uma boa referência para uma análise mais detalhada da relação da capoeira com o cinema.

127 Ibidem, p. 148.

128 R.A.A. Pereira, O Mestre Artur Emídio e a Defesa da Capoeiragem Enquanto Luta Nacional, *Recorde*, v. 11, p. 19.

O filme, também ganhador da Palma de Ouro no Festival de Cannes, além do prêmio de melhor filme de língua estrangeira e do Globo de Ouro de melhor filme estrangeiro, "iniciou milhões de não brasileiros na cultura brasileira, forjando na consciência internacional uma poderosa associação entre três conceitos relacionados: brasilidade, negritude e Carnaval"[129].

Como se percebe, na Bahia assim como no Rio de Janeiro, os artistas negros abriam caminho nos variados ramos de entretenimento emergentes, desde o rádio, passando pela indústria fonográfica, cinema, teatro, boates... Desse modo, aos poucos conquistavam espaço, criavam e ampliavam um novo mercado para a cultura negra e popular, projetavam nacional e internacionalmente essas diversas práticas, assim como promoviam uma imagem peculiarmente negra do Brasil, dentro e fora do país.

Analisando ainda o contexto baiano, observamos que o lento progresso que essas manifestações alcançaram ao longo dos anos 1950, além de representarem sinais da transformação em curso na sociedade baiana e brasileira, foram passos decisivos para a completa virada em direção a uma política cultural voltada para a exploração turística da cultura afro-baiana e para a transformação identitária por que a Bahia passou na segunda metade do século XX.

Esse processo, de longa duração e de conquista de mercado pelas manifestações da cultura afro-baiana, ganhou força na Bahia, a partir do início dos anos 1960, com o surgimento, em Salvador, do mais famoso dos grupos folclóricos baianos, o Grupo Folclórico do Instituto Central de Educação Isaías Alves (ICEIA), criado pela etnomusicóloga Emília Biancardi, então professora daquela instituição.

A BAHIA ENTRA EM CENA – O GRUPO FOLCLÓRICO VIVA BAHIA

O grupo Viva Bahia, como se tornou conhecido, surgiu em 1962, mais de uma década depois da criação do TFB/Brasiliana, e quase dez anos depois do Balé Folclórico Mercedes Baptista ou da experiência do grupo baiano Oxumaré. Seu surgimento representou a entrada definitiva da Bahia no intenso processo que vinha se

---

129 Apud M.C. Eakin, op. cit., p. 121.

desenvolvendo no Rio de Janeiro desde o fim dos anos 1940: a ampla exploração da cultura negra e popular pelo mercado de entretenimento.

O Viva Bahia até hoje não recebeu a atenção merecida por parte da historiografia. As informações a seu respeito estão fragmentadas em estudos de diversas áreas, majoritariamente realizados a partir de entrevistas com a professora Biancardi e com antigos integrantes do grupo.

Esses trabalhos e as entrevistas geralmente destacam o seu "pioneirismo", apresentando-o como o primeiro a levar a capoeira, o candomblé e outras manifestações da cultura afro-baiana para os palcos, e por aproveitar em seu elenco pessoas oriundas dessas diversas práticas, primando pela autenticidade. Ou seja, tudo que o TFB/Brasiliana (ver Fig. 22[130]) já desenvolvia desde o fim dos anos 1940, ou que os referidos Balé Folclórico Mercedes Baptista ou o Grupo Oxumaré também colocaram em prática em suas performances nos anos 1950.

Portanto, assim como trabalhos escritos até hoje desconhecem o que vinha ocorrendo mais de uma década antes do surgimento do Viva Bahia no cenário carioca, paulista e internacional, os depoimentos da professora Biancardi e demais componentes do grupo desconsideram esse agitado cenário.

O grupo baiano é sempre apontado como o primeiro grupo folclórico do Brasil, ou criador do "modelo de espetáculo folclórico reproduzido por todo o mundo"[131]. Todavia, ao analisarmos com mais cuidado as evidências elencadas até o momento, percebe-se que o Viva Bahia é produto direto do grande sucesso que as manifestações da cultura negra e popular – particularmente as afro-baianas – vinham obtendo no mercado de entretenimento do eixo Rio-São Paulo e internacional.

Podemos afirmar, ainda, que a companhia baiana é um dos desdobramentos do sucesso do modelo de espetáculo inaugurado pelo TFB/Brasiliana em 1949, assim como o espaço que a cultura afro-baiana alcançou na Bahia, a partir dos anos 1960,

---

130 Sobre Grande Otelo, ver F. dos S. Gomes et al., op. cit., p. 92.

131 P.A. Magalhães Filho, op. cit., p. 100. Ver ainda L.C. Lima, *Mandinga em Manhattan*, p. 21, 23, 26; A.P. Höfling, *Staging Capoeira, Samba, Maculelê, and Candomblé*, em S.J. Albuquerque; K. Bishop-Sanchez, op. cit., p. 98-125; entrevista com Emília Biancardi, disponível em: <https://www.youtube.com/>, <http://colecaoemilia-biancardi.blogspot.com>.

"A DESCOBERTA DO NEGRO" 217

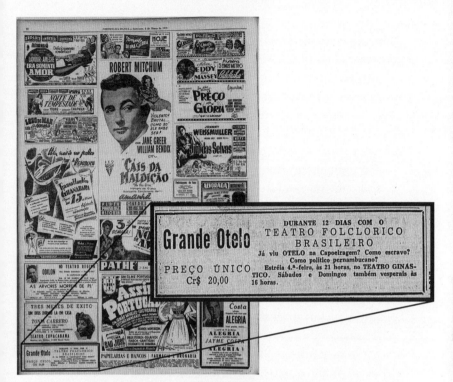

FIG. 22: *Grande Otelo: capoeira*. A capoeira nos palcos, um dos grandes feitos atribuídos ao Grupo Folclórico Viva Bahia, já constava nos primeiros espetáculos do TFB, como demonstra o anúncio. Note-se ainda que o ator a encarnar o capoeira era o já famoso Grande Otelo. Fonte: Correio da Manhã, 5 mar. 1950.

é em parte também resultado direto do sucesso já conquistado por ela no centro-sul do país e no exterior[132].

Traçando uma comparação, nota-se que o Viva Bahia surgiu com as mesmas características do TFB/Brasiliana em sua primeira formação (1949-1955): tratava-se de um conjunto de artistas negros, ligados às diversas manifestações da cultura negra e popular – capoeira, candomblé, samba de roda etc. – que as adaptaram aos palcos, primavam por "autenticidade", baseavam sua performance em pesquisa e reivindicavam ter o apoio de folcloristas. Talvez a maior diferença entre os dois seja o fato de que a iniciativa da criação do Viva Bahia partiu da professora Emília Biancardi,

---

132 A título de exemplo da influência direta do que ocorrera e ocorria no eixo Rio-São Paulo, em 1972, no espetáculo Odoiá – Bahia, Biancardi, além de mudar o nome de seu grupo para Balé Folclórico, admitira em seu elenco integrantes do Balé Folclórico Mercedes Baptista. Ver A.P. Höfling, op. cit., p. 105-106.

uma jovem branca de classe média, enquanto o TFB/Brasiliana já era um grupo teatral negro quando uniu seus esforços ao tino empresarial do polonês Miecio Askanasy[133].

Em sintonia com o que ocorria na época, segundo a própria professora Biancardi, o seu despertar para a temática do folclore e seu interesse em criar um grupo folclórico ocorreu a partir de seu contato com Hildegardes Viana, então destacada integrante do MFB e da Comissão Baiana de Folclore[134].

Certamente a proeminência que ganharam as manifestações da cultura negra e popular nos palcos do eixo Rio-São Paulo na década de 1950 levou o movimento folclórico a dar uma atenção especial ao Teatro. Em 1959, por exemplo, uma das recomendações do IV Congresso Brasileiro de Folclore, em Porto Alegre, foi a de que o Serviço Nacional de Teatro, o Teatro do Estudante e os grupos amadores "incentivem e apoiem a representação de peças de inspiração folclórica ou que aproveitem motivos folclóricos"[135].

Todavia, a despeito do sucesso que vinham fazendo nos palcos cariocas, paulistas e no estrangeiro, e das recomendações do MFB, essas manifestações não foram admitidas naturalmente em todos os lugares. Na Bahia, por exemplo, ao contrário do que se poderia imaginar, sua aceitação somente se consolidou a partir do final da década de 1960, após a sobreposição de uma série de barreiras raciais.

Isso é o que se depreende nas entrelinhas da fala de Emília Biancardi. Ao tratar de sua trajetória e dificuldades, segundo a etnomusicóloga baiana, seu

grande problema também foi aqui [em Salvador], para entrar no teatro Castro Alves com esse povo [seu elenco]. Tinha preconceito sim, não era o preconceito que você poderia pensar "negros"! Era preconceito contra as tradições, eles não admitiam que um grupo popular, onde tinha de tudo, ocupasse um espaço da burguesia, onde eram ensaiados os balés com as dondocas[136].

---

133 Biancardi é filha de um advogado negro e uma música descendente de italianos.
134 Ver L.V.C. de Araújo, *Lia Robatto e o Grupo Experimental de Dança*, p. 89-90. Ver, ainda, entrevista com Emília Biancardi, disponível em: <https://www.youtube.com/>.
135 Teatro e Folclore, *Correio da Manhã*, 30 jul. 1959.
136 L.C. Lima, op. cit., p. 32.

Mesmo negando a raiz racial do problema, a fala de Biancardi evidencia que o cenário baiano nos anos 1960 estava bem distante de festejar a cultura negra e popular nos palcos, como já vinha acontecendo em cidades como o Rio, Paris, Londres, dentre outros lugares. Pelo contrário, essas manifestações, assim como seus produtores negros, ainda enfrentavam duros obstáculos para adentrar determinados espaços.

Se por um lado as dificuldades em acessar o teatro Castro Alves, inaugurado em 1967, demonstram que a Bahia estava bem atrasada no que se refere ao que ocorria no cenário dos espetáculos nacional e internacionalmente, por outro, a conjuntura nacional e internacional de crescente aceitação das manifestações da cultura negra e popular certamente foi um fator que contribuiu para sobrepor as barreiras raciais locais. Além, é claro, da atuação direta de Biancardi, dos integrantes de seu grupo folclórico e do apoio indubitável de intelectuais e do MFB.

A partir das notícias veiculadas na imprensa nacional – os jornais da Bahia não estão digitalizados dos anos 1950 em diante – percebemos que o Viva Bahia começou a se tornar conhecido no final dos anos 1960 e, ainda nessa década, despontou no cenário nacional e internacional. Nesse mesmo período, o grupo já havia sobreposto a resistência da elite baiana. É o que se deduz de uma nota publicada pelo *Diário da Noite* (RJ), em outubro de 1969, informando a ida do grupo a São Paulo, "a convite do sr. Viana Filho", então governador da Bahia, para a inauguração de uma fundação e de uma exposição de arte barroca sacra e popular da Bahia[137].

Em 1970, quando de sua primeira apresentação no Teatro Municipal do Rio de Janeiro, o grupo realizou inúmeras apresentações no Brasil e no exterior e gravou três discos com a música de seus espetáculos: puxada de rede, maculelê, capoeira, candomblé de Ketu, samba de roda, folclore rural, rancho da burrinha, bata de feijão, penitência de chuva, samba rural, coco de roda e rodas rurais[138]. Os diversos jornais destacavam a atenção do grupo à "autenticidade" das manifestações e a presença, no Viva Bahia, de portadores do folclore, não apenas bailarinos intérpretes.

---

137 Ver *Diário da Noite*, 17 out. 1969.
138 Ver Viva Bahia Traz Brinquedos do Passado, *Jornal do Brasil*, 12 e 13 jun. 1970.

O sucesso do Viva Bahia, como o do TFB/Brasiliana duas décadas antes, foi fundamental para expor e romper barreiras raciais, além de potencializar a presença de manifestações da cultura negra e popular no mercado de entretenimento. Contribuiu ainda, em particular, para acentuar a inserção da cultura afro-baiana como elemento constituinte da identidade baiana e nacional, além de ter reforçado a imagem que já vinha sendo construída internacionalmente de um Brasil negro, como discutido antes.

O Viva Bahia serviu ainda de modelo para o surgimento de diversos outros grupos em seu estado natal e, fundamentalmente, para impulsionar a organização dos próprios portadores do folclore baiano. Esse parece um dos traços que difere a experiência carioca da baiana. Enquanto no Rio o sucesso do TFB/Brasiliana impulsionou a inserção de artistas negros individualmente e espetáculos com temática negra no emergente mercado de entretenimento, na Bahia, com o Viva Bahia, ocorreu a organização de companhias folclóricas, muitas dirigidas pelos próprios portadores do folclore. Outra marca distintiva do Viva Bahia se refere ao destaque dado à capoeira em seus espetáculos.

Quanto à influência do grupo baiano, "desde os primeiros momentos do Viva Bahia, de 1962 até 1981 surgiram cerca de dez novos grupos folclóricos na cidade [Salvador], entre eles, o Afonjá (1967), o Olodumaré (1969), o Capoeiras da Bahia (1974), o Grupo Balú, do Sesc-Senac (1974) e o Odundê (1981)"[139]. De acordo com a própria Emília Biancardi, os "filhos" do Viva Bahia seriam: o Grupo Folclórico da Bahia (mestre Acordeon – Ubirajara Almeida); Olodum (do mestre Camisa Roxa – Edvaldo Carneiro e Silva); Dance Brazil (Jelon Vieira); Viva Brasil (mestre Amém Santo); Balé Folclórico da Bahia (Walson Botelho), dentre outros[140].

O Viva Bahia, como esses diversos grupos, não desbravou terras virgens, pelo menos fora da Bahia, como afirmado anteriormente. Quando Biancardi iniciou sua carreira internacional, por volta do fim dos anos 1960, o Brasiliana, por exemplo, já havia percorrido diversos continentes. É possível afirmar que o grupo negro carioca foi o pioneiro não apenas na Europa, mas na

---

139 L.V.C. de Araújo, op. cit., p. 90.
140 L.C. Lima, op. cit., p. 30.

América Latina, África, Oceania, percorrendo países nos quais o Brasil era completamente desconhecido, e construindo uma primeira imagem do Brasil no exterior a partir de manifestações da cultura negra e popular, apresentadas, não como baianas, pernambucanas ou étnicas, mas como brasileiras.

Por outro lado, o fato de não ter sido pioneiro não diminui a importância do Viva Bahia. Sua experiência, na verdade, corrobora a hipótese de que o desenvolvimento de um mercado de entretenimento, assimilando e promovendo as manifestações da cultura negra e popular, foi fundamental para as transformações sociais, políticas e culturais em andamento, particularmente as que envolviam questões de identidade do Estado brasileiro e baiano.

É necessário perceber que, mesmo que desde os anos 1950 tímidas políticas comecem a ser adotadas pelo Estado baiano no sentido de explorar essas manifestações e associá-las aos símbolos de identidade da Bahia, ainda no fim dos anos 1960 essa concepção estava em disputa, como revela a resistência à apresentação do Viva Bahia no teatro Castro Alves.

A superação dessa resistência das elites baianas é resultado de uma série de fatores, que vão desde a crescente aceitação da cultura negra e popular em âmbito nacional e internacional, passando pela atuação/intermediação do MFB, de intelectuais e burocratas ligados ao Estado no plano local, até o surgimento de grupos como o Viva Bahia e similares, como discutido anteriormente.

O sucesso nacional e internacional do grupo reverberou internamente na Bahia certamente de forma mais direta que o sucesso obtido pelas manifestações da cultura negra e popular anteriormente. Agora estava sob os holofotes um grupo "autenticamente" baiano, sendo celebrado nos mais prestigiados palcos do Brasil e do mundo.

Dentre outros espaços privilegiados, o Viva Bahia passou pelo Teatro Municipal do Rio de Janeiro; esteve em algumas das mais prestigiadas casas de espetáculo, em mais de dez países da Europa, com o show *Capoeiras da Bahia*; estrelou o show *Festa Brazil* no Kennedy Center, Brooklyng Academy of Music e Madinson Square Garden, em Nova York, ambos em 1974[141].

---

141 Para mais sobre estas apresentações e sobre o Viva Bahia, ver A.P. Höflin, op. cit.

Imagine-se a repercussão na Bahia – entre os portadores do folclore, o povo de terreiro, os capoeiras, a população negra em geral e mesmo entre as elites – do sucesso dos artistas baianos e da cultura afro-baiana nesses que figuravam entre os mais cobiçados palcos do mundo.

É possível afirmar que a conquista dos palcos pelo grupo baiano foi um fator decisivo para impulsionar a política timidamente promovida pelo Estado, desde os anos 1950, e advogada há tempos por folcloristas, intelectuais etc., dando mais visibilidade a essas manifestações na Bahia, como algo positivo e associado à imagem/identidade do Estado.

O Viva Bahia potencializou a presença de tais práticas nas prestigiadas colunas sociais locais de jornais, revistas, televisão, o que já ocorria em âmbito nacional e internacional com outros grupos e espetáculos. O surgimento de diversos outros grupos semelhantes, na Bahia, veio reforçar o mesmo trabalho de valorização, promoção e difusão de tais práticas e de sua associação com a identidade baiana e brasileira, não apenas na Bahia, mas em diversas partes do Brasil e do mundo, num ciclo contínuo[142].

SEM MERCADO DE ENTRETENIMENTO E SEM APOIO DO ESTADO

O caso de São Luís, por sua vez, serve para demonstrar que, por mais que o MFB tivesse uma projeção nacional com seus tentáculos organizados em praticamente todo o país, articulando localmente a política do movimento, as conquistas alcançadas pelos folcloristas se traduziram de forma diversa em cada estado.

---

142 Diversos trabalhos e depoimentos apontam o Viva Bahia como pioneiro na, destaque-se, difusão de diversas dessas práticas pelo Brasil e pelo mundo, pois integrantes do grupo acabaram se radicando em locais onde estiveram de passagem e iniciaram um trabalho de ensino. Esse mesmo processo ocorreu com diversos outros grupos. A título de exemplo, a capoeira do Maranhão começou a se desenvolver após a passagem por São Luís, em 1966, do grupo Folclórico Aberrê, liderado pelo mestre Canjiquinha e da consequente radicação na cidade de Anselmo Barnabé Rodrigues, um dos integrantes do grupo. A esse respeito, ver R.A.A Pereira, O Mestre Sapo, a Passagem do Quarteto Aberrê Por São Luís e a (Des)construção do "Mito" da "Reaparição" da Capoeira no Maranhão dos Anos 60, Recorde, v. 3, n. 1.

"A DESCOBERTA DO NEGRO" 223

Enquanto na Bahia, por exemplo, a CBFL conseguia lentamente intermediar a relação entre os portadores de folclore e o Estado, promovendo apresentações, assinando convênio, potencializando a inserção dessas práticas no nascente turismo, no Maranhão, os folcloristas não tiveram o mesmo êxito.

De modo geral, essa seção da CNFL nasceu e teve as mesmas características de suas congêneres em outros estados. Seus integrantes, por exemplo, foram recrutados entre personalidades importantes da sociedade local, funcionários públicos, literatos, membros dos prestigiados Instituto Histórico e Geográfico Maranhense ou da Academia Maranhense de Letras, juristas, políticos. Sua criação também ocorreu, ainda em 1948, a partir da iniciativa da CNFL, que convocou personalidades maranhenses para a sua organização.

Todavia, apesar do prestígio que poderiam ter seus componentes, o interesse pelo folclore nos anos iniciais após institucionalização do movimento localmente fora bastante inexpressivo. Esse reduzido interesse resultou em uma completa paralisia da política dos folcloristas no estado. Ao longo da década de 1950, quase nada de concreto foi conquistado pelo movimento, a não ser a participação de alguns integrantes da Subcomissão Maranhense de Folclore (SMFL) em eventos nacionais, grande parte conseguida a partir do esforço de algum integrante da própria Subcomissão[143].

Quando da realização do Congresso Internacional de Folclore, em São Paulo, por exemplo, evento em que a Comissão Baiana de Folclore, com apoio do estado, apresentara um *stand* destacando orgulhosamente a cultura afro-baiana, como visto anteriormente, o secretário da Subcomissão maranhense escrevera para Renato Almeida informando que "é perfeitamente inoperante qualquer entendimento com o governador do Estado no sentido de colaborar com a nossa Comissão de Folclore no preparo e seleção do material para a mostra de agosto do ano vindouro, em São Paulo"[144].

O convênio assinado por diversos estados visando a proteção e promoção do folclore, no Maranhão, não despertou qualquer interesse das elites dirigentes. A partir de correspondências da CNFL, Clícia Gomes demonstra que as iniciativas da SCMFL e da

---

143 Ver C.A.A. Gomes, *A Fabricação do Folclore no Maranhão*.
144 Apud C.A.A. Gomes, op. cit., p. 74.

própria CNFL, na pessoa de Renato Almeida, no sentido de comprometer o estado a assiná-lo foram infrutíferas[145].

Portanto, pelo que indicam as pesquisas, a criação da SMFL não se traduziu na institucionalização de uma política voltada para o folclore por parte do Estado, sendo que as pequenas ações desenvolvidas ao longo da década de 1950 ocorreram principalmente como resultado do empenho de algumas personalidades, como Domingos Vieira Filho, principal dirigente do movimento folclórico local. Em síntese, a autora registra em uma nota de rodapé que "no Maranhão, até 1958, nos dados consultados, não foram visualizadas ações concretas no sentido de uma 'política cultural' ou até de 'ações político-administrativas' voltadas para o folclore"[146].

Além disso, diferentemente do que ocorria no Rio de Janeiro ou em Salvador, que, a partir dos anos 1950, investem crescentemente no Turismo, em São Luís, essa atividade – que se revelou uma das promotoras das manifestações ora estudadas – estava longe de dar os primeiros passos. Na verdade, a infraestrutura da capital maranhense, até o fim dos anos 1960 – para ficarmos nos marcos temporais dessa pesquisa –, por exemplo, estava muito aquém de satisfatória para os próprios moradores, imagine-se para potenciais turistas.

Para que o leitor possa ter uma dimensão da falta de estrutura da cidade, na segunda metade da década de 1960,

somente 23,7% da população gozava dos serviços públicos, 50,8% sem qualquer ocupação formal, 2,5% aposentados ou pensionistas e 23% abaixo da idade para o trabalho. Em 1969, aproximadamente quarenta mil habitantes residiam em palafitas, o equivalente a 16% da população de São Luís. Os bairros fora da linha Remédios/Passeio, em direção à parte antiga da cidade, não possuíam rede de esgoto, correspondendo a 75% da cidade[147].

Uma capital em que apenas 25% da população tinha rede de esgoto e 50% trabalhava em ocupações informais, geralmente mal remuneradas, não dispunha de qualquer infraestrutura para atender uma mínima demanda turística, assim como era bastante reduzida a percentagem de sua população em condições financeiras

145 Ibidem, p. 74.
146 Ibidem, p. 77. Ver também L.S.F. Albernaz, *O "Urrou" do Boi em Atenas*, p. 182.
147 M. de L.L. Lacroix, op. cit., p. 279.

"A DESCOBERTA DO NEGRO" 225

para alimentar um mercado de entretenimento, como ocorria no Rio de Janeiro.

Em outras palavras, esses dois fatores – o mercado de entretenimento e o turismo, que, a partir dos anos 1950, estiveram entre os promotores das manifestações da cultura negra e popular no Rio de Janeiro e Salvador – eram insignificantes em São Luís até o fim da década de 1960, pelo menos.

Desse modo, diante da inexpressiva organização da SCMFL na década de 1950, da ausência de um mercado de entretenimento que assimilasse essas práticas, ou de um investimento mínimo em turismo cultural por parte do Estado que projetasse as manifestações locais, como ocorrera em Salvador, as manifestações da cultura negra e popular, a despeito do crescente apoio da intelectualidade maranhense, permaneceu nas ruas, resistindo, como vinha fazendo há longas décadas.

No entanto, os esforços da inexpressiva subcomissão de folclore, o apoio da intelectualidade, a crescente valorização que essas manifestações vinham conquistando em âmbito nacional e internacional e, fundamentalmente, a persistência dos portadores do folclore em manterem vivas essas manifestações, a despeito de todas as dificuldades, resultaram em uma lenta conquista de espaço, mercado, aliados e apoio nas ruas, nos jornais, em meio à burocracia estatal.

Apesar da completa falta de infraestrutura, a cidade de São Luís seguiu o que vinha ocorrendo nacionalmente a partir da década de 1960, com um interesse crescente no turismo e uma progressiva assimilação das manifestações da cultura negra e popular a sua política cultural. Nesse sentido, em 1962,

foi criado o Departamento de Turismo e Promoção do Estado. Realizaram-se, por isso, concursos de manifestações culturais e folclóricas, a exemplo do bumba meu boi, bem como foram editados guias turísticos e elaborados roteiros da cidade de São Luís, capital estadual. Em seguida, convém registrar: a instituição do Fundo de Investimento do Turismo (Furintur, em 1968); a inclusão do bumba meu boi no calendário turístico nacional, em 1971; a criação (1973) do Departamento de Turismo; a efetivação da Empresa Maranhense de Turismo (Maratur, em 1976)[148].

---

148 A.J de A. Ferreira, O Turismo e a Produção do Espaço no Estado do Maranhão, Brasil, *Scripta Nova*, v. 11, n. 245, p. 58.

Como explicar essa mudança de um completo desinteresse pela cultura negra e popular por parte do Estado no Maranhão até a década de 1950, como visto, a uma crescente inserção em sua política cultural e investimento a partir dos anos 1960?

Diante da incipiência de uma indústria cultural e de um mercado de bens simbólicos no Brasil dos anos 1940/1950, ou nos termos ora discutidos, diante da incipiência de um mercado de entretenimento fora do eixo Rio-São Paulo que assimilasse as manifestações da cultura negra e popular nesse mesmo período, as discussões acerca da promoção dessas práticas giravam em torno da necessidade e possibilidade de apoio a elas por parte do Estado (governo federal, governos estaduais e municipais), algo encampado pelo MFB.

Em locais como o Maranhão, em que o mercado para essas manifestações era completamente nulo e nem se vislumbrava qualquer perspectiva de investimento privado no turismo cultural, a única opção restante era o incentivo do Estado. O mesmo Estado que por séculos teve papel fundamental na repressão a essas diversas manifestações era o único que concentrava a capacidade política de alçá-las ao patamar de símbolos de identidade locais, assim como de promover o desenvolvimento de um incipiente mercado de entretenimento que as assimilasse. Todavia, como vimos, ao longo de toda a década de 1950, no Maranhão, o Estado desprezou a pauta apresentada pelo MFB e sua SCMFL.

Na década seguinte, porém, a ascensão ao poder de pessoas ligadas ao Movimento Folclórico, em cargos relacionados com cultura e turismo, iniciou a transformação do quadro local. A estratégia propugnada por esse movimento desde seu nascedouro, qual seja, a aproximação/cooptação de autoridades governamentais, finalmente se efetivara no Estado. Nesse caso, como em outros locais, integrantes do próprio movimento foram alçados a cargos dentro da burocracia estatal, podendo, a partir daí, eles mesmos promoverem a política do movimento.

A chegada de integrantes do MFB a importantes cargos da burocracia estatal no Maranhão, assim como em outros estados do Brasil, ocorreu em um momento em que, nacional e internacionalmente, a representação das manifestações negras e populares – folclore –, como importantes símbolos da identidade brasileira e regional, já havia sido amplamente difundida.

"A DESCOBERTA DO NEGRO"

Em particular, a projeção do discurso folclorista/culturalista/ freyriano, proporcionada pelos espetáculos que tomaram os palcos no eixo Rio-São Paulo-estrangeiro ao longo dos anos 1950, havia atingido todos os recantos do país, se não a partir dos próprios espetáculos, pelo menos a partir das páginas dos jornais, revistas, rádio, cinema e, aos poucos, através da nova tecnologia que chegava aos lares brasileiros, a televisão.

A década de 1960 é ainda o período em que o Estado brasileiro se volta de vez para o ascendente ramo do turismo, com a criação, por exemplo, da Embratur (Empresa Brasileira de Turismo) em 1966. Para compreender essa guinada na política do Estado em direção a esse setor é preciso ampliar a escala de observação, em outras palavras, "essa mudança de *status* do turismo junto à administração pública decorre de um longo processo de crescimento como atividade econômica e, também, da perspectiva extremamente otimista de desenvolvimento do setor em nível mundial"[149].

Trata-se, do mesmo modo, de um momento em que a organização nacional, para a qual se encaminhava o turismo promovido pelo Estado no Brasil, já via como consensual a exploração dessas manifestações como importantes símbolos da identidade nacional e local. Para tanto, a intermediação do MFB junto a autoridades da burocracia do Estado, como visto em capítulo anterior, e a pioneira experiência baiana, dos anos 1950, com a inserção das manifestações afro-baianas no nascente circuito turístico, foi fundamental e serviu de modelo ao resto do país.

Em sintonia com o que ocorria nacionalmente, a partir do início dos anos 1960, Domingos Vieira Filho, jovem advogado e professor universitário, o mais destacado representante do Movimento Folclórico do Maranhão, começou a ocupar cargos importantes na burocracia estatal, promovendo, como novo secretário-geral da SCMFL, a intermediação entre a CNFL, a subcomissão maranhense e o governo do estado.

Essa década marca a passagem das atividades, digamos, mais teóricas de Vieira Filho, como estudioso do folclore e pesquisador, para práticas, pois o intelectual maranhense assume, em 1961, o cargo de diretor do Departamento de Turismo no governo

---

149 K.T. Solha, *Órgãos Públicos Estaduais e o Desenvolvimento do Turismo no Brasil*, p. 50.

Newton Belo (1961-1966), ocupação que se estendeu por dois governos consecutivos, indo até 1970, quando finda o governo José Sarney (1966-1970)[150].

De modo semelhante ao discutido com o papel deveras importante de Vasconcelos Maia, na Bahia, não se trata de alçar a personalidade de Vieira Filho ao *status* de um visionário ou algo parecido, mas de compreendê-la em meio ao contexto político-cultural em que sua atuação se desenvolvia. Essas duas personagens imprescindíveis para o avanço das políticas em defesa do folclore em seus estados estavam em plena sintonia com o que estava em curso àquela época no Brasil.

É possível afirmar que Vieira Filho era o agente do Movimento Folclórico incrustado no seio do governo do estado do Maranhão a partir do início dos anos 1960, levando a cabo a política desse movimento. A partir de sua gestão à frente do Departamento de Turismo, uma atenção maior é dada ao folclore local e o bumba meu boi, em particular, alçado a símbolo mor de identidade do Maranhão, é cada vez mais inserido nas programações locais promovidas pelo estado.

Está em andamento, importa lembrar, "um processo amplo e heterogêneo de identificação de elementos caracterizados como populares e negros com a identidade regional, da qual o bumba meu boi funcionará como corolário". Como indício dessa transformação em curso, "em 1962, tambores de crioula se apresentaram no baile junino do aristocrático Grêmio Lítero Recreativo Português [...] e constituíram uma das principais atrações do festival folclórico realizado durante a comemoração dos 350 anos de fundação francesa da capital gonçalvina"[151].

No festival, além do tambor de crioula e da reconstituição de cenas da vida colonial, houve

folguedos teatralizados das danças folclóricas, bem como tambor de mina, [...] dança do lelê, dança do coco, bambaê, bumba meu boi e folia do Divino Espírito Santo, além da exibição de rendeiras. Muito aguardado e anunciado, o esperado Desfile Folclórico pelas ruas e praças da capital foi cancelado. A Subcomissão de Folclore alegou dificuldades de locomoção dos integrantes dos grupos folclóricos, o que prejudicaria a exibição das danças[152].

---

150 Ver C.A.A. Gomes, op. cit., p. 135-138.
151 A.E.A. Barros, *O Pantheon Encantado*, p. 92.
152 Ibidem, p. 73.

Essa guinada na política cultural no Maranhão, a partir da década de 1960, em direção ao folclore, segue o que vinha ocorrendo nacionalmente, como visto em relação à Bahia e ao Rio de Janeiro, com a gradual valorização e inserção, desde os anos 1950, de manifestações da cultura negra e popular nas programações dos governos municipais e estaduais, particularmente nas voltadas ao nascente mercado turístico e de entretenimento.

Pode-se afirmar que a década de 1960 marca o início da definitiva integração dessas diversas manifestações ao rol de práticas reconhecidas e apresentadas pelo Estado – prefeituras e governos estaduais, mas não o governo federal – como símbolos de identidade locais. Ou, analisando de outra perspectiva, a partir dessa década, ou de seu final, mais especificamente, desenvolve-se de forma mais ampla e irrevogável, para além do eixo Rio-São Paulo, a assimilação dessas práticas pelo nascente mercado de entretenimento estreitamente vinculado ao mercado turístico, em muitos casos patrocinado pelo Estado.

Uma Palavra Final

Joãozinho da Gomeia se orgulhava de ter tirado a religião negra dos terreiros da Bahia – sob protestos da maioria de sua comunidade –, de tê-la estilizado e introduzido no *show business*. Um dos pioneiros na espetacularização do candomblé, o babalorixá baiano figura entre os muitos responsáveis por proporcionar a amplas camadas da sociedade brasileira o primeiro contato com essa prática e por tê-la tornado conhecida nacional e internacionalmente.

Em uma ampla reportagem publicada na *Revista da Semana*, em 1948, Joãozinho enumerava envaidecido alguns de seus alunos e alunas ilustres que então divulgavam a religião dos Orixás nos palcos: "independente de 'pai de santo', sou bailarino e bailarino legítimo. Não é por menos, disto me convenço, que já dei aula de dança negra, ou de dança de 'macumba' a Eros Volúsia, Ani Guaíba, Sérgio Maia, Carmen Brown, Anita Otero e outras mais, que me tem visitado"[1].

Quantas vezes o mestre Bimba fora acusado de ter "embranquecido" a capoeira, por ter, como afirmara Frede Abreu, seduzido "jovens brancos da classe média e da burguesia" para o mundo

---

1 C.T. Tavares, O Candomblé do Tempo, *Revista da Semana*, ano XLXII, n. 21, p. 16.

eminentemente negro da capoeiragem? Para o estudioso baiano, Bimba, na verdade, ao invés de embranquecer a prática, interferiu no processo educacional daqueles novos adeptos da capoeiragem "com valores da cultura afro-brasileira". E foi além, transformou parte desses jovens em parceiros "na sua luta para nacionalizar a capoeira"[2]. O mestre baiano abriu as portas do mercado para a capoeiragem, levou a capoeira aos ringues, aos palcos, à autoridade máxima da República.

Qual teria sido o fim do maculelê se o mestre Popó, ultimo de seus detentores, nos anos 1950, não se dispusesse a sair da pequena Santo Amaro da Purificação para didaticamente ensiná-lo e apresentá-lo em eventos promovidos pelo Movimento Folclórico Brasileiro ou pela prefeitura de Salvador? O seu agenciamento cultural foi responsável pela transformação dessa prática, hoje conhecida mundialmente, em um dos atrativos turísticos característicos da Bahia.

Além dessas poucas personagens citadas ao longo deste livro, que se destacaram em meio à multidão, é impossível registrar os incontáveis agentes anônimos que contribuíram das mais diversas formas para a preservação e transformação por que passaram essas várias práticas, assim como para a transformação da imagem e identidade do Brasil ao longo do século xx.

A maioria, contudo, pode-se afirmar, eram pessoas de origem pobre, negros e negras – mas não exclusivamente –, trabalhadores, moradores das periferias e morros de norte a sul do país, herdeiros dos que historicamente cultivavam essas práticas desde os tempos coloniais.

"Operários, funcionários públicos, empregadas domésticas e até marginais", como afirmara certa vez o poeta e ativista Solano Trindade, ao se referir aos alunos e alunas transformados por ele "em artistas e profissionais que atuaram em teatros, boates, cinemas, rádio e tv do Brasil e do exterior". E "até alguns brancos"[3].

O corpo de baile de Mercedes Baptista, por exemplo, foi arregimentado entre "filhos de santo, empregadas domésticas, balconistas, cozinheiros... desempregados, ritmistas, enfim, pessoas que possuíam em comum o fato de serem negros, pobres e

2 F.J de Abreu, *Bimba É Bamba*, p. 23.
3 Apud M. do C. Gregório, A Trajetória de Francisco Solano Trindade e o Teatro Popular Brasileiro, em M. Abreu et al. (orgs.), *Cultura Negra*, v. 2, p. 255.

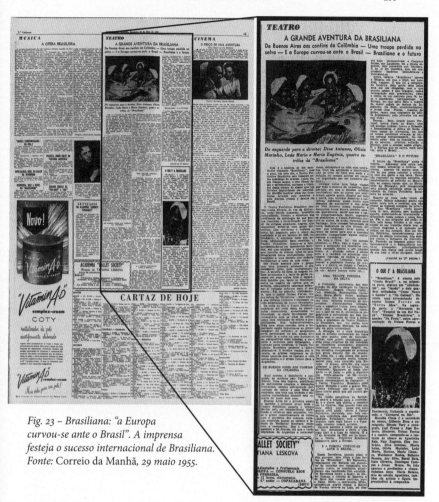

Fig. 23 – Brasiliana: "a Europa curvou-se ante o Brasil". A imprensa festeja o sucesso internacional de Brasiliana.
Fonte: Correio da Manhã, 29 maio 1955.

sonhadores"[4]. Mulheres, como Maria Baiana e Agostinha, mãe e filha, integrantes do Brasiliana, que qualquer pessoa poderia encontrar no Largo do Machado com seu tabuleiro de comida baiana, mas que, naqueles longínquos anos 1950, brilhavam em toda a Europa e nas páginas da prestigiada revista *O Cruzeiro*[5].

Era esse o mesmo perfil dos populares que compunham o elenco dos espetáculos do Teatro Experimental do Negro, os shows de Carlos Machado, o grupo Oxumaré, ou as rodas de capoeira das festas de largo, na Bahia, o bumba meu boi, na periferia de

4   P.M. da Silva Júnior, *Mercedes Baptista*, p. 40.
5   J. Medeiros; M. Duncan, Teatro Folclórico Triunfa em Londres, *O Cruzeiro*, 28 nov. 1953.

São Luís, o samba de roda, do recôncavo baiano, o maculelê, em Santo Amaro da Purificação.

A partir dessa constatação, destaco, neste livro, que a construção de símbolos nacionais não é resultado de uma mera escolha e imposição das elites, do Estado, do capitalismo. Não é produto de mera "apropriação cultural". Pelo contrário, o caso brasileiro é mais um exemplo de que se trata de uma complexa disputa ou de uma verdadeira guerra cultural travada entre diversos segmentos sociais em torno de práticas geralmente locais e originárias de/ou associadas a grupos étnicos.

Nessa disputa, o Estado e as elites dominantes, claro, têm um papel fundamental e um peso significativo. A construção do samba como símbolo nacional brasileiro talvez seja o melhor exemplo para se perceber o peso do Estado nesse processo. Como discutido, a partir do governo Vargas, o Estado teve papel decisivo na seleção e transformação dessa prática, antes associada unicamente aos negros e ao Rio de Janeiro, em um símbolo representativo de todo o Brasil.

No entanto, como apontado por alguns autores citados, o reconhecimento do samba pelo Estado, apenas, não foi suficiente para que, de fato, essa manifestação se tornasse um símbolo nacional. Havia setores abertamente contrários a associar o samba negro à imagem do Brasil. Além disso, o samba em questão era uma prática carioca. Para que se tornasse um símbolo nacional seria preciso que o "povo" de norte a sul do país primeiramente o conhecesse.

Nesse sentido, o rádio e as demais tecnologias que, a partir da década de 1930, ligaram cada vez mais o Brasil, como a tevê e o cinema, foram fundamentais para que tal fim fosse atingido. A conformação de uma comunidade imaginada brasileira em que o samba fosse visto como gênero nacional e não apenas do Rio de Janeiro deve-se, em grande parte, à capacidade dessas novas tecnologia de interligar o país e difundir essa imagem.

Um outro elemento, ainda, foi imprescindível para a ascensão do samba: os sambistas, compositores, instrumentistas, artistas, mediadores. Como destaca Bryan McCann, "os brasileiros comuns participaram da criação da nova cultura popular escrevendo versos de samba e os vendendo para compositores profissionais, ingressando em clubes e escolas de samba, participando de programas

"A DESCOBERTA DO NEGRO" 235

de rádio e escrevendo para revistas especializadas"[6]. Em outras palavras, foram essas incontáveis personagens, a maioria das quais anônimas, as responsáveis por comoditizar a cultura negra e popular ao adentrar o mercado de entretenimento e levar consigo o samba, o frevo, a capoeira, o candomblé, o boi etc.

Esses agentes sociais transpuseram as fronteiras dos morros e favelas, estabeleceram alianças com classes e grupos étnicos diferentes, infiltraram-se pioneiramente em ambientes estranhos e avessos a sua cultura e aos seus produtores, como as boates sofisticadas e caras da noite carioca, conquistando espaços privilegiados socialmente e aliados importantes do ponto de vista político. Foi isso, por exemplo, o que fizeram, em 1953, os sambistas do Império Serrano ao subirem nos palcos da zona sul do Rio de Janeiro, a convite de Carlos Machado.

Foram esses agentes que atravessaram as fronteiras nacionais para apresentar a cultura negra como "brasileira" em muitos dos palcos e espaços mais cobiçados do mundo, como fizeram os artistas do Skindô, ao tomarem de assalto a Champs-Élysées, numa tarde quente de 1962. Ou os artistas de "Brazil" que, ao ritmo de samba, fizeram o Radio City Music Hall, em New York, esgotar sua capacidade de público por seis semanas seguidas, em 1960, para ficar em dois exemplos.

Sem a resiliência e o agenciamento permanente e persistente desses incontáveis produtores e mediadores dessa cultura, certamente o samba e a capoeira, para ficar nesses dois exemplos, jamais se tornariam símbolos nacionais. *Primus inter pares*, eles foram peça-chave na guerra cultural travada em torno da identidade nacional brasileira e na inserção da cultura negra como um dos componentes da brasilidade.

Em suma, longe de alienados e vítimas passivas da história que viram sua cultura ser "apropriada" por terceiros, os sambistas, os capoeiras, as pretas do acarajé, os passistas de frevo, os brincantes de bumba meu boi e maracatu etc., assumiram e promoveram o discurso de que essa cultura, sua cultura, era não apenas étnica, mas também símbolo "autêntico" da identidade nacional brasileira.

Desse modo, as acusações de que foram cooptados ou seduzidos a agir contra os seus próprios interesses não resistem à

---

6 B. McCann, *Hello, Hello Brazil*, p. 12.

investigação. Não encontram evidência nas mais diversas fontes. Pelo contrário, os afro-brasileiros aproveitaram as limitadas oportunidades na arena da música popular – e na arena cultural, de modo geral – e as transformaram em vantagem econômica[7]. E não apenas econômica, mas político-cultural.

Como tentei demonstrar ao longo deste livro, esse agenciamento foi algo comum aos produtores e mediadores dessas diversas manifestações, personagens que, em geral, para mantê-las vivas, herdaram uma luta secular que remontava ao período colonial.

Grande parte da aproximação desenvolvida entre as culturas negras e populares – amplamente desconhecidas, à época, por quem não vivia nas periferias e morros do país – e as elites, que frequentavam as boates da zona sul carioca, o Teatro Municipal, ou o "Golden Room", do Copacabana Palace etc., foi proporcionada pela atuação de mediadores culturais: "anfíbios" ou "biculturais", como diria Peter Burke[8]. Personagens como Haroldo Costa ou Mercedes Baptista, que em um dia poderiam estar em um terreiro de candomblé, em Caxias, no Rio de Janeiro e, em outro, em algum dos mais badalados pontos turísticos do mundo, como a Torre Eiffel, em Paris, encenando para plateias perplexas o mesmo candomblé.

Foram esses mediadores e produtores que também apresentaram essas práticas em espetáculos a autoridades do Estado, como presidentes, governadores, prefeitos, reivindicando, juntamente com os folcloristas, dentre outras coisas, a extinção das taxas abusivas impostas a elas e o fim de sua perseguição pelo braço armado do Estado, assim como as levaram, pioneiramente, para a indústria fonográfica, para o rádio, para a televisão, cinema, para fora do país.

Entretanto, o percurso dessas diferentes manifestações da cultura negra e popular não dependia unicamente desses agentes, logo, suas trajetórias foram diversas. As fontes evidenciam que alguns fatores que beneficiaram o samba, por exemplo, como o reconhecimento e apoio do Estado – não existiram em relação às demais práticas. Apesar da lenta transformação deste, a partir da década de 1930, de repressor a promotor da cultura negra e popular, o apoio às demais manifestações ocorreu apenas de forma tímida e em âmbito local, a partir de prefeituras

7   Ibidem, p. 12.
8   P. Burke, *Cultura Popular na Idade Moderna*, p. 107.

ou governos estaduais, da década de 1950 em diante, como bem exemplifica o caso baiano.

Desse modo, as demais manifestações, como o frevo ou o samba de roda, apesar de se tornarem conhecidas nacionalmente – também devido ao agenciamento de produtores e mediadores –, mantiveram-se mais associadas a símbolos locais ou estaduais. Talvez a ausência de reconhecimento e investimento por parte do governo central e a sua não difusão enquanto prática pelo território nacional – o que restringiu seu acesso ao mercado de entretenimento a seus estados de origem – sejam fatores que ajudem a compreender essa peculiaridade.

A divulgação nacional e permanente, como ocorrera com o samba, beneficiado por sua precoce inserção no mercado fonográfico e divulgação pelo rádio, além do endosso do Estado, não existiu com as demais práticas da cultura negra e popular. No máximo, uma grande veiculação nacional ou internacional, temporária, como acontecera algumas vezes com a capoeira ou o candomblé, por meio do cinema. Ou ainda sua inserção em espetáculos, o que contribuiu para que tais manifestações se tornassem conhecidas e valorizadas, contudo, não difundidas enquanto prática.

Nesse sentido, assim como o caso do samba evidencia o papel do Estado e do mercado no complexo processo de construção de símbolos nacionais, o caso da capoeira – em que o Estado e o mercado não tiveram destaque – é um bom exemplo para se perceber, de forma mais nítida, o agenciamento cultural dos detentores dessas práticas.

Bem antes do samba, e em um momento em que a capoeira ainda era criminalizada e duramente reprimida, setores da intelectualidade, da imprensa e capoeiras já apresentavam a capoeiragem como um símbolo da brasilidade, como a "luta nacional brasileira", como discutido. Desde as primeiras décadas do século xx, pelo menos, capoeiras já realizavam performances, atuando em lutas-espetáculo, amplamente noticiadas, para defender a capoeiragem como a "arte marcial brasileira", como o fizeram Cyríaco, no Rio de Janeiro, ou "Pé-de-Bola", no Pará.

No entanto, a despeito das alianças com setores das elites, do apoio de setores da intelectualidade e da imprensa, do agenciamento cultural dos capoeiras nos mais diversos palcos e no cotidiano, foi necessário mais de um século para que houvesse seu reconhecimento definitivo por parte do Estado – governo federal – como um símbolo ou "patrimônio" nacional brasileiro.

Tal reconhecimento, é necessário destacar, somente ocorreu em pleno século XXI, no ano de 2008, quando a capoeira já estava difundida pelo território nacional e já havia se internacionalizado – tudo isso, repita-se, sem qualquer apoio do Estado. Naquele momento, a capoeira já movimentava um ativo mercado de entretenimento multinacional, e já havia se alçado, por conta própria, ou seja, por mérito dos próprios capoeiras, a símbolo do Brasil no exterior, pois os capoeiras continuavam, como o fazem até os dias de hoje, apresentando a capoeira como a "autêntica" luta nacional brasileira.

Desse modo, é impossível afirmar, diante da total falta de apoio por parte do Estado, comumente denunciada pelos mestres, ou diante do desinteresse do mercado pela capoeira até bem recentemente, que a sua transformação em símbolo nacional foi resultado de qualquer processo de apropriação cultural.

Por outro lado, além da ideia de apropriação, há algumas décadas, pelo menos, autores que discutem cultura negra e popular – alguns citados ao longo desta pesquisa – destacam como elementos importantes para a conquista de espaço, aceitação e mesmo para a transformação de manifestações como o samba ou a capoeira em símbolo da brasilidade, a aliança dos detentores dessas culturas com setores da intelectualidade e da imprensa. O mesmo ocorre com autores que discutem a transformação de manifestações étnicas em símbolos locais, como o bumba meu boi, no Maranhão.

Afora esses fatores incontestes, e do agenciamento cultural de artistas negros e negras nos palcos e fora deles, tentei evidenciar ao longo deste livro outros elementos, em minha análise, fundamentais, como: a organização e atuação do Movimento Folclórico Brasileiro, entre fins da década de 1940 e início da de 1960, peça importante na institucionalização de políticas culturais no Brasil e na inserção das manifestações da cultura negra e popular na agenda turística nascente; o crescimento do mercado de entretenimento e a inserção cada vez maior, a partir da década de 1950, em particular, de artistas negros e negras e de manifestações da cultura negra e popular nesse mercado; o caráter eminentemente político dessas performances, do entretenimento e seu papel fundamental no debate em torno da identidade nacional brasileira e na construção dessa identidade.

O MFB foi imprescindível na mediação entre os produtores culturais dessas diversas práticas e o Estado, intervindo diretamente junto a autoridades governamentais, desde prefeitos até o presidente da República, no sentido de fazer cessar a repressão, cobrança de taxas e, fundamentalmente, contribuindo para a transformação de tais práticas de símbolos étnicos e locais em símbolos estaduais ou da nação. A sua atuação foi central ainda para inserir essas manifestações, agora como símbolos, na agenda cultural dos nascentes departamentos de turismo, tendo o caso baiano como carro chefe e modelo para outros estados.

Outro ponto-chave nessa discussão se refere à intensificação da participação de artistas negros e negras e das manifestações da cultura negra e popular no emergente mercado de entretenimento. Com o crescimento das cidades e o concomitantemente lento desenvolvimento do mercado turístico nacional, a partir dos anos 1950, a entrada em cena desses artistas e manifestações, de forma mais intensa, potencializou, de modo não visto até então, a visibilidade de tais artistas e práticas. Impulsionou, ainda, o discurso folclorista/culturalista/freyriano de inclusão da cultura negra à nação, não como uma cultura étnica, mas como brasileira.

Esse discurso, antes praticamente restrito a letras impressas em páginas de jornais, livros, revistas ou boletins internos do movimento folclórico, a partir de então, ganhou vida nos palcos, em espetáculos encenados em teatros, ginásios, palácios governamentais, boates, também passando a ser reproduzido em tevês, rádios, cinema, dentro e fora do Brasil.

O que à primeira vista poderia ser percebido como mero divertimento, lazer, festas regadas a bebidas e conversas descontraídas nas noites agitadas do Rio de Janeiro, São Paulo, Bruxelas ou Paris, por onde esses diversos personagens encenavam seus espetáculos, revelou-se, na verdade, uma lenta intervenção política. Na longa duração, a performance desses agentes transformou o modo pelo qual eram vistas a cultura negra e popular; colocou em xeque uma imagem do Brasil branca, europeia e "civilizada", há tempo cultivada pelas elites; apresentou novas imagens e símbolos que valorizavam práticas negras e populares antes associadas ao *bas-fond*, às ralés, ao povo que habitava os morros e periferias do país; transformou, por fim, a própria imagem e identidade do Brasil.

Os artistas negros e negras e seus espetáculos incorporaram parte do discurso folclorista/culturalista/freyriano – o que buscava valorizar a contribuição da cultura negra na formação da sociedade brasileira – e o traduziram nos palcos, apresentando o samba, a capoeira, as pretas do acarajé, o frevo e diversas outras manifestações como eminentemente brasileiras. Longe de alienados, bestializados, cooptados ou vítimas de apropriação cultural, foram atores e atrizes principais na guerra cultural travada entre os diversos segmentos que empunhavam diferentes projetos de nação e de identidade nacional para o Brasil.

Defenderam esse discurso nos ringues, nos palcos, na imprensa, rádio, TV, cinema, no dia a dia. Organizaram-se individualmente e em grupos dos mais diversos e nos mais diversos lugares do país: de capoeira, maculelê, folclóricos, de bumba meu boi, coco, samba de roda, escola de samba etc. Grupos que tranquilamente podem ser enquadrados no rol do chamado "associativismo negro"[9].

Por mais que não se mobilizassem enquanto negros, em organizações específicas e direcionadas a intervir em causa desse segmento social, seu agenciamento cultural buscava, de modo semelhante ao que faziam diversos intelectuais e organizações negras no mesmo período – contudo, a partir dos palcos, da diversão, da festa, do lazer, da performance e do entretenimento –, destacar o pertencimento ou a inclusão da cultura negra e, por conseguinte, da população negra, à nação.

Seu agenciamento contribuiu de forma incalculável para a constituição de uma comunidade imaginada brasileira em que essas culturas atlânticas urbanas estivessem plenamente integradas, e para a construção não somente de uma identidade nacional brasileira, mas de uma identidade brasileira marcadamente influenciada pela cultura negra.

---

9 Conforme Lúcia Silva e Regina Xavier, "podemos entender o associativismo como as diversas formas de agenciamento da comunidade negra no exercício de organização e apoio para melhores condições de vida. Ele podia vir de uma relação de amizade, uma ajuda na obtenção de direitos, denúncia da exclusão, enfim, podia englobar uma série de atividades coletivas como a criação de jornais, clubes, escolas, apoio à religiosidade e toda uma série de manifestações em favor da defesa e promoção do grupo. L.H.O. Silva; R.C.L. Xavier, Historicizando o Associativismo Negro: Contribuições e Caminhos da Historiografia, *Revista Mundos do Trabalho*, p. 2.

Referências

ABRANCHES, Dunshee de. *O Cativeiro*. São Luís: Alumar, 1992.

ABREU, Frederico José de. *Bimba É Bamba: A Capoeira no Ringue*. Salvador: Instituto Jair Moura, 1999.

____. *Capoeiras: Bahia, Século XIX – Imaginário e Documentação, v. I*. Salvador: Instituto Jair Moura, 2005.

____. *Macaco Beleza e o Massacre do Tabuão*. Salvador: Barabô, 2011.

ABREU, Martha. *Da Senzala ao Palco: Canções Escravas e Racismo nas Américas, 1870-1930*. Campinas: Editora Unicamp, 2017.

ABREU, Martha; ASSUNÇÃO, Matthias Röhrig. Da Cultura Popular à Cultura Negra. In: ABREU, Martha et al. (orgs.). *Cultura Negra, v. 2: Trajetórias e Lutas de Intelectuais Negros*. Niterói: Eduff, 2018.

ACUÑA, Jorge Mauricio Herrera. *A Ginga da Nação: Intelectuais na Capoeira e Capoeiristas Intelectuais (1930-1969)*. São Paulo: Alameda, 2014.

____. *Maestrias de Mestre Pastinha: Um Intelectual da Cidade Gingada*. Tese (Doutorado em Antropologia Social), USP, São Paulo, 2017.

ALBERNAZ, Lady Selma Ferreira. *O "Urrou" do Boi em Atenas: Instituições, Experiências Culturais e Identidade no Maranhão*. Tese (Doutorado em Antropologia), Unicamp, Campinas, 2004.

ALBERTO, Paulina L. *Terms of Inclusion: Black Intellectuals in Twentieth-Century Brazil*. Chapel Hill: University of North Carolina Press, 2011.

ALBUQUERQUE JR., Durval Muniz de. Gestão ou Gestação Pública da Cultura: Algumas Reflexões Sobre o Papel do Estado na Produção Cultural Contemporânea. RUBIM, Antonio Albino Canelas; BARBALHO, Alexandre (orgs.). *Políticas Culturais no Brasil*. Salvador: EDUFBA, 2007.

ALBUQUERQUE, Severino J.; BISHOP-SANCHEZ, Kathryn. Introduction: Why Performing Brazil? *Performing Brazil: Essays on Culture, Identity, and the Performing Arts*. Wisconsin: University of Wisconsin Press, 2015.

AMADO, Jorge. *Bahia de Todos os Santos: Guia das Ruas e dos Mistérios da Cidade de Salvador*. São Paulo: Livraria Martins, 1945.

ANDERSON, Benedict. *Comunidades Imaginadas: Reflexões Sobre a origem e a Expansão do Nacionalismo*. Lisboa: Edições 70, 2005.

ARAÚJO, Lauana Vilaronga Cunha de. *Lia Robatto e o Grupo Experimental de Dança: Estratégias Poéticas em Tempos de Ditadura*. Salvador: EDUFBA, 2012.

ARAÚJO, Maria do Socorro. *Tu Contas! Eu Conto!* São Luís: Sioge, 1986.

AREIAS, Almir das. *O Que É Capoeira*. 1. ed. São Paulo: Brasiliense, 1983.

ASSUNÇÃO, Mathias; MANSA, Mestre Cobra. A Dança da Zebra: Será Que Foi do 'N'Golo, Jogo de Combate Angolano, Que Nasceu a Nossa Capoeira? In: FIGUEIREDO, Lucio (org.). *Raízes Africanas*. Rio de Janeiro: Sabin, 2009.

ASSUNÇÃO, Matthias Röhrig. *Capoeira: The History of an Afro-Brazilian Martial Art*. Routledge: London, 2005.

AWI, Fellipe. *Filho Teu Não Foge à Luta: Como os Lutadores Brasileiros Transformaram o MMA em um Fenômeno Mundial*. Intrínseca: Rio de Janeiro, 2012.

BARBALHO, Alexandre. Políticas Culturais no Brasil: Identidade e Diversidade Sem Diferença. In: RUBIM, Antonio Albino Canelas; BARBALHO, Alexandre (orgs.). *Políticas Culturais no Brasil*. Salvador: EDUFBA, 2007.

BARBOSA, Suzana Corrêa. *Peças Fora da Engrenagem: Capoeiras, Lei e Repressão na Cidade do Rio de Janeiro (1920-1940)*. Dissertação (Mestrado em História Social), UFF, Niterói, 2014.

BARNOUW, Erik; KIRKLAND, Catherine E. Entertainment. In: BAUMAN, Richard. *Folklore, Cultural Performances, and Popular Entertainments: A Communications-Centered Handbook*. New York: Oxford University Press, 1992.

BARROS, Antonio Evaldo Almeida. *O Pantheon Encantado: Culturas e Heranças Étnicas na Formação da Identidade Maranhense (1937-1965)*. Dissertação (Mestrado em Estudos Étnicos e Africanos), UFBA, Salvador, 2007.

BARROS, José D'Assunção. *História Comparada*. Petrópolis: Vozes, 2014.

BARTH, Fredrik. Grupos Étnicos e Suas Fronteiras. In: POUTIGNAT, Philippe; STREIFF-FENART, Jocelyne. *Teorias da Etnicidade: Seguido de Grupos "Étnicos e Suas Fronteiras", de Fredrik Barth*. Trad. Elcio Fernandes. São Paulo: Editora Unesp, 1998.

BILLIG, Michael. *Banal Nationalism*. London/California: Thousand Oaks/Sage, 1995.

BISHOP-SANCHEZ, Kathryn. On the (Im)possibility of Performing Brazil. In: ALBUQUERQUE, Severino J.; BISHOP-SANCHEZ, Kathryn. *Performing Brazil: Essays on Culture, Identity, and the Performing Arts*. Wisconsin: University of Wisconsin Press, 2015.

BLOCH, Marc. *Apologia da História, ou o Ofício de Historiador*. Rio de Janeiro: Zahar, 2001.

_____. *Os Reis Taumaturgos: O Caráter Sobrenatural do Poder Régio, França e Inglaterra*. São Paulo: Companhia das Letras, 1993.

_____. Para uma História Comparada das Sociedades Europeias. *História e Historiadores*. Lisboa: Teorema, 1998.

BOGÉA, Lopes. *Pedras da Rua*. São Luís: [s.n.], 1988.

BURKE, Peter. *Cultura Popular na Idade Moderna*. Trad. Denise Bottmann. São Paulo: Companhia das Letras, 2010.

_____. *História e Teoria Social*. São Paulo: Editora Unesp, 2012.

BUTLER, Kim D. *Freedoms Given, Freedoms Won: Afro-Brazilians in Post-Abolition São Paulo e Salvador*. New Brunswick: Rutgers University Press, 1998.

REFERÊNCIAS 243

BUZAR, Benedito. *O Vitorinismo: Lutas Políticas no Maranhão de 1945 a 1965*. São Luís: Lithograf, 1998.

CAIRUS, José Tufy. *The Gracie Clan and the Making of Brazilian Jiu-Jitsu: National Identity, Performance and Culture, 1905-1993*. Tese (Doutorado em História), York University, Toronto, 2012.

CALDEIRA, José de Ribamar Chaves. *As Interventorias Estaduais no Maranhão: Um Estudo Sobre as Transformações Políticas Regionais no Pós 30*. Dissertação (Mestrado em Ciência Política), Unicamp, São Paulo, 1981.

CANCLINI, Néstor Garcia. *As Culturas Populares no Capitalismo*. Trad. Cláudio Novaes Pinto Coelho. São Paulo: Brasiliense, 1983.

CAPOEIRA, Nestor. *Capoeira: O Novo Manual do Jogador*. Rio de Janeiro: [s.n.], 2017.

_____. *Os Fundamentos da Malícia: II. Carybé*. Rio de Janeiro: Record, 1992.

CARDOSO, Rafael. *Modernidade em Preto e Branco: Arte e Imagem, Raça e Identidade no Brasil, 1890-1945*. São Paulo: Companhia das Letras, 2022.

CARNEIRO, Edison. *A Sabedoria Popular*. Biblioteca de Divulgação Cultural Série A – XI. Rio de Janeiro: Ministério da Educação e Cultura/Instituto Nacional do Livro, 1957.

_____. *Antologia do Negro Brasileiro*. Rio de Janeiro: Ediouro, 1950.

_____. *Dinâmica do Folclore*. Rio de Janeiro: Civilização Brasileira, 1965.

_____. *Ladinos e Crioulos: Estudos Sobre o Negro no Brasil*. Rio de Janeiro: Civilização Brasileira, 1964.

_____. *O Folclore Nacional*. Rio de Janeiro: Souza, 1954.

_____. *Religiões Negras*. Rio de Janeiro: Civilização Brasileira, 1991.

CARVALHO, Inaiá Maria Moreira de; PEREIRA, Gilberto Corso (orgs.). *Como Anda Salvador e Sua Região Metropolitana*. 2. ed. rev. Salvador: EDUFBA, 2008.

CARVALHO, José Murilo de. *A Formação das Almas: O Imaginário da República no Brasil*. São Paulo: Companhia das Letras, 1990.

CASTRO JR., Luís Vitor. *Campos de Visibilidade da Capoeira Baiana: As Festas Populares, as Escolas de Capoeira, o Cinema e a Arte (1955-1985)*. Brasília: Ministério do Esporte/1º Prêmio Brasil de Esporte e Lazer de Inclusão Social, 2010.

CASTRO, Ruy. *A Noite do Meu Bem: A História e as Histórias do Samba-Canção*. 1. ed. São Paulo: Companhia das Letras, 2015.

CHALHOUB, Sidney. *Trabalho, Lar e Botequim: O Cotidiano dos Trabalhadores no Rio de Janeiro da Belle Époque*. Campinas: Editora Unicamp, 2012.

CHARTIER, Roger. *A História Cultural Entre Práticas e Representações*. Lisboa: DIFEL, 1988.

_____. *El Mundo Como Representacion*. Barcelona: Gedisa, 1992.

CORRÊA, Helidacy Maria Muniz. *São Luís em Festa: O Bumba Meu Boi e a Construção da Identidade Cultural do Maranhão*. São Luís: Eduema, 2012.

COSTA, Maurício da Silva Drumond. *Estado Novo e Esporte: Uma Análise Comparada dos Usos Políticos do Esporte nos Regimes de Getúlio Vargas e Oliveira Salazar (1930-1945)*. Tese (Doutorado em História Comparada), UFRJ, Rio de Janeiro, 2001.

COUTINHO, Daniel. *O ABC da Capoeira Angola: Os Manuscritos do Mestre Noronha*. Brasília: DEFER/GDF, 1993.

CUNHA, Maria Clementina Pereira. *Não Tá Sopa: Sambas e Sambistas no Rio de Janeiro, de 1890 a 1930*. Campinas: Editora Unicamp, 2015.

CUNHA, Pedro Figueiredo Alves da. *Capoeiras e Valentões na História de São Paulo (1830-1930)*. Dissertação (Mestrado em História Social), USP, São Paulo, 2011.

DECANIO FILHO, Angelo Augusto. *A Herança de Mestre Bimba*. Salvador: [s.n.], 1997.

DEL PRIORE, Mary; VENÂNCIO, Renato. *O Livro de Ouro da História do Brasil*. Rio de Janeiro: Ediouro, 2001.

DIAS, Adriana Albert. *A Malandragem da Mandinga: O Cotidiano dos Capoeiras em Salvador na República Velha (1910-1925)*. Dissertação (Mestrado em História Social), UFBA, Salvador, 2004.

_____. Trajetórias da Capoeira Baiana: Do Mundo das Ruas a Símbolo de Identidade Nacional. In: FREITAS, Joseania Miranda (org). *Uma Coleção Biográfica: Os Mestres Pastinha, Bimba e Cobrinha Verde no Museu Afro-Brasileiro da UFBA*. Salvador: EDUFBA, 2015.

DIAS, Luiz Sérgio, *Quem Tem Medo da Capoeira? Rio de Janeiro, 1890-1904*. Rio de Janeiro: Secretaria Municipal das Culturas, Departamento Geral de Documentação e Informação Cultural, Arquivo Geral da Cidade do Rio de Janeiro, Divisão de Pesquisa, 2001.

DIAS JR., José do Espírito Santo. *Cultura Popular no Guamá: Um Estudo Sobre o Boi Bumbá e Outras Práticas Culturais em um Bairro de Periferia de Belém*. Dissertação (Mestrado em História), UFPA, Belém, 2009.

EAKIN, Marshall C. *Becoming Brazilians: Race and National Identity in Twentieth-Century Brazil*. Cambridge: Cambridge University Press, 2017.

EDENSOR, Tim. *National Identity, Popular Culture and Everyday Life*. London: Routledge, 2002.

FAUSTO, Boris. *Revolução de 30: História e Historiografia*. São Paulo: Brasiliense, 1970.

FERREIRA, Izabel. *A Capoeira no Rio de Janeiro: 1890-1950*. Rio de Janeiro: Novas Ideias, 2007.

FERREIRA, Jorge. *Trabalhadores do Brasil: O Imaginário Popular (1930-1945)*. Rio de Janeiro: 7 Letras, 2011.

FISCHER, Heintz-Dietrich; MELNIK, Stefan R. Introduction. *Entertainment: A Cross-Cultural Examination*. New York: Hastings House, 1979.

FONSECA, Maria Cecília Londres. *O Patrimônio em Processo: Trajetória da Política Federal de Preservação no Brasil*. 2. ed. Rio de Janeiro: UFRJ/IPHAN, 2005.

FONSECA, Vivian Luiz. *Capoeira Sou Eu: Memória, Identidade, Tradição e Conflito*. Dissertação (Mestrado em História, Política e Bens Culturais), FGV, Rio de Janeiro, 2009.

FREITAS, Joseane Miranda (org.). *Uma Coleção Biográfica: Os Mestres Pastinha, Bimba e Cobrinha Verde no Museu Afro Brasileiro da UFBA*. Salvador: EDUFBA, 2015.

FRY, Peter. Feijoada e Soul Food 25 Anos Depois. *A Persistência da Raça: Ensaios Antropológicos Sobre o Brasil e a África Austral*. Rio de Janeiro: Civilização Brasileira, 2005.

_____. *Para Inglês Ver: Identidade e Política na Cultura Brasileira*. Rio de Janeiro: Zahar, 1982.

GIACOMINI, Sonia Maria. *A Alma da Festa: Família, Etnicidade e Projetos Num Clube Social da Zona Norte do Rio de Janeiro – O Renascença Clube*. Belo Horizonte/Rio de Janeiro: Editora UFMG/IUPERJ, 2006.

GINZBURG, Carlo. *O Queijo e os Vermes: O Cotidiano e as Ideias de um Moleiro Perseguido pela Inquisição*. São Paulo: Companhia das Letras, 2006.

GLEDHILL, Sabrina. *Travessias no Atlântico Negro: Reflexões Sobre Booker T. Washington e Manuel R. Querino*. Salvador: Funmilayo, 2018.

REFERÊNCIAS

GODÓIS, Antonio Batista Barbosa de. *História do Maranhão Para Uso dos Alunos da Escola Normal*. 2. ed. São Luís: AML/ADUEMA, 2008.

GOMES, Angela de Castro. *A Invenção do Trabalhismo*. 3. ed. Rio de Janeiro: Editora FGV, 2005.

_____. *História e Historiadores*. Rio de Janeiro: Editora FGV, 1996.

GOMES, Angela de Castro; HANSEN, Patrícia Santos (orgs.). *Intelectuais Mediadores: Práticas Culturais e Ação Política*. Rio de Janeiro: Civilização Brasileira, 2016.

GOMES, Clícia Adriana Abreu. *A Fabricação do Folclore no Maranhão: Investimentos e Interesses no Contexto da Subcomissão Maranhense de Folclore*. Dissertação (Mestrado em Ciências Sociais), UFMA, São Luís, 2014.

GOMES, Flávio dos Santos. *Negros e Política (1888-1937)*. São Paulo: Zahar, 2005.

GOMES, Flávio dos Santos; LAURIANO, Jaime; SCHWARCZ, Lilia Moritz. *Enciclopédia Negra: Biografias Afro-Brasileiras*. São Paulo: Companhia das Letras, 2021.

GOMES, Tiago de Melo. *Um Espelho no Palco: Identidades Sociais e Massificação da Cultura no Teatro de Revista dos Anos 1920*. Campinas: Editora Unicamp, 2004.

GONÇALVES, José Reginaldo Santos. *A Retórica da Perda: Os Discursos do Patrimônio Cultural no Brasil*. Rio de Janeiro: Editora UFRJ, 1996.

GREGÓRIO, Maria do Carmo. A Trajetória de Francisco Solano Trindade e o Teatro Popular Brasileiro. In: ABREU, Martha et al. (orgs.). *Cultura Negra, v. 2: Trajetórias e Lutas de Intelectuais Negros*. Niterói: Eduff, 2018.

GUIMARÃES, Antonio Sérgio Alfredo. *Modernidades Negras: A Formação Racial Brasileira (1930-1970)*. São Paulo: Editora 34, 2021.

HALL, Perry. African-American Music: Dynamics of Appropriation and Innovation. In: ZIFF, Bruce; RAO, Pratima V. (eds.). *Borrowed Power: Essays on Cultural Appropriation*. New Brunswick/New Jersey: Rutgers University Press, 1997.

HALL, Stuart. *Da Diáspora: Identidades e Mediações Culturais*. Organização de Liv Sovik. Tradução de Adelaine La Guardia Resende. Belo Horizonte/Brasília: Editora UFMG/ Representação da UNESCO no Brasil, 2003.

_____. *The Fateful Triangle: Race, Ethnicity, Nation*. Cambridge: Harvard University Press, 2017.

_____. The Question of Cultural Identity. In: HALL, Stuart; HELD, David; McGREW, Anthony G. (eds.). *Modernity and Its Futures*. Cambridge/Maidenhead: Polity/Open University, 1992.

HANCHARD, Michael George. *Orpheus and Power: The Movimento Negro of Rio de Janeiro and São Paulo, Brazil, 1945-1988*. Princeton: Princeton University Press, 1994.

HERNÁNDEZ, Tanya Katerí. *Racial Subordination in Latin America: The Role of the State, Customary Law, and the New Civil Rights Response*. Cambridge/New York: Cambridge University Press, 2013.

HERTZMAN, Marc Adam. *Making Samba: A New History of Race and Music in Brazil*. Durban: Duke University Press, 2013.

HOBSBAWM, Eric. *Nações e Nacionalismo Desde 1780: Programa, Mito e Realidade*. Trad. Maria Célia Paoli e Ana Maria Quirino. Rio de Janeiro: Paz e Terra, 1990.

HOBSBAWM, Eric.; RANGER, Terence (orgs.). *A Invenção das Tradições*. Rio de Janeiro: Paz e Terra, 1997.

HÖFLING, Ana Paula. Staging Capoeira, Samba, Maculelê, and Candomblé: Viva Bahia's Choreographies of Afro-Brazilian Folklore for the Global Stage. In: ALBUQUERQUE, Severino J.; BISHOP-SANCHEZ, Kathryn. *Performing Brazil: Essays on Culture, Identity, and the Performing Arts*. Wisconsin: University of Wisconsin Press, 2015.

HOOKER, Juliet. *Theorizing Race in the Americas: Douglass, Sarmiento, Du Bois, and Vasconcelos*. Oxford: Oxford University Press, 2017.

ICKES, Scott. *African-Brazilian Culture and Regional Identity in Bahia, Brazil*. Gainesville: University Press of Florida, 2013.

KERN, Daniela Pinheiro Machado. Hanna Levy e a Exposição de Arte Condenada pelo III Reich (1945). 25º Encontro da Associação Nacional de Pesquisadores em Artes Plásticas (ANPAP), Porto Alegre, 2016. *Arte: Seus Espaços e/em Nosso Tempo*. Porto Alegre: Comitê de História, Teoria e Crítica de Arte, 2016.

LA FUENTE, Alejandro de; ANDREWS, George Reid (eds.). *Afro-Latin American Studies: An Introduction*. Cambridge: Cambridge University Press, 2018.

LACROIX, Maria de Lourdes Lauande. *São Luís do Maranhão, Corpo e Alma, v. II*. 2. ed. São Luís: [s.n.], 2020.

LEAL, Luiz Augusto Pinheiro. *A Política da Capoeiragem: A História Social da Capoeira e do Boi-Bumbá no Pará Republicano (1888-1906)*. Salvador: Edufba, 2008.

LIMA, Aruã Silva de. *Uma Democracia Contra o Povo: Juraci Magalhães, Otávio Mangabeira e a UDN na Bahia (1927-1946)*. Dissertação (Mestrado em História), Universidade Estadual de Feira de Santana, Feira de Santana, 2009.

LIMA, Lucia Correia. *Mandinga em Manhattan: Internacionalização da Capoeira*. Rio de Janeiro: MC&G, 2016.

LIMA, Nelson. *Dança Afro e Brasilidade no Rio de Janeiro*. 1. ed. Rio de Janeiro: Multifoco, 2012.

LISE, Riqueldi Straub. *Entre Diretos, Ceintures Avant, Chaves de Braço e Rabos de Arraia: Os Primórdios dos Combates Intermodalidades na Cidade do Rio de Janeiro (1909-1929)*. Dissertação (Mestrado em Educação Física), UFPR, Curitiba, 2014.

LOPES, André Luiz Lacé. *A Capoeiragem no Rio de Janeiro, Primeiro Ensaio: Sinhozinho e Rudolf Hermanny*. Rio de Janeiro: Europa, 2002.

_____. *A Volta do Mundo da Capoeira*. Rio de Janeiro: Coreográfica, 1999.

LUCA, Tania Regina de. História dos, nos e Por Meio dos Periódicos. In: PINSKY, Carla Bassanezi (org.). *Fontes Históricas*. São Paulo: Contexto, 2006.

MACHADO, Carlos; PINHO, Paulo de Faria. *Memórias Sem Maquiagem*. Rio de Janeiro: Cultura, 1978.

MAGALDI, Sábato. *Panorama do Teatro Brasileiro*. 6. ed. São Paulo: Global, 2004.

MAGALHÃES FILHO, Paulo Andrade. *Jogo de Discursos: A Disputa Por Hegemonia na Tradição da Capoeira Angola Baiana*. Salvador: EDUFBA, 2012.

_____. *Tudo Que a Boca Come: A Capoeira e Suas Gingas na Modernidade*. Tese (Doutorado em Cultura e Sociedade), UFBA, Salvador, 2019.

MARINHO, Inezil Penna. *Subsídios Para o Estudo da Metodologia do Treinamento da Capoeiragem*. Rio de Janeiro: Imprensa Nacional, 1944.

MARTINS, Carolina Christiane de Souza. *Bumba Meu Boi e Festas Populares na Ilha do Maranhão: Entre Negociação e Conflito (1885-1920)*. Tese (Doutorado em História), UFF, Niterói, 2020.

MARTINS, Luiza Mara Braga. *Os Oito Batutas: História e Música Brasileira nos Anos 1920*. Rio de Janeiro: Editora UFRJ, 2014.

MATOS, Claudia. *Acertei no Milhar: Samba e Malandragem no Tempo de Getúlio*. Rio de Janeiro: Paz e Terra, 1982.

MATTOS, Rômulo Costa. A Construção da Memória Sobre Sete Coroas, o "Criminoso" Mais Famoso da Primeira República. XV Encontro Regional de História da ANPUH-Rio, São Gonçalo, 2012. *Caderno de Resumos do XV Encontro Regional de História da ANPUH-Rio*. São Gonçalo: FFP/UERJ, 2012.

REFERÊNCIAS 247

MCCANN, Bryan. *Hello, Hello Brazil: Popular Music in the Making of Modern Brazil*. Durham: Duke University Press, 2004.

MELO, Victor Andrade de. Inezil Penna Marinho: Notas Biográficas. In: FERREIRA NETO, Amarílio (org.). *Pesquisa Histórica na Educação Física*. Aracruz: Faculdade de Ciências Humanas de Aracruz, 1998.

MORAES, Nascimento. *Vencidos e Degenerados*. São Luís: Centro Cultural Nascimento Moraes, 2000.

MORAIS FILHO, Melo. *Festas e Tradições Populares do Brasil*. Brasília: Conselho Editorial do Senado Federal, 2002.

MOREIRA, Carlos Eduardo. Capoeiras e a Cultura Urbana. In: MOREIRA, Carlos Eduardo et. al. *Cidades Negras: Africanos, Crioulos e Espaço Urbano no Brasil Escravista do Século XIX*. São Paulo: Alameda, 2006.

MOURA, Jair. *A Capoeiragem no Rio de Janeiro Através dos Séculos*. Salvador: [s.n.], 2009.

MÜLLER, Dalila et al. O Despertar do Turismo no Brasil: A Década de 1970. BOOK *of Proceedings, v. 1: International Conference on Tourism & Management Studies*. Faro: Universidade do Algarve, 2011.

NAPOLITANO, Marcos. *Cultura Brasileira: Utopia e Massificação (1950-1980)*. 4. ed. São Paulo: Contexto, 2017.

NASCIMENTO, Abdias do. *Teatro Experimental do Negro: Testemunhos*. Rio de Janeiro: GRD, 1966.

NETO, Coelho. *Bazar*. Porto: Chardron, de Lello & Irmão, 1922.

OLIVEIRA, Josivaldo Pires de; LEAL, Luiz Augusto Pinheiro Leal. *Capoeira, Identidade e Gênero: Ensaios Sobre a História Social da Capoeira no Brasil*. Salvador: Edufba, 2009.

OLIVEIRA, Lúcia Lippi; VELLOSO, Mônica Pimenta; GOMES, Ângela Maria Castro. *Estado Novo: Ideologia Poder*. Rio Janeiro: Zahar, 1982.

OLIVEIRA, Waldir Freitas; LIMA, Vivaldo da Costa (orgs.). *Cartas de Edison Carneiro a Artur Ramos: De 4 de Janeiro de 1936 a 6 de Dezembro de 1938*. São Paulo: Corrupio, 1987.

ORTIZ, Renato. *A Moderna Tradição Brasileira: Cultura Brasileira e Indústria Cultural*. São Paulo: Brasiliense, 1988.

_____. *Cultura Brasileira e Identidade Nacional*. São Paulo: Brasiliense, 2006.

PASCHEL, Tianna S. *Becoming Black Political Subjects: Movements and Ethno-Racial Rights in Colombia and Brazil*. Princeton: Princeton University Press, 2016.

PEREIRA, Ricardo Augusto. *Poetas do Tambor*. [S.l.]: Ed. do Autor, 2020. (E-book.)

PEREIRA, Roberto Augusto A. *A Capoeira do Maranhão Entre as Décadas de 1870 e 1930*. São Luís: IPHAN, 2019.

PINHO, Ana Luiza Caribé de Araújo. *De Forasteiro a Unanimidade: A Interventoria de Juracy Magalhães na Bahia (1931-1934)*. Dissertação (Mestrado em História, Política e Bens Culturais), FGV, São Paulo, 2010.

PINTO, Fulgêncio. *Dr. Bruxelas & Cia*. São Luís: Instituto Geia, 2013.

PIRES, Antônio Liberac Cardoso Simões. *A Capoeira na Bahia de Todos os Santos: Um Estudo Sobre Cultura e Classes Trabalhadoras (1890-1937)*. Tocantins/Goiânia: NEAB/Grafset, 2004.

_____. *A Capoeira no Jogo das Cores: Criminalidade, Cultura e Racismo na Cidade do Rio de Janeiro (1890-1937)*. Dissertação (Mestrado em História), Unicamp, Campinas, 1996.

_____. *Movimentos da Cultura Afro-Brasileira, 1890-1950*. Tese (Doutorado em História), Unicamp, Campinas, 2001.

POUTIGNAT, Philippe; STREIFF-FENART, Jocelyne. *Teorias da Etnicidade: Seguido de "Grupos Étnicos e Suas Fronteiras", de Fredrik Barth*. Trad. Elcio Fernandes. São Paulo: Editora Unesp, 1998.

_____. O Domínio da Etnicidade: As Questões- Chave. *Teorias da Etnicidade: Seguido de "Grupos Étnicos e Suas Fronteiras", de Fredrik Barth*. Trad. Elcio Fernandes. São Paulo: Editora Unesp, 1998.

PRADO, Décio de Almeida. *O Teatro Brasileiro Moderno*. 2. ed. São Paulo: Perspectiva, 2001.

QUEIROZ, Lúcia Maria Aquino de. *A Gestão Pública e a Competitividade de Cidades Turísticas: A Experiência da Cidade do Salvador*. Barcelona: Universitat de Barcelona, 2005.

_____. *Turismo na Bahia: Estratégias Para o Desenvolvimento*. Salvador: Secretaria da Cultura e Turismo, 2002.

QUERINO, Manuel. *A Bahia de Outrora*. Salvador: Progresso, 1955.

REGO, Waldeloir. *Capoeira Angola: Ensaio Sócio-Etnográfico*. Salvador: Itapoã, 1968.

REIS, Fernanda Teixeira. *Política Mandonista no Estado da Bahia: O Fenômeno Político do Carlismo e as Sucessivas Estratégias de Adaptação da Elite Política Baiana*. Dissertação (Mestrado em Ciências Sociais), UnB, Brasília, 2009.

REIS, Letícia Vidor de Sousa. *O Mundo de Pernas Para o Ar: A Capoeira no Brasil*. São Paulo: Publisher Brasil, 1997.

RIBEIRO, Joaquim. Aruanda. In: NASCIMENTO, Abdias do. *Dramas Para Negros e Prólogo Para Brancos: Antologia do Teatro Negro Brasileiro*. Rio de Janeiro: Teatro Experimental do Negro, 1961.

RISÉRIO, Antônio. *Avant-Gard na Bahia*. São Paulo: Instituto Lina/P.M. Bardi, 1995.

_____. *Uma História da Cidade da Bahia*. Rio de Janeiro: Versal, 2004.

ROMO, Anadelia A. *Brazil's Living Museum: Race, Reform, and Tradition in Bahia*. Chapel Hill: The University of North Carolina Press, 2010.

RUBIM, Antonio Albino Canelas. Políticas Culturais no Brasil: Tristes Tradições, Enormes Desafios. In: RUBIM, Antonio Albino Canelas; BARBALHO, Alexandre (orgs.). *Políticas Culturais no Brasil*. Salvador: EDUFBA, 2007.

RUBIM, Antonio Albino Canelas; BARBALHO, Alexandre (orgs.). *Políticas Culturais no Brasil*. Salvador: EDUFBA, 2007.

SALVADORI, Maria Angela Borges. *Capoeiras e Malandros: Pedaços de uma Sonora Tradição Popular (1890-1950)*. Dissertação (Mestrado em História), Unicamp, Campinas, 1990.

SANDRONI, Carlos. *Feitiço Decente: Transformações do Samba no Rio de Janeiro (1917-1933)*. 2. ed. Rio de Janeiro: Zahar, 2012.

SANSONE, Livio. *Negritude Sem Etnicidade: O Local e o Global nas Relações Raciais e na Produção Cultural Negra do Brasil*. Trad. Vera Ribeiro. Salvador/Rio de Janeiro: EDUFBA/Pallas, 2004.

SANTOS, Jocélio Teles dos. *O Poder da Cultura e a Cultura no Poder: Disputa Simbólica da Herança Cultural Negra no Brasil*. Salvador: EDUFBA, 2005.

SANTOS, Milton. *A Urbanização Brasileira*. São Paulo: Hucitec, 1993.

_____. *O Centro da Cidade do Salvador: Estudo de Geografia Urbana*, v. 1. 2. ed. São Paulo/Salvador: Edusp/Edufba, 2008.

SCHWARCZ, Lilia Moritz. *Nem Preto Nem Branco, Muito Pelo Contrário: Cor e Raça na Sociabilidade Brasileira*. São Paulo: Claro Enigma, 2012.

_____. *O Espetáculo das Raças: Cientistas, Instituições e Questão Racial no Brasil, 1870-1930*. São Paulo: Companhia das Letras, 1993.

REFERÊNCIAS 249

SCHWARTZMAN, Simon; BOMENY, Helena Maria Bousquet; COSTA, Vanda Maria Ribeiro. *Tempos de Capanema*. 1. ed. São Paulo: Edusp/Paz e Terra, 1984; 2. ed. São Paulo: Editora FGV/Paz e Terra, 2000.

SILVA, Graziella Moraes Dias da; PAIXÃO, Marcelo. Mixed and Unequal: New Perspectives on Brazilian Ethnoracial Relations. In: TELLES, Edward. *Pigmentocracies: Ethnicity, Race, and Color in Latin America*. Chapel Hill: The University of North Carolina Press, 2014.

SILVA JR., Paulo Melgaço da. *Mercedes Baptista: A Criação da Identidade Negra na Dança*. Brasília: Fundação Palmares, 2007.

SIQUEIRA, Magno Bissoli. *Samba e Identidade Nacional – Das Origens à Era Vargas*. São Paulo: Editora Unesp, 2012.

SKIDMORE, Thomas E. *Brasil de Getúlio a Castelo (1930-64)*. 7. ed. Rio de Janeiro: Paz e Terra, 1982.

SOARES, Ana Lorym. *Folclore e Políticas Culturais no Brasil nas Décadas de 1960/1970*. Rio de Janeiro: Fundação Casa de Rui Barbosa, 2011.

SOARES, Carlos Eugênio Líbano. *A Capoeira Escrava e Outras Tradições Rebeldes no Rio de Janeiro (1808-1850)*. 2. ed. Campinas: Editora Unicamp, 2001.

_____. *A Negregada Instituição: Os Capoeiras no Rio de Janeiro 1850-1890*. Rio de Janeiro: Secretaria Municipal de Cultura, Departamento Geral de Documentação e Informação Cultural, Divisão de Editoração, 1994.

_____. Capoeiras e a Cultura Urbana. In: MOREIRA, Carlos Eduardo de Araújo et al. *Cidades Negras: Africanos, Crioulos e Espaço Urbano no Brasil Escravista do Século XIX*. São Paulo: Alameda, 2006.

SODRÉ, Muniz. *Mestre Bimba: Corpo de Mandinga*. Rio de Janeiro: Manati, 2002.

SOLHA, Karina Toledo. *Órgãos Públicos Estaduais e o Desenvolvimento do Turismo no Brasil*. Tese (Doutorado em Relações Públicas, Propaganda e Turismo), USP, São Paulo, 2004.

SOUSA, Augusto Cássio Viana de Soares. *A Capoeira em São Luís: Dinâmica e Expansão no Século XX dos Anos 60 aos Dias Atuais*. Monografia (Graduação em História), UFMA, São Luís, 2002.

TALMON-CHVAICER, Maya. *The Hidden History of Capoeira: A Collision of Cultures in the Brazilian Battle Dance*. Austin: University of Texas Press, 2008.

TAYLOR, Diana. *The Archive and the Repertoire: Performing Cultural Memory in the Americas*. Durham: Duke University Press, 2003.

TELLES Edward E. *Pigmentocracies: Ethnicity, Race, and Color in Latin America*. Chapel Hill: University of North Carolina Press, 2014.

_____. *Race in Another America: The Significance of Skin Color in Brazil*. Princeton: Princeton University Press, 2004.

VIANNA, Hermano. *O Mistério do Samba*. Rio de Janeiro: Jorge Zahar/Editora UFRJ, 1995.

VIEIRA, Luiz Renato. *O Jogo da Capoeira*. Rio de Janeiro: Sprint, 1995.

VIEIRA FILHO, Domingos. *Breve História das Ruas e Praças de São Luís*. São Luís: Academia Maranhense de Letras, 1971.

VILHENA, Luís Rodolfo. *Projeto e Missão: O Movimento Folclórico Brasileiro, 1947-1964*. Rio de Janeiro: Funarte/FGV, 1997.

VISCARDI, Cláudia Maria Ribeiro. *O Teatro das Oligarquias: Uma Revisão da "Política do Café com Leite"*. 2. ed. Belo Horizonte: Fino Traço, 2019.

WADE, Peter. *Music, Race, and Nation: Musica Tropical in Colombia*. Chicago: The University of Chicago Press, 2000.

250

_____. *Race, Nature and Culture*. An Anthropological Perspective. London/Sterling: Pluto Press, 2002.

WILLIAM, Rodney. *Apropriação Cultural*. São Paulo: Pólen, 2019.

WILLIAMS, Daryle. *Culture Wars in Brazil: The First Vargas Regime, 1930-1945*. Durham: Duke University Press, 2001.

PERIÓDICOS E PROGRAMAS DE TV

1ª SECÇÃO da Polícia da Ordem Política e Social (OPS). *O Imparcial*, São Luís, 1º jan. 1937.

A GRANDE Aventura da Brasiliana. *Correio da Manhã*, Rio de Janeiro, 29 maio 1955.

A GINÁSTICA Nacional. *Jornal do Brasil*, Rio de Janeiro, 22 abr. 1928.

A LUTA Brasileira. *O Malho*, Rio de Janeiro, Ano XXXXVI, n. 217, 29 jul. 1937.

A MOLECADA Intranquiliza o Tororó. *O Imparcial*, Salvador, 26 jul. 1935.

A POLÍCIA Está Reprimindo Severamente a Vadiagem. *O Imparcial*, São Luís, 4 maio 1937.

A PRAIA de Ramos Continua Sem Policiamento. *Diário Carioca*, Rio de Janeiro, 5 nov. 1937.

A RESSUREIÇÃO da Capoeiragem. *Diário de Notícias*, Rio de Janeiro, 20 nov. 1931.

A RESSUREIÇÃO da Capoeiragem. *Diário de Notícias*, Rio de Janeiro, 23 set. 1931.

A RESSUREIÇÃO da Capoeiragem. *Diário de Notícias*, Rio de Janeiro, 26 jul. 1931.

A RESSUREIÇÃO da Capoeiragem. *Diário de Notícias*, Rio de Janeiro, 1º jul. 1931.

A SENSACIONAL Lucta de Ontem, à Noite. *O Imparcial*, Salvador, 31 out. 1935.

A VADIAGEM. *O Imparcial*, São Luís, 22 maio 1937.

A VITÓRIA de George Grace Sobre Tico Soledade. *Diário de Notícias*, Rio de Janeiro, 11 jul. 1933.

AGENOR Sampaio (Sinhozinho), o Grande Animador da Mocidade Brasileira Esportiva, Fala ao *Diário de Notícias*. *Diário de Notícias*, Rio de Janeiro, 1º set. 1931.

AGREDIU o Guarda à Cacete. *Diário Carioca*, Rio de Janeiro, 16 abr. 1936.

AGUIAR, Lúcio. Nos Áureos Tempos: Uma Vedeta Diferente. *Jornal Luta Democrática*, 13 ago. 1967.

ALBERTO, Paulina L. Quando o Rio Era Black: Soul Music no Brasil dos Anos 70. *História: Questões & Debates*, Curitiba, v. 63, n. 2, jul.-dez. 2015. Disponível em: <https://revistas.ufpr.br>.

ALMEIDA, Plínio de. Pequena História do Maculelê. *Revista Brasileira de Folclore*, Ministério da Educação, Campanha Nacional de Defesa do Folclore Brasileiro, Brasília, ano VI, n. 16, set.-dez. 1966.

ALVES, Elder Patrick Maia. O Movimento Folclórico Brasileiro: Guerras Intelectuais e Militância Cultural Entre os Anos 50 e 60. *Desigualdade & Diversidade – Revista de Ciências Sociais da PUC-Rio*, Rio de Janeiro, n. 12, jan.-dez. 2013.

AMERICAN Boxer Got It in "Capoeiragem" Game. *The Evening Herald*, Dublin, Dec. 1916.

ANDRADE, Carlos Drummond. Imagens da Calçada – Baianas. *Correio da Manhã*, Rio de Janeiro, 3 dez. 1954.

ANDRÉ Jansen e a Regulamentação da Capoeiragem. *Diário de Notícias*, Rio de Janeiro, 10 nov. 1932.

AS DEMONSTRAÇÕES Folclóricas de São Paulo. *A Noite*, Rio de Janeiro, 28 jun. 1954.

ASSUNÇÃO, Matthias Röhrig. Ringue ou Academia? A Emergência dos Estilos Modernos da Capoeira e Seu Contexto Global. *História, Ciências, Saúde*, Manguinhos, v. 21, n. 1, mar. 2014.

REFERÊNCIAS

ATENÇÃO Rio-Grandenses-do-Norte! *Diário de Notícias*, Rio de Janeiro, 14 jul. 1957.

BALLET Folclórico de Mercedes Batista. *Correio da Manhã*, Rio de Janeiro, 26 nov. 1958.

BANZO-AIÊ. *O Mundo Ilustrado*, Rio de Janeiro, ano III, n. 44, nov. 1955.

BARROS, Antonio Evaldo Almeida. O Processo de Formação de "Identidade Maranhense" em Meados do Século XX. *Revista TOMO*, São Cristóvão, n. 17, jul.--dez. 2010.

BIANCARDI, Emília. Dinamização e Difusão das Tradições Populares. *Coleção Emília Biancardi*, [s.d.]. Disponível em: <http://colecaoemiliabiancardi.blogspot.com>. Acesso em: 1º jan. 2021.

_____. Entrevista concedida a Denny Fingergut. *Perfil & Opinião*, mar. 2020. Disponível em: <https://www.youtube.com/>. Acesso em: 13 out. 2020.

BORGES, Dain. The Recognition of Afro-Brazilian Symbols and Ideas, 1890-1940. *Luso-Brazilian Review*, Madison, v. 32, n. 2, 1995.

BORGES, Pio. Skindô – Samba em Noite de Gala. *O Mundo Ilustrado*, Rio de Janeiro, ano IV, n. 204, nov. 1961.

BOTELHO, Isaura. A Política Cultural e o Plano de Ideias. In: RUBIM, Antonio Albino Canelas; BARBALHO, Alexandre (orgs.). *Políticas Culturais no Brasil*. Salvador: EDUFBA, 2007.

BRANDÃO, Domingos A.C. Turismo – No Rio, o Diretor de Turismo da Bahia. *Diário Carioca*, Rio de Janeiro, 2 out. 1955.

BRAUDEL, Fernand. História e Ciências Sociais: A Longa Duração. *Revista de História*, São Paulo, v. XXX, n. 62, ano XVI, abr.-jun. 1965.

BRIGLIA, Tcharly Magalhães; SACRAMENTO, Sandra Maria Pereira do. Percursos da Nação e do Feminino nos Anos Dourados. *Cadernos de Letras da UFF – Dossiê: Letras, Linguística e Suas Interfaces*, Rio de Janeiro, n. 40, 2010.

BRITTO, Rosana Gomes; TARDOCK, Luciano Campos. Noite na Macumba: As Religiões Afro-Brasileiras e o Bailado de Eros Volusia. *Plura – Revista de Estudos de Religião*, v. 6, n. 2, jul.-dez. 2015.

BURKE, Peter. Performing History: The Importance of Occasions. *Rethinking History – The Journal of Theory and Practice*, London, v. 9, n. 1, 2005.

CAMPANHA da Saúde Pública Contra o Traje Típico da "Preta do Acarajé". *O Jornal*, Rio de Janeiro, 8 abr. 1953.

CAPOEIRAGEM x Jiu-Jitsu. *Diário de Notícias*, Rio de Janeiro, 2 dez. 1931.

CARLONI, Karla Guilherme. Em Busca da Identidade Nacional: Bailarinas Dançam Maracatu, Samba, Macumba e Frevo nos Palcos do Rio de Janeiro (1930-1945). *ArtCultura*, Uberlândia, v. 16, n. 29, jul.-dez. 2014.

CARLOS Machado Projeta Seu Novo Espetáculo. *Última Hora*, Rio de Janeiro, 13 jun. 1955.

CHEVITARESE, André Leonardo; PEREIRA, Rodrigo. O Desvelar do Candomblé: A Trajetória de Joãozinho da Gomeia Como Meio de Afirmação dos Cultos Afro-Brasileiros no Rio de Janeiro. *Revista Brasileira de História das Religiões*, Maringá, ano IX, n. 26, set.-dez. 2016.

COMPANHIA de Mercedes Batista em Buenos Aires. *Correio da Manhã*, Rio de Janeiro, 13 jan. 1959.

CONGRESSO Brasileiro de Folclore, em Salvador. *Diário de Notícias*, Rio de Janeiro, 22 fev. 1957.

CONCURSO de Bumbas. *O Liberal*, Bélem, 7 jul. 1951.

CONVÊNIO de Proteção ao Folclore da Bahia. *Jornal do Brasil*, Rio de Janeiro, 24 nov. 1953.

CORRE Água, Nasce Frô. *Diário de Notícias*, Rio de Janeiro, 15 set. 1957.

CORREIO da Manhã, Música Brasileira no Exterior. Rio de Janeiro, 31 out. 1956.

CORREIO da Manhã, Rio de Janeiro, 27 ago. 1961.

CORREIO da Manhã, Rio de Janeiro, 3 abr. 1956.

CORREIO da Manhã, Rio de Janeiro, 21 jul. 1951.

CORREIO da Manhã, Rio de Janeiro, 5 mar. 1950.

CORREIO Paulistano, São Paulo, 29 set. 1953.

DE VOLTA da Penha. *O Paiz*, Rio de Janeiro, 4 nov. 1901.

DEHÒ, Maurício. Capoeirista É Hit na Web Com Golpes Incríveis. Mas Por Que Não Está no UFC? *Portal UOL*, mar. 2014. Disponível em: <https://noticias.bol.uol.com.br>. Acesso em: 9 set. 2021.

DERRICO, Mário. Mestre no Assunto Afirma: A Capoeira É o Esporte Mais Bonito do Mundo. *Revista do Esporte*, ano 1, n. 30, 1959.

DESCANSAR... Carregando Pedras! *Diário Carioca*, Rio de Janeiro, 12 abr. 1938.

DIÁRIO Carioca, Rio de Janeiro, 5 nov. 1937.

DIÁRIO da Noite, São Paulo, 17 out. 1969.

DIÁRIO da Noite, São Paulo, 13 out. 1953.

DIÁRIO de Notícias, Rio de Janeiro. In: CPDOC. Centro de Pesquisa e Documentação de História Contemporânea do Brasil. Rio de Janeiro: Fundação Getúlio Vargas. Disponível em: <http://www.fgv.br>. Acesso em: 21 jun. 2013.

DIÁRIO de Notícias, Rio de Janeiro, 2 abr. 1932.

DIÁRIO de Notícias, Rio de Janeiro, 19 nov. 1931.

DIEESE, Departamento Intersindical de Estatística e Estudos Socioeconômicos. *Anuário dos Trabalhadores: 2010/2011*. 11. ed. São Paulo: DIEESE, 2011.

DIÉGUES JR., Manuel. Folclore. *Diário de Notícias*, Rio de Janeiro, 19 out. 1958.

DOMINGUES, Petrônio. A Cor na Ribalta. *Ciência e Cultura*, São Paulo, v. 63, n. 1, jan. 2011.

_____. Cidadania Por um Fio: O Associativismo Negro no Rio de Janeiro (1888-1930). *Revista Brasileira de História*, São Paulo, v. 34, n. 67, 2014.

_____. Cultura Popular: As Construções de um Conceito na Produção Historiográfica. *História*, São Paulo, v. 30, n. 2, ago.-dez. 2011.

_____. Os Descendentes de Africanos Vão à Luta em Terra "Brasilis": Frente Negra Brasileira (1931-37) e Teatro Experimental do Negro (1944-68). *Projeto História*, São Paulo, v. 33, ago.-dez. 2006.

EM FOCO Mercedes Batista. *Última Hora*, Rio de Janeiro, 17 jun. 1955.

EM TORNO da Luta Livre. *Diário de Notícias*, Rio de Janeiro, 5 abr. 1932.

ENCONTRO Matinal – Maculelê. *Diário de Notícias*, Rio de Janeiro, 7 out. 1954.

ESCOLA Típica de Agressão e Defesa. *Revista A Noite Ilustrada*, 24 jun. 1931.

EXPOSIÇÕES e Demonstrações no II Congresso Brasileiro de Folclore. *Diário de Notícias*, Rio de Janeiro, 4 jul. 1957.

FERRAZ, Silvio. Skindô Fez Parisiense Aglomerar-se na Rua Para Ver Batucada de Asfalto. *O Mundo Ilustrado*, Rio de Janeiro, n. 236, jul. 1962.

FERREIRA, Antônio José de Araújo. O Turismo e a Produção do Espaço no Estado do Maranhão, Brasil. *Scripta Nova – Revista Electrónica de Geografía y Ciencias Sociales*, Barcelona, v. 11, n. 245, ago. 2007. Disponível em: <http://www.ub.es>. Acesso em: 10 abr. 2019.

FESTA da Penha. *O Malho*, Rio de Janeiro, ano XII, n. 579, out. 1913.

FESTIVAL Folclórico. *Última Hora*, Rio de Janeiro, 23 nov. 1953.

FIORIN, José Luiz. A Construção da Identidade Nacional Brasileira. *Bakhtiniana*, São Paulo, v. 1, n. 1, 2009.

REFERÊNCIAS 253

FOLCLORE Baiano na TV (Canal 3). *Diário da Noite*, São Paulo, 29 out. 1953.

FOLCLORE e Professorado. *Diário de Notícias*, Rio de Janeiro, 8 fev. 1953.

FOLCLORISTAS de Diversos Países Reunidos em São Paulo. *Diário de Notícias*, Rio de Janeiro, 29 ago. 1954.

FONSECA, Vivian Luiz. A Capoeira Contemporânea: Antigas Questões, Novos Desafios. *Recorde – Revista de História do Esporte*, Rio de Janeiro, v. 1, n. 1, jun. 2008.

GABINETE do Interventor Federal. *Pacotilha*, São Luís, 3 jun. 1938.

GONÇALVES, Renata de Sá. Edison Carneiro e o Samba: Reflexões Sobre Folclore, Ciências Sociais e Preservação Cultural, *Anuário Antropológico*, Brasília, v. 38, n. 1, 1º out. 2013.

GUIA do Capoeira ou Ginástica Brasileira – À Distincta Mocidade. *Revista Observatório da Diversidade Cultural*, Rio de Janeiro: [s.n.], 1907.

HALL, Stuart. Negotiating Caribbean Identities. *New Left Review*, London, Jan. 1995.

HOMENAGEADOS Pelo Prefeito os Delegados ao I Congresso Brasileiro de Folclore. *Diário de Notícias*, Rio de Janeiro, 28 ago. 1951.

IMPARCIAL, O, Salvador, 25 out. 1935.

INDULTO aos Criminosos Primários e a Extensão do Livramento Condicional. *Diário de Notícias*, Rio de Janeiro, 8 jun. 1934.

JIU-JITSU Contra Capoeira. *Diário Carioca*, Rio de Janeiro, 4 nov. 1931.

JIU-JITSU Contra Capoeira. *Diário de Notícias*, Rio de Janeiro, 14 out. 1931.

JORNAL do Brasil, 12 jan. 1951.

JORNAL do Brasil, Rio de Janeiro, 29 jan. 1938.

JORNAL do Brasil, Rio de Janeiro, 28 jan. 1930.

KAZ, Roberto. Relato de uma Guerra: Baianas no Candomblé Insistem Que Jesus Não Comia Acarajé. *Revista Piauí – Folha de S.Paulo*, São Paulo, v. 1, out. 2006.

LUTA Brasileira. *Diário de Notícias*, Rio de Janeiro, 11 nov. 1931.

MACHADO, Augusto. O Clube Nacional de Ginástica Perde Um Ótimo Elemento. *Diário de Notícias*, Rio de Janeiro, 8 maio 1932.

MACHADO, Ney. Askanasy Responde à Bailarina Mercedes Batista. *A Noite*, Rio de Janeiro, 18 nov. 1955.

_____. Mercedes Batista na Argentina. *A Noite*, Rio de Janeiro, 1º nov. 1956.

"MALANDRO" Não É "Palhaço". *Diário Carioca*, Rio de Janeiro, 25 jan. 1935.

MARINHO, Raphael. Maracanãzinho Viu Mestre Hulk Fazer História ao Vencer o Jiu-Jítsu em 1995. *Sportv – Globo.com*, out. 2014. Disponível em: <http:// sportv.globo.com>. Acesso em: 3 jul. 2021.

MÁRIO ALEIXO Foi Derrotado Por George Gracie Apenas Porque Não Quis Jogar Capoeiragem. *Diário de Notícias*, Rio de Janeiro, 5 dez. 1931.

MARQUES, Carlos Bittencourt Leite. Brinquedo, Luta, Arruaça: Aspectos da Capoeira no Recife no Findar do Império e Alvorecer da República. *Documentação e Memória – TJPE*, Recife, v. 3, n. 5, jan.-dez. 2012.

MARTINS, Ibiapaba. Berimbau e Capoeira na Redação de Última Hora – Negam--se a Voltar à Bahia Sem Ensinar o Paulista a Brigar. *Última Hora*, São Paulo, 28 nov. 1953.

_____. Coreografia de Angola Sob a Garoa de São Paulo. *Correio Paulistano*, São Paulo, 13 out. 1953.

MASSARANI, Renzo. Teatro Folclórico Brasileiro. *Jornal do Brasil*, Rio de Janeiro, 20 jul. 1951.

MEDEIROS, José; CARNEIRO, Luciano; BARRETO, Luiz Carlos. Macumba na Torre Eiffel. *O Cruzeiro*, ano XXVI, n. 42, jul. 1954.

254

MEDEIROS, José; DUNCAN, Melvin. Teatro Folclórico Triunfa em Londres. *O Cruzeiro*, ano XXVI, n. 7, nov. 1953.

MELO, Victor Andrade de. Educação, Civilização, Entretenimento. *Revista Brasileira de História da Educação*, Rio de Janeiro, v. 20, n. 1, abr. 2020.

_____. O Esporte: Uma Diversão no Rio de Janeiro do Século XIX. *Revista Brasileira de Estudos do Lazer*, Belo Horizonte, v. 2, n. 3, set.-dez. 2015.

MERCEDES Batista Desmente Askanasy. *A Noite*, Rio de Janeiro, 23 nov. 1955.

MONDONGO: Mercedes Batista Traz Para o Brasil a Dança do Haiti. *Última Hora*, Rio de Janeiro, 2 maio 1956.

MORAES, Camila. Para Quem Tolera, Acarajé. Baianas Lutam Para Evitar Que Evangélicos Transformem Sua Comida Sagrada em "Bolinho de Jesus". *El País*, Madrid, jan. 2016. Disponível em: <https://brasil.elpais.com>. Acesso em: 15 abr. 2021.

MÚSICA Brasileira no Exterior. *Correio da Manhã*, Rio de Janeiro, 31 out. 1956.

NA "CAPOEIRAGEM" Foi Ferido à Navalha. *Jornal do Brasil*, Rio de Janeiro, 22 out. 1930.

NA HORA H. Espetáculo Brasileiro em Nova Iorque. *Última Hora*, Rio de Janeiro, 22 ago. 1960.

NA HORA H. Espetáculo Brasileiro na Radio City. *Última Hora*, Rio de Janeiro, 19 jul. 1960.

NASCIMENTO, Abdias do. Teatro Experimental do Negro: Trajetória e Reflexões. *Estudos Avançados*, São Paulo, v. 18, n. 50, abr. 2004.

NETTO, Accioly. Brasil no Cartaz do Radio City. *O Cruzeiro*, ano XXXIII, n. 4, nov. 1960.

NOTÍCIAS. Carlos Machado Fala-nos de Banzo-Aiê. *Diário Carioca*, Rio de Janeiro, 17 nov. 1955.

NOVA Iorque Verá um Musical Brasileiro. *Diário Carioca*, Rio de Janeiro, 13 out. 1960.

O CAPOEIRA Será Vencido Mais uma Vez, Hoje, à Noite? *Diário Carioca*, Rio de Janeiro, 3 dez. 1931.

O DESAFIO de Balsa É Aceito. *Correio da Manhã*, Rio de Janeiro, 20 abr. 1920.

O IRMÃO Quase o Assassinou Involuntariamente. *Diário Carioca*, Rio de Janeiro, 12 fev. 1930.

O JIU-JITSU É Bom, Mas a Capoeiragem É Melhor, Disse-nos Sinhozinho. *A Noite*, Rio de Janeiro, 14 nov. 1931.

O POVO Reclama. *Diário Carioca*, Rio de Janeiro, 13 maio 1937.

O RIO se Diverte. *Diário Carioca*, Rio de Janeiro, 24 set. 1953.

O SHOW em Nova York: Café e Carnaval Carioca São Vedetas. *O Jornal*, Rio de Janeiro, 8 dez. 1960.

O ÚLTIMO "Nagoa". *Diário de Notícias*, Rio de Janeiro, 14 nov. 1931.

PACIEVITC, Thais. Capoeira. *Infoescola*, [s.d.]. Disponível em: <https://www.infoescola.com>. Acesso em: 8 ago. 2018.

PARANHOS, Adalberto de Paula. Espelhos Partidos: Samba e Trabalho no Tempo do "Estado Novo". *Projeto História – Revista do Programa de Estudos Pós-Graduados de História*, São Paulo, v. 43, jul.-dez. 2011.

PELA PRIMEIRA Vez a Bahia Assistirá a uma Luta Livre. *O Imparcial*, Salvador, 24 out. 1935.

PELOS MUNICÍPIOS – Rosário. *O Imparcial*, São Luís, 29 jun. 1938.

PEQUENA História da Brasiliana. *A Noite*, Rio de Janeiro, 25 out. 1955.

REFERÊNCIAS

PEREIRA, Roberto Augusto A. Marinheiros, Moleques e Heróis: Alguns Personagens da Capoeira do Maranhão de Fins do Século XIX (1880-1900). *Afroásia*, Rio de Janeiro, n. 58, 2018.

_____. O Mestre Artur Emídio e a Defesa da Capoeiragem Enquanto Luta Nacional. *Recorde – Revista de História do Esporte*, Rio de Janeiro, v. 11, n. 2, 2018.

_____. O Mestre Sapo, a Passagem do Quarteto Aberrê Por São Luís e a (Des)construção do "Mito" da "Reaparição" da Capoeira no Maranhão dos Anos 60. *Recorde – Revista de História do Esporte*, Rio de Janeiro, v. 3, n. 1, 2010.

_____. Teatro Folclórico Brasileiro/Brasiliana: Teatro Negro e Identidade Nacional. *Revista TransVersos*, Rio de Janeiro, n. 20, dez. 2020.

PERSEGUIÇÃO à "Preta do Acarajé". *Diário da Noite*, São Paulo, 8 abr. 1953.

PITOMBO, João Pedro. Regra Para Baianas do Acarajé Deixa Evangélicas Apreensivas em Salvador. *Folha de São Paulo*, dez. 2015. Disponível em: <https://www1.folha.uol.com.br>. Acesso em: 23 set. 2020.

POLLACK, Michel. Memória e Identidade Social. *Estudos Históricos*, Rio de Janeiro, v. 5, n. 10, 1992.

POUCOS Vereadores Não São Carnavalescos. *Última Hora*, Rio de Janeiro, 16 nov. 1951.

PRESOS Por Capoeiragem. *Pacotilha*, 26 maio 1928.

PROSSEGUE O I Congresso Brasileiro de Folclore. *Correio da Manhã*, Rio de Janeiro, 26 ago. 1951.

PROTEÇÃO ao Folclore no Rio Grande do Sul. *Diário de Notícias*, Rio de Janeiro, 15 jul. 1954.

PUNCHER. As "Camouflages" do Ring. *Diário de Notícias*, Rio de Janeiro, 10 ago. 1933.

QUEREM Evitar a Ida a Londres dos Negros do Teatro Folclórico. *Última Hora*, Rio de Janeiro, 20 jul. 1951.

RIBEIRO, Djamila. Apropriação Cultural É um Problema do Sistema, Não de Indivíduos. *Revista Azmina*, [S.l.], abr. 2016. Disponível em: <https://azmina.com.br>. Acesso em: 13 maio 2020.

RONDA da Meia-Noite, Candomblé. *Última Hora*, Rio de Janeiro, 21 out. 1953.

RUAS Sem Policiamento. *Jornal do Brasil*, Rio de Janeiro, 4 set. 1935.

RUBIM, Antônio Albino Canelas; COUTINHO, Simone; ALCÂNTARA, Paulo Henrique. Salvador nos Anos 50 e 60: Encontros e Desencontros Com a Cultura. *RUA – Revista de Urbanismo e Arquitetura*, Salvador, v. 3, n. 1, 1990.

SÁ, César de. A Capoeira na Bahia. *Tribuna da Imprensa*, Rio de Janeiro, 17 fev. 1950.

_____. A Capoeiragem na Bahia. *Tribuna da Imprensa*, Rio de Janeiro, 3 fev. 1950.

SAMPAIO, Consuelo Novais. Movimentos Sociais na Bahia de 1930: Condições de Vida do Operariado. *Univesitas*, Salvador, n. 29, jan.-abr. 1982.

SAMUEL, Giselda. Um Carnaval Diferente. *Fon Fon*, Rio de Janeiro, n. 2.603, mar. 1957.

SANGUE na Favela. *Diário de Notícias*, Rio de Janeiro, 28 out. 1933.

SANTOS, Felipe. Nesta Segunda, Dia 3, Comemora-se o Dia do Capoeirista. *Fundação Cultural Palmares*, Brasília, ago. 2015. Disponível em: <http://www.palmares.gov.br>. Acesso em: 8 ago. 2018.

SCHREIBER, Mariana. "Capoeira Gospel" Cresce e Gera Tensão Entre Evangélicos e Movimento Negro. *BBC News*, out. 2017. Disponível em: <https://www.bbc.com>. Acesso em: 9 abr. 2021.

SCHWARCZ, Lilia Moritz. Agenciando Imagens: O Rei, a Natureza e Seus Belos Naturais. *Sociologia e Antropologia*, Rio de Janeiro, v. 4, out. 2014.

SEADE – Fundação Sistema Estadual de Análise de Dados. Indicadores de Desigualdade Racial – IDR. População Negra. *Portal de Estatísticas do Estado de São Paulo*, São Paulo, 2006. Disponível em: <http://produtos.seade.gov.br>. Acesso em: 12 jun. 2020.

SILVA, Lúcia Helena Oliveira; XAVIER, Regina Célia Lima. Historicizando o Associativismo Negro: Contribuições e Caminhos da Historiografia. *Revista Mundos do Trabalho*, Florianópolis, v. 11, 2019.

SILVA, Wellington Barbosa da. Uma Autoridade na Porta das Casas: Os Inspetores de Quarteirão e o Policiamento no Recife do Século XIX (1830-1850). *Saeculum – Revista de História*, João Pessoa, jul.-dez. 2007.

SKINDÔ Mexe Com Argentino. *O Mundo Ilustrado*, Rio de Janeiro, fev. 1962.

SOARES, Carlos Eugênio Líbano. O Poder da Capoeira: Navalhas e Rabos de Arraia na Luta Política do Rio Antigo. *Revista Nossa História*, Rio de Janeiro, ano 1, n. 5, mar. 2004.

STRECKER, Heidi. Capoeira – Origem. *Portal UOL*, Especial Para Pedagogia & Comunicação, São Paulo, [s.d.]. Disponível em: <https://educacao.uol.com.br>. Acesso em: 8 ago. 2018.

SUED, Ibrahim. Todo Mundo Samba no "Rockefeller Center". *O Mundo Ilustrado*, Rio de Janeiro, nov. 1960.

TAVARES, Cláudio Tuiuti. O Candomblé do Tempo. *Revista da Semana*, Rio de Janeiro, ano XLXII, n. 21, maio 1948.

TEATRO – A Descoberta do Negro. *Correio da Manhã*, Rio de Janeiro, 8 jan. 1956.

TEATRO – A Macumba de Mercedes. *Última Hora*, Rio de Janeiro, 12 out. 1953.

TEATRO – Racismo e Cultura. *Correio da Manhã*, Rio de Janeiro, 1º mar. 1956.

TEATRO e Folclore. *Correio da Manhã*, Rio de Janeiro, 30 jul. 1959.

TEATRO Folclórico Brasileiro. *Correio da Manhã*, Rio de Janeiro, 19 jan. 1950.

THIESSE, Anne-Marrie. Ficções Criadoras: As Identidades Nacionais. *Anos 90*, Porto Alegre, v. 9, n. 15, 2001.

TRAVASSOS, Elizabeth. Projeto e Missão. O Movimento Folclórico Brasileiro, 1947-1964. *Mana*, Rio de Janeiro, v. 4, n. 1, 1998.

TRIBUNA da Imprensa, Rio de Janeiro, fev. 1955.

ÚLTIMA Hora, Rio de Janeiro, 16 nov. 1961.

ÚLTIMA Hora, Rio de Janeiro, 14 nov. 1961.

ÚLTIMA Hora, Rio de Janeiro, 17 out. 1961.

ÚLTIMA Hora, Rio de Janeiro, 10 dez. 1955.

ÚLTIMA Hora, Rio de Janeiro, 5 out. 1953.

ÚLTIMA Hora, Rio de Janeiro, 23 set. 1953.

UM DIA Depois do Outro... Furtado o "Ás" da Velha Malandragem. *A Noite*, Rio de Janeiro, 1º mar. 1934.

UM ESPETÁCULO Esportivo Que Promete Sensações Inéditas. *Diário de Notícias*, Rio de Janeiro, 11 jun. 1931.

UM ESPORTISTA de Fibra. *Diário de Notícias*, Rio de Janeiro, 24 dez. 1931.

UMA ENTREVISTA com Carlos Machado. *A Noite*, Rio de Janeiro, 10 set. 1953.

VAI A LONDRES o Teatro Folclórico Brasileiro. *Carioca Revista*, n. 747, 2 ago. 1951.

VASSALO, Simone Pondé. Capoeiras e Intelectuais: A Construção Coletiva da Capoeira Autêntica. *Estudos Históricos*, Rio de Janeiro, n. 32, 2003.

_____. Resistência ou Conflito? O Legado Folclorista nas Atuais Representações do Jogo da Capoeira. *Campos*, Curitiba, n. 7, v. 1, 2006.

VIEIRA, Luiz Renato; ASSUNÇÃO, Matthias Rohrig. Mitos, Controvérsias e Fatos:

REFERÊNCIAS   257

Construindo a História da Capoeira. *Revista de Estudos Afro-Asiáticos*, Rio de Janeiro, v. 34, 1998.

VIVA Bahia Traz Brinquedos do Passado. *Jornal do Brasil*, Rio de Janeiro, jun. 1970.

DECRETOS E DOCUMENTOS HISTÓRICOS

ALMEIDA, Renato. *Relatório Apresentado Pelo Senhor Renato Almeida, Secretário- -Geral da Comissão Nacional de Folclore, ao Senhor Doutor Levi Carneiro, Presidente do Instituto Brasileiro de Educação, Ciência e Cultura, Relativo ao Exercício de 1949-1950, 1º jul. 1950.* (Pasta Correspondências CNFL.)

BRASIL. *Decreto-lei n. 3.199, de 14 de abril de 1941. Estabelece as bases de organização dos desportos em todo o país.* Diário Oficial da União, seção 1, Brasília, 16 abr. 1941 (Publicação Original); Diário Oficial da União, seção 1, Brasília, 18 abr. 1941 (Retificação). Disponível em: <http://www2.camara.leg. br>. Acesso em: 11 ago. 2018.

BRASIL. *Decreto-lei n. 1.202, de 8 de abril de 1939. Dispõe sobre a administração dos estados e dos municípios.* Diário Oficial da União, Brasília, seção 1, 10 abr. 1939 (Publicação Original). Disponível em: <http://www2.camara.leg. br>. Acesso em: 13 ago. 2018.

BRASIL. *Decreto-lei n. 24.351, de 6 de junho de 1934. Concede indulto a certos delinquentes já condenados ou processados.* Diário Oficial da União, Brasília, seção 1, 9 jun. 1934 (Publicação Original). Diário Oficial da União, seção 1, 13 jun. 1934 (Retificação). Disponível em: <http://www2.camara.leg.br>. Acesso em: 11 fev. 2022.

BRASIL. *Decreto-lei n. 847, de 11 de outubro de 1890. Promulga o Código Penal.* Coleção de Leis do Brasil – 1890, v. Fasc. X (Publicação Original), Brasília. Disponível em: <http://www2.camara.leg.br>. Acesso em: 11 fev. 2022.

CNFL. *Série Documentos, Comissão Nacional de Folclore, 1948-1964.* (Pasta.)

_____. *Assuntos Gerais,* 9 abr. 1953. (Pasta.)

_____. *Série Correspondências, Assuntos Gerais: Recebidas 1948-1953.* (Coleção Comissões de Folclore.)

_____. *Série Correspondências, Assuntos Gerais: Expedidas 1947-1959.* (Coleção Comissões de Folclore.)

CNFL; IBECC. *Carta do Folclore Brasileiro,* 31 ago. 1951. (Pasta Correspondências CNFL.)

_____. *Doc. 6,* 18 mar. 1948. (Pasta.)

IBECC. *Série Correspondências, Assuntos Gerais: Expedidas 1947-1959,* 30 jun. 1951. (Coleção Comissões de Folclore.)

_____. *Série Correspondências, Assuntos Gerais: Recebidas 1947-1959 – Carta de Rodrigo M.F. de Andrade a Renato Almeida,* 8 abr. 1948. (Coleção Comissões de Folclore.)

_____. *Ao Excelentíssimo Senhor Secretário Nacional de Informações, Cultura Popular e Turismo. Série Correspondências, Assuntos Gerais: Expedidas 1947- 1959,* 2 jan. 1948. (Coleção Comissões de Folclore.)

IPHAN – Instituto do Patrimônio Histórico e Artístico Nacional. *Dossiê do Inventário Para Registro e Salvaguarda da Capoeira Como Patrimônio Cultural do Brasil.* Brasília: IPHAN, 2007.

VVAA. Documentos constantes do Acervo Particular do Mestre Artur Emídio de Oliveira.

Agradecimentos

Este livro, originalmente uma dissertação de mestrado transformada em uma tese de doutorado, não teria sido possível sem a universidade pública e sem o apoio financeiro da Coordenação de Aperfeiçoamento de Pessoal de Nível Superior (Capes) e da Secretaria Municipal de Educação de São Luís, no Maranhão.

A uma pessoa, em especial, devo e agradeço por ter escrito este trabalho, dona Gercina Ramos, já de carapinha branca, minha mãe. Lembro de, em minha infância e adolescência, geralmente vê-la chegar em casa à noite, exausta, depois de três turnos seguidos de trabalho em escolas que, quanto mais a consumiam, mais ela amava. Todo esse sacrifício, que tomou grande parte de sua vida, objetivava criar os filhos e nos garantir uma educação melhor. Espero que este livro seja uma forma de agradecer o impagável.

Além da confiança e incentivo constantes, devo ao querido professor Victor Melo (UFRJ), meu orientador, a oportunidade de desbravar, com leveza, alegremente, como a sua gargalhada, o campo da história dos esportes e lazer. Leveza, alegria e seriedade que me fizeram perceber, paulatinamente, depois de anos de debates, livros, textos, e cervejas, a força e o poder que há por trás do lazer e do entretenimento, tema central deste trabalho.

Dos meus mestres, agradeço ainda ao caro Flávio Gomes (UFRJ) que, dentre tantas coisas, sugeriu o título deste livro. Flávio, com sua generosidade inacreditável, sempre atencioso – algo nem sempre comum entre os grandes intelectuais, menos ainda em meio à academia –, ampliou imensamente os meus horizontes no campo do pós-emancipação. Com suas disciplinas, livros e textos fantásticos – seus e de outros autores – a cada aula, debate, conversa fazia um mundo novo se abrir em minha frente.

Nos Estados Unidos, agradeço à generosidade do distintíssimo e querido professor Sidney Chalhoub (Harvard University), por ter gentilmente aceitado a minha proposta de doutorado sanduíche, em meio a tantas que lhe chegam todos os anos, e por me receber como *visiting fellow*, entre 2019-2020. Sua atenção, leitura do projeto, sugestões e orientações naquele mundo novo que se iniciava e, acima de tudo, o conjunto de sua obra e sua referência como pesquisador e historiador foram indispensáveis para a minha formação.

Em Harvard, dentre tantas descobertas e aprendizados, tive a oportunidade de cursar uma disciplina de dois semestres com outra pessoa que marcou profundamente esta pesquisa: o professor Alejandro de la Fuente. Com Alejandro tive oportunidade de conhecer e debater – com ele próprio e com colegas de diversos países que também cursavam a disciplina, além de autores e autoras convidados – uma enxurrada de livros – muitos dos quais novos e recém-publicados – que vêm fazendo uma verdadeira revolução na historiografia da América Latina e do Brasil. Autores ainda não traduzidos para o português, infelizmente, e, para mim, à época, em sua maioria completamente desconhecidos. Alguns deles e delas, citados, foram fundamentais nesta pesquisa.

Agradeço a Ricardo Pereira, meu irmão, também historiador, a quem admiro a argúcia e a beleza da escrita, e que leu desde o projeto inicial até a última palavra escrita neste livro. Sem suas críticas valiosas e contribuições, este trabalho jamais seria o mesmo. Estendo o agradecimento à minha irmã Maisa Ramos, linguista, que também revisou esta obra e fez observações importantes.

Aos queridos mestres Carlos Alberto Medeiros, Ivanir dos Santos e Robson Martins, com quem tive a oportunidade de trocar ideias, ouvir e aprender, enquanto cursávamos algumas disciplinas do doutorado na UFRJ.

REFERÊNCIAS 261

A Gita Guinsburg, diretora da editora Perspectiva, que aceitou a proposta de publicação desta obra, contribuindo de forma incomensurável com a promoção do debate para muito além dos muros da academia. Estendo ainda os agradecimentos a toda a equipe da editora pela perícia e atenção: Luiz Henrique Soares, Elen Durando, Ana Carolina Salinas, Rita Durando, Sergio Kon e Ricardo W. Neves.

A diversos familiares e amigos que estiveram presentes em variados momentos da minha vida e formação: Edson Ramos, Anunciação Ramos, Hertz Dias, Paulo do Vale, Ilka Pereira, Ras Herbet Reis, Michele Cabral, Dr. Naasson Souza, Moacy Black, Márcio Fonseca, Josinaldo Pires, Luciano, Marco Aurélio, Tchatcha Lion, Holair, Francinaldo, Eudilene Silva e mestre Canoa (Emiliano).

Aos professores Vivian Fonseca (UERJ) e Flávio Gomes (UFRJ), que compuseram as minhas três bancas e fizeram críticas e sugestões valiosas, agradeço a confiança ao aprovarem a minha progressão direta do mestrado para o doutorado, sem a qual este trabalho não existiria, e também aos caros professores Matheus Gato (Unicamp) e José Jairo (UFRJ), que teceram observações valiosas na defesa do doutorado. Agradeço aos funcionários sempre atenciosos da Biblioteca Nacional (RJ), Museu do Folclore (RJ) e Widener Library (Harvard).

Ao camarada e mestre Jorge Navalha (*in memoriam*), que me ensinou as malícias e mandingas da capoeiragem e a quem devo muito do que aprendi ao longo desta vida.

In memoriam, agradeço também aos mestres Firmino Diniz, Patinho, Euzamor, que acompanharam o início deste trabalho, mas não puderam ver o seu fim; e a Magno Cruz (Centro de Cultura Negra do Maranhão), Francisco Rasta, Edmundo Bolodoro e Gil Babaçu.

Por fim, agradeço a toda a comunidade negra, responsável pela preservação destas culturas atlânticas urbanas até os nossos dias, em especial à comunidade da capoeira.

Este livro foi impresso na cidade de São Bernardo do Campo,
nas oficinas da Paym Gráfica e Editora, em julho de 2023,
para a Editora Perspectiva.